AF818594

Frankfurter Studien zum Datenschutz

Veröffentlichungen der Forschungsstelle
für Datenschutz an der Goethe-Universität
Frankfurt am Main

Herausgegeben von
Prof. Dr. Dr. h.c. Spiros Simitis
Prof. Dr. Indra Spiecker genannt Döhmann, LL.M.

Band 60

Sören Zimmermann

Datenschutz und Demokratie

Überlegungen zu einem reziproken Bedingungszusammenhang

Nomos

Onlineversion
Nomos eLibrary

Die Deutsche Nationalbibliothek verzeichnet diese Publikation in der Deutschen Nationalbibliografie; detaillierte bibliografische Daten sind im Internet über http://dnb.d-nb.de abrufbar.

Zugl.: Frankfurt am Main, Univ., Diss., 2020

ISBN 978-3-8487-7918-5 (Print)
ISBN 978-3-7489-2306-0 (ePDF)

D30

1. Auflage 2021
© Nomos Verlagsgesellschaft, Baden-Baden 2021. Gesamtverantwortung für Druck und Herstellung bei der Nomos Verlagsgesellschaft mbH & Co. KG. Alle Rechte, auch die des Nachdrucks von Auszügen, der fotomechanischen Wiedergabe und der Übersetzung, vorbehalten. Gedruckt auf alterungsbeständigem Papier.

Meiner Familie

Birgit, Ralf, Björn, Olaf, Rieke und Emil

Vorwort

Eine Dissertation ist kein Lebenswerk, aber es kommt einem doch meistens anders vor, wenn man mittendrin ist. Fünfeinhalb Jahre ist es her, dass ich den ersten Gedanken zu diesem Buch gedacht habe. Diese Lebensphase Doktorandenstudium habe ich alles in allem als eine sehr aufwühlende Zeit erlebt. Innerlich war ich zerrissen zwischen meinem Anspruch, der von meinen Träumen und Ideen getragen wurde, und dem realistisch Machbaren, das mir meine begrenzte Zeit diktierte. Äußerlich war ich den verschiedensten Eindrücken ausgesetzt und in die unterschiedlichsten Projekte verwickelt. So fallen u.a. ein Forschungsaufenthalt an der Tel Aviv University, Lehraufträge an der Hessischen Hochschule für Polizei und Verwaltung, der Université de Bourgogne (Dijon) und der Université Lumière Lyon 2 (Lyon), die Organisation der Assistententagung 2019 in Frankfurt, verschiedene Veröffentlichungen, Mitarbeit in der akademischen Selbstverwaltung, das *Academic Welcome Program for highly qualified Refugees* und meine wissenschaftliche Mitarbeiterstelle am Lehrstuhl von *Prof. Dr. Dr. h.c. Thomas Vesting* in diese Zeit. Ganz zu schweigen vom Leben außerhalb der Universität. All diese unterschiedlichen Eindrücke und meine damit verbundene Entwicklung sehe ich nun in diesem Buch vor mir vereint. Zu jedem Kapitel könnte ich eine Geschichte erzählen.

Viele dieser lehrreichen und prägenden Erfahrungen habe ich unterschiedlichen Menschen zu verdanken. Für insgesamt acht sehr wertvolle Jahre außergewöhnlicher wissenschaftlicher und persönlicher Freiheit an seinem Lehrstuhl für Öffentliches Recht, Recht und Theorie der Medien und sein großes Vertrauen möchte ich *Prof. Dr. Dr. h.c. Thomas Vesting* von Herzen Danken. Gleichermaßen gilt *Thomas Vesting* mein Dank für viele gute Hinweise und Ratschläge und die zügige Anfertigung des Erstgutachtens. Die Jahre an der Professur haben mir Zugänge zu vielen verschiedenen wissenschaftlichen Disziplinen eröffnet und mich fachlich und persönlich geprägt. Dafür möchte ich auch meinen Kolleg*innen bzw. Freund*innen *Dr. Carsten Kremer, Stefanie Günthner, Dr. Sabine Witting, Hauke Hoyer, Dr. Andreas Engelmann, Dr. Cara Röhner, Kathrin Mittel, Tim Wolff, Lea Welsch, Merlin Eichele, Ricardo Campos, Anna Werner und Marcel Pop* herzlich danken. Mein besonderer Dank gilt *Isa Weyhknecht-Diehl*, die immer wusste, was zu tun war und vieles möglich machte, was unmöglich schien. *Prof. Dr. Roland Broemel* danke ich für die zügige Erstellung des

Zweitgutachtens und *Prof. Dr. Stefan Kadelbach, LL.M.* für die angenehme Sitzungsleitung in der Disputation.

Dankbar bin ich außerdem *Prof. Michael Birnhack* für die anregende Zeit und hervorragende Betreuung an der Tel Aviv University, die für mich und meine Arbeit sehr bereichernd war, und *Lucia Gandžalová*, mit der ich jederzeit wieder ein Büro teilen würde.

Meinen Kolleg*innen und Freund*innen am Institut für Öffentliches Recht und am Fachbereich Rechtswissenschaft danke ich für die gemeinsamen Projekte und die gemeinsame Zeit, allen voran *Marie Dickel-Görig*, *Malte Feldmann* und *Benjamin Booß*. Besonders hervorheben möchte ich *Alexander Schmidt*, der mich als guter Freund durch alle Phasen der Promotion begleitete.

Schließlich möchte ich meinen Freunden danken und meiner Familie, auf deren Zuneigung und Wärme sowie unbedingte Unterstützung ich mich immer verlassen kann. *Olaf Zimmermann, M.Sc.* danke ich außerdem für das kurzfristige und schnelle Korrekturlesen meiner Arbeit.

Der größte Dank gebührt jedoch *Rieke Neupert*, die mein „Jetzt muss ich aber wieder an die Diss.!" jahrelang ertragen und mich darüber hinaus immer voller Liebe unterstützt hat.

Sören Zimmermann Frankfurt am Main, im November 2020

Inhaltsverzeichnis

A. Vorüberlegungen

> *„Alle hatten gelernt, dass es sich lohnte seine Privatsphäre für die noch so geringe Aussicht auf Ruhm aufzugeben, und die Vorstellung, dass nur ein nichtöffentliches Ich wahrhaft autonom und frei ist, war im Knistern des Äthers verloren gegangen."*
> *(Salman Rushdie)*[1]

Es darf mittlerweile als Gemeinplatz gelten, dass das Datenschutzrecht individualistisch geprägt ist.[2] Gemeinhin wird es als ein Recht zum Schutze individueller Interessen verstanden.[3] Seit dem Volkszählungsurteil des Bundesverfassungsgerichts[4] ist Datenschutz in Deutschland überdies Grundrechtsschutz. Das Bundesverfassungsgericht entnahm in dieser Entscheidung dem seinerseits durch Richterrecht geschaffenen Allgemeinen Persönlichkeitsrecht aus Art. 2 Abs. 1 i.V.m. 1 Abs. 1 GG[5] ein neues Teilgrundrecht: das Recht auf informationelle Selbstbestimmung. Jeder sollte das Recht haben, *„grundsätzlich selbst über die Preisgabe und Verwendung sei-*

---

1 *Rushdie,* Zwei Jahre, acht Monate und achtundzwanzig Nächte, München 2015, S. 110.

2 *Roßnagel*, Freiheit durch Systemgestaltung. Strategien des Grundrechtsschutzes in der Informationsgesellschaft, in: Egbert Nickel/Alexander Roßnagel/Bernhard Schlink (Hrsg.), Die Freiheit und die Macht. Wissenschaft im Ernstfall. Festschrift für Adalbert Podlech, S. 235; *Ladeur*, Die transsubjektive Dimension der Grundrechte, in: Thomas Vesting/Stefan Korioth/Ino Augsberg (Hrsg.), Grundrechte als Phänomene kollektiver Ordnung, Tübingen 2014, S. 20: „nomadisierende[r] Individualismus"; *Rouvroy/Poullet*, The Right to Informational Self-Determination and the Value of Self-Development: Reassessing the Importance of Privacy for Democracy, in: Serge Gutwirth et al. (eds.), Reinventing Data Protection?, Dordrecht 2009, pp. 50 f.; siehe auch schon *Podlech*, Individualdatenschutz-Systemdatenschutz, in: Klaus Brückner/Gerhard Dalichau (Hrsg.), Beiträge zum Sozialrecht. Festschrift für Hans Grüner, Percha am Starnberger See 1982, S. 451.

3 *Klement*, JZ 2017, 161 (169); *Spiecker gen. Döhmann*, Teil-Verfassungsordnung Datenschutz, in: Thomas Vesting/Stefan Korioth (Hrsg.), Der Eigenwert des Verfassungsrechts, Tübingen 2011, S. 264; *Lewinski*, Geschichte des Datenschutzrechts von 1600 bis 1977, in: Felix Arndt u.a. (Hrsg.), Freiheit – Sicherheit – Öffentlichkeit, Baden-Baden 2009, S. 220; *Simitis*, 135 U. Pa. L. Rev. (1987), 707 (731 f.).

4 BVerfGE 65, 1.

5 Als Allgemeines Persönlichkeitsrecht zunächst 1954 anerkannt vom BGH (BGHZ 13, 334 [338]) und sodann vom BVerfG (BVerfGE 6, 32; 27, 1).

ner persönlichen Daten zu bestimmen.“[6] Zwar war der durch die Entscheidung intendierte Individualrechtsschutz wohl eher komplementär zu verstehen und Datenschutz für das Bundesverfassungsgericht durchaus nicht nur als Schutz individueller Interessen verstanden worden,[7] die Idee entwickelte jedoch eine unaufhaltsame Eigendynamik, sodass Datenschutz heutzutage in erster Linie unter diesem Paradigma verhandelt wird.[8] Auf europäischer Ebene ist ein Grundrecht auf den Schutz personenbezogener Daten durch Art. 16 Abs. 1 AEUV und Art. 8 Abs. 1 GRC sogar *lex scriptum* und genießt zumindest quasi Verfassungsrang.[9] Diese Individualrechtsorientierung setzt sich im einfachen Recht fort. Grundprinzip der Datenschutzgrundverordnung (DSGVO)[10] und bis zur letzten Änderung auch des Bundesdatenschutzgesetzes (BDSG) ist das Verbot mit Erlaubnisvorbehalt, d.h., grundsätzlich ist es Sache des Einzelnen, über seine personenbezogenen Daten zu bestimmen (vgl. Art. 6 Abs. 1 S. 1 lit. a) DSGVO, § 4 Abs. 1 BDSG a.F.[11]). Schließlich lässt sich in der Rechtspraxis eine weitere Individualisierung des Datenschutzes beobachten. Die Gerichte reagieren auf neue Phänomene, die neue Herausforderungen für das Datenschutzrecht mit sich bringen, mit der Schaffung neuer Individualrechte.[12]

---

6 BVerfGE 65, 1 (43).

7 So auch *Rouvroy/Poullet*, The Right to Informational Self-Determination and the Value of Self-Development: Reassessing the Importance of Privacy for Democracy, in: Serge Gutwirth et al. (eds.), Reinventing Data Protection?, Dordrecht 2009, p. 52; angedeutet auch bei Gola/*Gola*, DS-GVO, Einl., Rn. 2; vgl. auch *Hufen*, Schutz der Persönlichkeit und informationelle Selbstbestimmung, in: Peter Badura/Horst Dreier (Hrsg.), FS 50 Jahre Bundesverfassungsgericht, Bd. II, Tübingen 2001, S. 119.

8 Vgl. *Rüpke*, in: Giselher Rüpke/ Kai v. Lewinski/Jens Eckhardt, Datenschutzrecht. Grundlagen und europarechtliche Neugestaltung, München 2018, § 3, Rn. 5 ff.; *Ladeur*, Die Gesellschaft der Netzwerke und ihre Wissensordnung, in: Florian Süssenguth (Hrsg.), Die Gesellschaft der Daten. Über die digitale Transformation der sozialen Ordnung, Bielefeld 2015, S. 238; vgl. auch *Schmitz*, Kapitel 2. Grundlagen des Datenschutzrechts, in: Flemming Moos/Jens Schefzig/Marian Arning (Hrsg.), Die neue Datenschutzgrundverordnung, Berlin/Boston 2018, Rn. 33.

9 *Rouvroy/Poullet*, The Right to Informational Self-Determination and the Value of Self-Development: Reassessing the Importance of Privacy for Democracy, in: Serge Gutwirth et al. (eds.), Reinventing Data Protection?, Dordrecht 2009, p. 50.

10 Verordnung (EU) 2016/679 des Europäischen Parlaments und des Rates vom 27. April 2016 zum Schutz natürlicher Personen bei der Verarbeitung personenbezogener Daten, zum freien Datenverkehr und zur Aufhebung der Richtlinie 95/46/EG, ABl. 2016 L 119/1, ber. ABl. 2016 L 314/72 u. ABl. 2018 L 127/2.

11 Bundesdatenschutzgesetz in der Fassung der Bekanntmachung v. 14.1.2003 (BGBl. I S. 66), zul. geändert durch Gesetz vom 30.10.2017 (BGBl. I S. 3618).

12 EuGH, Urt. v. 13.5.2014 – Costeja González, EU:C:2014:317.

Gemeinwohlinteressen werden im Allgemeinen nur noch zur Rechtfertigung von Eingriffen in die informationelle Selbstbestimmung wahrgenommen.[13]

Diese Individualrechtsorientierung verschleiert den Blick auf die sich in der Thematik Datenschutz eigentlich manifestierende Frage nach den zukünftigen Modi des gesellschaftlichen Zusammenlebens. So ist die Wirtschaftsordnung des Kapitalismus auf ständiges Wachstum angewiesen.[14] Dieses Wachstum verspricht derzeit vor allem die Datenverarbeitung, allem voran das Phänomen *Big Data*, das im Grundsatz die ergebnisoffene Verarbeitung unbegrenzt vieler Daten beliebigen Ursprungs bedeutet (s. C.I.1.). Das geltende, individualisierte Datenschutzrecht setzt diesem gesamtgesellschaftlichen Interesse Individualrechtsgüter entgegen, die dieses strukturelle Problem auf ein zweidimensionales Verhältnis zwischen dem wirtschaftlichen Interesse der Gesellschaft an der Datenverarbeitung und den oft nur wenig konturierten und missverstandenen Interessen des Individuums reduzieren. Das prinzipielle Dilemma des Datenschutzes stellt sich dadurch in der öffentlichen Debatte dar als ein Konflikt zwischen den Erkenntnismöglichkeiten und Wohlstandsversprechungen der datenverarbeitenden Industrie und dem Schutz der Daten[15] des Einzelnen als Selbstzweck. Diese Perspektive erlaubt es, Datenschutz über eine Einwilligungskonstruktion zur Sache des Einzelnen zu machen und bedingt das beständige Durchsetzungsdefizit des Datenschutzrechts.

Denn die Gefahren, die von der Datenerhebung und -verwendung ausgehen, bestanden niemals ausschließlich für das Individuum und Datenschutzrecht war auch nicht immer auf den Schutz ausschließlich individueller Interessen fokussiert. Wissen ist Macht – so viel erkannten bereits die Abgeordneten im Hessischen Landtag in der Aussprache zum ersten Hessischen Datenschutzgesetz, der ersten abstrakt-generellen Normierung des Datenschutzes weltweit, und versuchten einem Informationsungleichgewicht zwischen Exekutive und Legislative, nämlich einem Informationsübergewicht der Exekutive, bestmöglich vorzubeugen (s. A.II.4.). Insofern sollte Datenschutz die Gewaltenteilung sichern und so dem Schutze der Demokratie dienen. Diese Perspektive ist jedoch hinter dem individualisti-

---

13 S. z.B. BVerfGE 65, 1 (43 f.); kritisch dazu *Ladeur*, DuD 2000, 12 (12 f.); s. auch *Klement*, JZ 2017, 161 (163).

14 Es lassen sich ebenfalls gesamtgesellschaftliche Interessen an staatlicher Datenverarbeitung ausmachen. Diese sind jedoch nicht Thema dieser Abhandlung.

15 Oder auch: der Privatsphäre oder der informationellen Selbstbestimmung.

schen Verständnis des Datenschutzes zurückgetreten.[16] Das Bundesverfassungsgericht ging im Volkszählungsurteil sogar noch weiter und deutete eine Verbindung des Schutzes der personenbezogenen Daten des Einzelnen mit der Erhaltung der Demokratie an. So habe Datenerhebung und -verarbeitung das Potenzial „*[...] nicht nur die individuellen Entfaltungschancen des Einzelnen [zu] beeinträchtigen, sondern auch das Gemeinwohl, weil Selbstbestimmung eine elementare Funktionsbedingung eines auf Handlungsfähigkeit und Mitwirkungsfähigkeit seiner Bürger begründeten freiheitlichen demokratischen Gemeinwesens ist.*“[17] Damit bedeutet Datenschutz also auch nach seiner Isolierung vom Informationsrecht[18] noch Schutz der Demokratie.

Überdies legen die Gefährdungspotenziale der Internetökonomie und Informationstechnologie sowie Überlegungen zu einer transsubjektiven Dimension der Persönlichkeit und der Bedeutung der Privatheit für Individuum und demokratische Gesellschaft nahe, die überkommene Datenschutzkonzeption demokratietheoretisch zu überdenken. Während das Datenschutzrecht auf der einen Seite individualisiert wurde, haben sich die Gefahren, die die Datenverarbeitung für die Demokratie birgt, intensiviert und quantifiziert, sodass sich eine Schere zwischen den Regelungszielen und den tatsächlichen Gefahren auftut, die zunehmend auseinandergeht: Die Gefahren bestehen zunehmend für das Kollektiv und Datenschutz wird zunehmend individualisiert. Aufgrund der Tatsache, dass das Individuum eben nicht isoliert vom Kollektiv bestehen kann und eine enge, reziproke Verbindung zwischen dem Schutz individueller und kollektiver Interessen besteht, zeigt sich die Kluft von gefährdeten Schutzgütern und Regelungstechnik symptomatisch an Bruchstellen wie dem sog. Durchsetzungsdefizit des Datenschutzrechts im digitalen Raum. Notwendig ist darum eine Neukonzeption des Datenschutzrechts, die die Dichotomie zwischen Individuum und Gesellschaft überkommt und den Schutz der Demokratie als ein kollektives Interesse egalitär neben den Schutz der individuellen Interessen stellt.

---

16 Vgl. auch *Bull*, Informationelle Selbstbestimmung – Vision oder Illusion?, 2. Aufl., Tübingen 2011, S. 26.

17 BVerfGE 65, 1 (43).

18 Dazu vgl. *Lewinski*, Die Matrix des Datenschutzes, Tübingen 2014, S. 63.

I. Gegenstand der Untersuchung und Stand der Forschung

Gegenstand dieser Untersuchung ist der Zusammenhang zwischen Datenschutz(recht) und Demokratie und dessen Wandlung durch die Gefährdungspotenziale der Internetökonomie. Dabei wird auf Erkenntnisse aus der Rechtswissenschaft, Soziologie, Psychologie, Politikwissenschaft, Ökonomie und Philosophie zurückgegriffen. Schließlich sollen aus der Analyse des Zusammenhangs Schlussfolgerungen für das Recht gezogen werden.

In Legislation und Rechtsprechung wird Datenschutzrecht heute überwiegend ausschließlich als Recht zum Schutze individueller Interessen verstanden. Größtenteils wird es auch in der Wissenschaft so rezipiert.[19] Zum Teil wird allerdings auch die demokratische Gesellschaft als Schutzgut in den Blick genommen. Dabei wird einerseits, meist retrospektiv mit Blick auf das erste Hessische Datenschutzgesetz (HDSG), auf die Vermeidung von Informationsasymmetrien zwischen den Staatsgewalten referiert.[20] Andererseits wird die Verhinderung der vom Bundesverfassungsgericht im Volkszählungsurteil prominent gemachten Einschüchterungseffekte als demokratietheoretisches Fundament des Datenschutzrechts herangezogen.[21] Nur selten werden die individualrechtlichen Schutzgüter des Datenschutzrechts dergestalt betrachtet, dass sie selbst wesentliche Funktionsbedingungen der Demokratie darstellen.[22] Die genauen Zusammenhänge sind je-

---

19 So befindet auch *Spiecker gen. Döhmann*, Teil-Verfassungsordnung Datenschutz, in: Vesting/Koritoth (Hrsg.), Der Eigenwert des Verfassungsrechts, Tübingen 2011, S. 264; vgl. auch *Drackert*, Die Risiken der Verarbeitung personenbezogener Daten, Berlin 2014, insbes. S. 278 ff.

20 So z.B. Simitis/*Simitis*, BDSG, Einl., Rn. 21; *Bull*, Informationelle Selbstbestimmung – Vision oder Illusion?, 2. Aufl.,Tübingen 2011, S. 26; *Lewinski*, Die Matrix des Datenschutzes, Tübingen 2014, S. 55 ff.; *Marsch*, Das europäische Datenschutzgrundrecht, Tübingen 2018, S. 94; *Drackert*, Die Risiken der Verarbeitung personenbezogener Daten, Berlin 2014, S. 280 ff.

21 Aus der Rechtswissenschaft z.B. *Drackert*, Die Risiken der Verarbeitung personenbezogener Daten, Berlin 2014, S. 277, 283 ff., 310; *Sandfuchs*, Privatheit wider Willen?, Tübingen 2015, S. 49 ff., 69; *Marsch*, Das europäische Datenschutzgrundrecht, Tübingen 2018, S. 94; *Drackert*, Die Risiken der Verarbeitung personenbezogener Daten, Berlin 2014, S. 283 ff. Aus der Philosophie z.B. *Winter*, Demokratietheoretische Implikationen des Rechts auf informationelle Selbstbestimmung, in: Michael Friedewald u.a. (Hrsg.), Informationelle Selbstbestimmung im digitalen Wandel, S. 37 ff.

22 So aber bei *Rouvroy/Poullet*, The Right to Informational Self-Determination and the Value of Self-Development: Reassessing the Importance of Privacy for Democracy, in: Serge Gutwirth et al. (eds.), Reinventing Data Protection?, Dordrecht 2009, p. 45; *Boehme-Neßler*, Die Macht der Algorithmen – Anmerkungen

doch bisher nicht herausgearbeitet worden.[23] Was *Beate Rössler* für die Privatheit befand, mag also auch für den Datenschutz gelten: „Die genaueren Gründe und Zusammenhänge zwischen dem Schutz des Privaten und dem Funktionieren der Demokratie werden jedoch häufig nicht ausbuchstabiert, es bleibt bei allgemeinen Überlegungen, wie bei Gavison, Solove oder anderen."[24] In der hiesigen demokratietheoretischen Grundlegung des Datenschutzrechts, soll der Versuch unternommen werden, alle drei Begründungsansätze zu vereinen. Dabei liegt der Schwerpunkt auf der zuletzt beschriebenen Verbindung zwischen den individualrechtlichen Schutzgütern des Datenschutzrechts und der Demokratie, wobei sich eine zusammenhängende Kausalkette ergeben und die genannten Aspekte aufgegriffen werden sollen.

II. Individualisierung. Eine kurze Genealogie des Datenschutzrechts

Um die Individualisierung des Datenschutzrechts zu rekonstruieren, muss ein Blick in die Historie des Datenschutzrechts gewagt werden. *Ein* Ursprung ist jedoch unmöglich zu verorten. Insbesondere ist er von der Per-

---

zum Einfluss von *Big Data* auf die Demokratie, in: Volker Boehme-Neßler/Manfred Rehbinder (Hrsg.), Big Data: Ende des Datenschutzes?, Bern 2017, S. 111; *ders.*, DVBl. 2015, 1282; *ders.*, UFITA 2015, 655; *ders.*, 6 IDPL (2016), 222; *Spiecker gen. Döhmann*, VVDStRL 77 (2018), 9. Als Standardwerk gilt *Westin*, Privacy and Freedom, London 1970, dessen Ausführungen zwar grundlegend, aber allgemein und knapp ausfallen. Am deutlichsten wird der Zusammenhang auf S. 34 thematisiert. Typisch sind Andeutungen wie bei *Miller*, Der Einbruch in die Privatsphäre. Datenbanken und Dossiers, Neuwied u.a. 1973, S. 61 f. („Die Erhaltung aller Bereiche der Privatsphäre, in denen Autonomie und Individualität gedeihen, ist wesentlich für die Erhaltung der Gesellschaft, wie wir sie kennen.") mit Verweis auf *Westin*, aaO., p. 34 oder wie bei *Sandfuchs*, Privatheit wider Willen?, Tübingen 2015, S. 48 f., 68 f.

23 Bezeichnend ist die viel beachtete aber sehr knappe Darstellung bei *Hermstrüwer*, Informationelle Selbstgefährdung, Tübingen 2016, S. 43, die sich überdies überwiegend auf Einschüchterungseffekte bezieht.

24 *Rössler*, Privatheit und Autonomie: zum individuellen und gesellschaftlichen Wert des Privaten, in: Sandra Seubert/Peter Niesen (Hrsg.), Die Grenzen des Privaten, Baden-Baden 2010, S. 50. *Spiecker gen. Döhmann*, Teil-Verfassungsordnung Datenschutz, in: Vesting/Koritoth (Hrsg.), Der Eigenwert des Verfassungsrechts, Tübingen 2011, S. 279 konstatiert entsprechend: „Der Gewinn der Privatheit für die Gemeinschaft und damit eine positive Grundbedingung für das Funktionieren des Staatswesens ist bisher kaum herausgearbeitet […]."

spektive abhängig, aus der Datenschutz betrachtet wird.[25] Ordnet man Datenschutz etwa dem Privatsphärenschutz zu, können schon in der Antike Wurzeln entdeckt werden.[26] Geht es um den individualrechtlichen Schutz der Privatsphäre oder der Persönlichkeit wird oft der heute berühmte Aufsatz „*The right to privacy*“ von *Samuel D. Warren* und *Louis D. Brandeis* als Ausgangspunkt gewählt.[27] Betrachtet man das Datenschutzrecht als Recht zur Verhinderung von Informationspräponderanz lassen sich seine Wurzeln bis zur Entstehung des modernen Staates zurückverfolgen.[28] Prägungen dieses Familienstranges finden sich im modernen Datenschutzrecht sehr deutlich im ersten Hessischen Datenschutzgesetz wieder. Wird Datenschutzrecht eng als Datenschutzgesetzgebung gefasst, beginnt die Geschichte mit ebendiesem ersten Hessischen Datenschutzgesetz vom 7.10.1970.[29] Der Begriff „Datenschutz“ ist jedenfalls eine Wortschöpfung des 20. Jahrhunderts.[30] Diese Genealogie soll dazu dienen, aufzuzeigen, dass Datenschutz durchaus nicht immer und ausschließlich Individualrechtsschutz bedeutete, sich aber zunehmend dahin entwickelte. Die dazu ausgewählten Wegmarken orientieren sich dementsprechend an den in der datenschutzrechtlichen Literatur gängigen Darstellungen.

---

25 Darum wird hier nicht von der „Geschichte“ des Datenschutzrechts gesprochen, sondern der „Genealogie“. *Friedrich Nietzsche* und *Michel Foucault* folgend, soll darunter die Abstammungslinie eines Phänomens verstanden werden, die nicht zu einem, sondern zu vielen Ursprüngen führt, vgl. *Geuss*, Privatheit. Eine Genealogie, Frankfurt am Main 2013, S. 24 f.

26 *Lewinski*, in: Giselher Rüpke/Kai v. Lewinski/Jens Eckhardt, Datenschutzrecht. Grundlagen und europarechtliche Neugestaltung, München 2018, § 2, Rn. 6 ff.; *Mallmann*, Zielfunktionen des Datenschutzes, Frankfurt am Main 1977, S. 16.

27 Siehe etwa *Golland*, Datenverarbeitung in sozialen Netzwerken, Frankfurt am Main 2018, S. 30; *Horn*, in: HbStR, Bd. VII, 3. Aufl., § 149, Rn. 14; s. auch *Simitis*, 135 U. Pa. L. Rev. (1987), 707 (707 Fn. 1).

28 *Lewinski*, in: Giselher Rüpke/Kai v. Lewinski/Jens Eckhardt, Datenschutzrecht. Grundlagen und europarechtliche Neugestaltung, München 2018, § 2, Rn. 3; vgl. auch *ders.*, Geschichte des Datenschutzrechts von 1600 bis 1977, in: Felix Arndt u.a. (Hrsg.), Freiheit – Sicherheit – Öffentlichkeit, Baden-Baden 2009, S. 208 ff.

29 GVBl. I 1970, 625. Beispielsweise beginnen so die Darstellungen bei Simitis/Hornung/Spiecker gen. Döhmann/*dies.*, Datenschutzrecht, Einl. Rn. 1; Simitis/*Simitis*, BDSG, Einl., Rn. 1 und bei *Spiecker gen. Döhmann*, Teil-Verfassungsordnung Datenschutz, in: Vesting/Koritoth (Hrsg.), Der Eigenwert des Verfassungsrechts, Tübingen 2011, S. 265.

30 Simitis/*Simitis*, BDSG, Einl., Rn. 2 ff.; *Lewinski*, Geschichte des Datenschutzrechts von 1600 bis 1977, in: Felix Arndt u.a. (Hrsg.), Freiheit – Sicherheit – Öffentlichkeit, Baden-Baden 2009, S. 197 f.

Für die Datenschutzgesetzgebung kommt es vor allem auf die jeweils in den Blick genommenen Schutzgüter des Datenschutzrechts an. Für Legislationen sollen hier explizite und implizite Schutzgüter unterschieden werden. Die expliziten Schutzgüter sind dabei diejenigen, die das Gesetz ausdrücklich als Schutzgut benennt und die impliziten diejenigen, die sich durch Auslegung des Gesetzes ermitteln lassen. Darüber hinaus ist vor allem eine Betrachtung der Leitbilder notwendig, die den Gesetzgebungsprozess geprägt haben.[31] Zum einen ermöglicht die Kenntnis der Gefahrenlage oder des Bedrohungsszenarios, die oder das die am Gesetzgebungsprozess beteiligten Personen vor Augen hatten, zu erklären, warum ein bestimmtes Schutzgut als solches deklariert wurde. Zum anderen ermöglicht die Kenntnis dieser Leitbilder im Rahmen einer Betrachtung des gesellschaftlichen und technologischen Wandels seit der Verabschiedung des Legislativakts die kritische Reflexion der Schutzgüter und der Schutzkonzeption.

1. Datenschutz als Erbe der Aufklärung

Bereits in der Antike waren Vorstellungen von privaten Sphären in Form des *Tabus* und des *refugiums* existent und es bestanden Regelungen zum Schutze bestimmter Geheimnisse.[32] Regelungen, die die Art der Datenver-

---

31 Zur Prägung der deutschen Debatte durch „Leitbegriffe" siehe *Rüpke*, in: Giselher Rüpke/Kai v. Lewinski/Jens Eckhardt, Datenschutzrecht. Grundlagen und europarechtliche Neugestaltung, München 2018, § 3, Rn. 3; *Vesting*, Das Internet und die Notwendigkeit der Transformation des Datenschutzes, in: Karl-Heinz Ladeur (Hrsg.), Innovationsoffene Regulierung des Internet. Neues Recht für Kommunikationsnetzwerke, Baden-Baden 2003, S. 156 ff. Allgemein zur Wirkungsmacht von Leitbildern im Gesetzgebungsprozess *Braun*, Leitbilder im Recht, Tübingen 2015, S. 86 ff.

32 *Lewinski*, in: Giselher Rüpke/Kai v. Lewinski/Jens Eckhardt, Datenschutzrecht. Grundlagen und europarechtliche Neugestaltung, München 2018, § 2, Rn. 6 ff. (beispielsweise der Eid des Hippokrates); vgl. auch *Schmale*, DuD 2019, 327 (329). Bereits 800 v. Chr. wird in Indien von einem ethischen Schweigegebot der Ärzte berichtet, s. *Rudolf*, HbGR, § 90, Rn. 4. S. außerdem *Lewinski*, Zur Geschichte von Privatsphäre und Datenschutz – eine rechtshistorische Perspektive, in: Jan-Hinrik Schmidt/Thilo Weichert (Hrsg.), Datenschutz. Grundlagen, Entwicklungen und Kontroversen, Bonn 2012, S. 24; *Schmitz*, Kapitel 2. Grundlagen des Datenschutzrechts, in: Flemming Moos/Jens Schefzig/Marian Arning (Hrsg.), Die neue Datenschutzgrundverordnung, Berlin/Boston 2018, Rn. 1. Allerdings existierten noch keine Begrifflichkeiten, die dem heutigen Begriffspaar „öffentlich/

arbeitung betreffen, reichen möglicherweise sogar noch weiter zurück.[33] Allerdings war die Rechtsstellung des Einzelnen an seine Zugehörigkeit zu einer sozialen Gruppe wie der Familie, dem Haus oder einem Stand abhängig.[34] Das machte die Zuordnung einer geschützten Individualsphäre zur Einzelperson und erst Recht die Entstehung eines Systems des Individualrechtsschutzes, wie es das heutige Datenschutzrecht ist, vorerst unmöglich. So diente beispielsweise das antike Arztgeheimnis nicht ausschließlich dem Individuum, sondern sollte das Vertrauen der Menschen in die Verschwiegenheit der Ärzte sichern, um so eine funktionierende Gesundheitsversorgung zu gewährleisten, die im gesamtgesellschaftlichen Interesse liegt.[35] Hätten Ärzte die Beschwerden ihrer Patienten publik machen dürfen, hätten diese möglicherweise aus Angst vor sozialen Nachteilen auf den Arztbesuch verzichtet. Bereits im Mittelalter lassen sich objektiv-rechtliche Beschränkungen von Datenmacht ausmachen, die als Regeln zur Verhinderung von Infomationsasymmetrien als normative Vorläufer des Datenschutzrechts (zumindest des ersten Hessischen Datenschutzgesetzes) gedeutet werden können.[36]

Das Private definierte sich bis in die bürgerliche Gesellschaft des 18. Jahrhunderts „im Subtraktionsweg vom Öffentlichen her."[37] Der Staat und das Recht waren bis dato einem materialen Gerechtigkeitsideal, dem Gemeinwohl verpflichtet.[38] Privatsphäre im Sinne einer dem staatlichen Zugriff entzogenen Sphäre war darum überhaupt nicht denkbar, einzig in

---

privat" gleichen, s. *Geuss*, Privatheit. Eine Genealogie, Frankfurt am Main 2013, S. 54 f. Zur Kritik der Verbindung von Daten- und Geheimnisschutz siehe D.I.3.

33 *Lewinski*, in: Giselher Rüpke/Kai v. Lewinski/Jens Eckhardt, Datenschutzrecht. Grundlagen und europarechtliche Neugestaltung, München 2018, § 2, Rn. 8.

34 *Lewinski*, in: Giselher Rüpke/Kai v. Lewinski/Jens Eckhardt, Datenschutzrecht. Grundlagen und europarechtliche Neugestaltung, München 2018, § 2, Rn. 6; vgl. auch allgemeiner *Böckenförde*, Recht, Staat, Freiheit, Frankfurt am Main 1991, S. 59; *Hufen*, Staatsrecht II. Grundrechte, 7. Aufl., München 2018, § 11, Rn. 1; vgl. in Bezug auf die Privatsphäre auch *Schmale*, DuD 2019, 327 (329).

35 Vgl. *Rudolf*, HbGR, § 90, Rn. 4.

36 So, ohne Beschränkung auf das erste HDSG, *Lewinski*, Geschichte des Datenschutzrechts von 1600 bis 1977, in: Felix Arndt u.a. (Hrsg.), Freiheit – Sicherheit – Öffentlichkeit, Baden-Baden 2009, S. 206 ff., insbes. 208.

37 *Grimm*, Bürgerlichkeit im Recht, in: Kocka (Hrsg.), Bürger und Bürgerlichkeit im 19. Jahrhundert, Göttingen 1987, S. 152; vgl. auch *Horn*, in: HbStR, Bd. VII, 3. Aufl., § 149, Rn. 10.

38 *Grimm*, Bürgerlichkeit im Recht, in: Kocka (Hrsg.), Bürger und Bürgerlichkeit im 19. Jahrhundert, Göttingen 1987, S. 152.

gemeinwohlneutralen Bereichen.[39] Der Bereich des Öffentlichen war prinzipiell unbegrenzt und der Bereich des Privaten prinzipiell begrenzt.[40] Die erste Wurzel des Datenschutzes als System des Individualrechtsschutzes wird darum erst auf das ausgehende 18. Jahrhundert zu datieren sein, als sich die Vorstellung durchsetzte, „daß sittliche Vollendung als Sinn menschlicher Existenz nicht das Ergebnis rechtlich erzwungenen, sondern nur autonom gewählten Verhaltens sein könne"[41].[42]

In diesem Individualismus der Philosophie der Aufklärung nahm eine Transformation der Staats- und Gesellschaftsvorstellungen seinen Ausgangspunkt, die auch das Rechtsdenken nachhaltig veränderte.[43] In ihm liegt der Ausgangspunkt der Entstehung individueller Rechte, geknüpft an den Begriff der Persönlichkeit, der zunächst aber nur in der Naturrechtslehre zum Rechtsbegriff avancierte.[44] In der positivistisch-geprägten Rechtspraxis kam der Schutz der Persönlichkeit bis zur Mitte des 20. Jahrhunderts nur in der Form partieller Persönlichkeitsrechte wie der persönlichen Ehre zum Tragen.[45] Nichtsdestotrotz entstand ein holistisches Ver-

---

39 *Grimm*, Bürgerlichkeit im Recht, in: Kocka (Hrsg.), Bürger und Bürgerlichkeit im 19. Jahrhundert, Göttingen 1987, S. 152.

40 *Grimm*, Bürgerlichkeit im Recht, in: Kocka (Hrsg.), Bürger und Bürgerlichkeit im 19. Jahrhundert, Göttingen 1987, S. 152; vgl. zur erst allmählichen Anerkennung einer privaten Sphäre *Lewinski*, Geschichte des Datenschutzrechts von 1600 bis 1977, in: Felix Arndt u.a. (Hrsg.), Freiheit – Sicherheit – Öffentlichkeit, Baden-Baden 2009, S. 211 f.

41 *Grimm*, Bürgerlichkeit im Recht, in: Kocka (Hrsg.), Bürger und Bürgerlichkeit im 19. Jahrhundert, Göttingen 1987, S. 149; vgl. auch (zeitgenössisch) *Humboldt*, Ideen zu einem Versuch, die Grenzen der Wirksamkeit des Staats zu bestimmen (1851), Stuttgart 1967, S. 22.

42 Vgl. *Klippel*, ZNR 1982, 132 (133 ff., 148) zur Entwicklung des Persönlichkeitsrechts als Individualrecht aus der Philosophie der Aufklärung; vgl. auch *v. Lewinksi*, Zur Geschichte von Privatsphäre und Datenschutz – eine rechtshistorische Perspektive, in: Jan-Hinrik Schmidt/Thilo Weichert (Hrsg.), Datenschutz. Grundlagen, Entwicklungen und Kontroversen, Bonn 2012, S. 25.

43 Vgl. *Vesting*, HbPR, 2. Aufl., § 6, Rn. 4 f., allerdings kritisch gegenüber einer Verbindung der Vorstellung eines sozial und institutionell ungebundenen Individuums mit der kantischen Philosophie. Angedeutet bei *Böckenförde*, Recht, Staat, Freiheit, Frankfurt am Main 1991, S. 58 f.

44 *Kube*, in: HbStR, Bd. VII, 3. Aufl., § 148, Rn. 8 ff. Zur Abkunft des Persönlichkeitsbegriffes vom älteren Begriff der Person siehe *Kube*, in: HbStR, Bd. VII, 3. Aufl., § 148, Rn. 3 ff. Bezeichnenderweise wurden die Begriffe „Persönlichkeitsrechte" und „Individualrechte" zunächst synonym gebraucht, s. *Klippel*, ZNR 1982, 132 (148).

45 *Kube*, in: HbStR, Bd. VII, 3. Aufl., § 148, Rn. 12 ff.; *Schmitt Glaeser*, in: HbStR, Bd. VI, Heidelberg 1989, § 129, Rn. 7.

ständnis der menschlichen Persönlichkeit, das in der Rechtspraxis als Anknüpfungspunkt für diese partiellen Rechte dienen konnte.[46]

2. The right to privacy (1890)

In der datenschutzrechtlichen Literatur wird eine weitere Wurzel der Idee des rechtlichen Datenschutzes dem Aufsatz *The right to privacy*[47] von *Samuel D. Warren und Louis D. Brandeis* aus dem Jahr 1890 zugeschrieben.[48] Schon diese Zuschreibung verrät eine gewisse individualistische Prägung des Datenschutzrechts, denn die Idee der Privatsphäre und der Gedanke, sie vor dem Zugriff anderer zu schützen sind deutlich älter (s. A.II.1.)[49] und so setzten auch *Warren* und *Brandeis* bereits ein bestimmtes Konzept der *„sacred precincts of private and domestic life"*[50] voraus. Allerdings proklamierten *Warren* und *Brandeis* ein *individuelles Recht* auf Privatheit, mit dem

---

46 Vgl. *Kube*, in: HbStR, Bd. VII, 3. Aufl., § 148, Rn. 12 ff.; *Schmitt Glaeser*, in: HbStR, Bd. VI, Heidelberg 1989, § 129, Rn. 7.

47 *Warren/Brandeis*, 4 Harv. L. Rev. (1890), 193.

48 Siehe etwa *Schmitz*, Kapitel 2. Grundlagen des Datenschutzrechts, in: Flemming Moos/Jens Schefzig/Marian Arning (Hrsg.), Die neue Datenschutzgrundverordnung, Berlin/Boston 2018, Rn. 8 („Geburtsjahr des Datenschutzes"); *Golland*, Datenverarbeitung in sozialen Netzwerken, Frankfurt am Main 2018, S. 30; *Geminn/Roßnagel*, JZ 2015, 703 (704); *Horn*, in: HbStR, Bd. VII, 3. Aufl., § 149, Rn. 14; s. auch *Garstka*, in: HbPR, § 22, Rn. 2; *Simitis*, 135 U. Pa. L. Rev. (1987), 707 (707 Fn. 1); *Miller*, Der Einbruch in die Privatsphäre. Datenbanken und Dossiers, Neuwied u.a. 1973, S. 203 (hier aber bezogen auf das *Common Law*); *Solove*, Understanding Privacy, Cambridge (Mass.) 2008, p. 15 m.w.N.; *Lewinski*, Zur Geschichte von Privatsphäre und Datenschutz – eine rechtshistorische Perspektive, in: Jan-Hinrik Schmidt/Thilo Weichert (Hrsg.), Datenschutz. Grundlagen, Entwicklungen und Kontroversen, Bonn 2012, S. 27; vgl. auch *Ulbricht/Weber*, Adieu Einwilligung? Neue Herausforderungen für die informationelle Selbstbestimmung im Angesicht von Big-Data-Technologien, in: Michael Friedewald/Jörn Lamla/Alexander Roßnagel (Hrsg.), Informationelle Selbstbestimmung im digitalen Wandel, Wiesbaden 2017, S. 266; aus der Philosophie *Rössler*, Der Wert des Privaten, Frankfurt am Main 2001, S. 13 f.

49 S. außerdem *Lewinski*, in: Giselher Rüpke/Kai v. Lewinski/Jens Eckhardt, Datenschutzrecht. Grundlagen und europarechtliche Neugestaltung, München 2018, § 2, Rn. 1 ff., insbes. 2.

50 *Warren/Brandeis*, 4 Harv. L. Rev. (1890), 193 (195). Siehe auch ebd., 220: „The common law has always recognized a man's house as his castle, impregnable, often, even to its own officers engaged in the execution of its commands."

Inhalt, allein gelassen zu werden („*to be let alone*“[51]).[52] Die Neuigkeit der Forderung von *Warren* und *Brandeis* liegt also in der Individualisierung der Privatheit in Form eines individuellen Rechts. *Warren* und *Brandeis* ordnen das Recht auf Privatheit als Teil des Persönlichkeitsrechts („*principle of inviolate personality*“) ein.[53] Etwa zur selben Zeit sind die ersten Gerichte im deutschen Rechtskreis mit Persönlichkeitsverletzungen durch die Presse befasst.[54] Der Aufsatz von *Warren* und *Brandeis* kann darum als Wegmarke auch für das deutsche und europäische Datenschutzrecht dienen.

Warren und *Brandeis* leiten die Notwendigkeit eines Rechts auf Privatheit aus der Notwendigkeit der Anpassung des Rechts an den gesellschaftlichen Wandel und den technischen Fortschritt her.[55] Die Gesellschaft habe sich insofern gewandelt, als dass die Verbreitung privater Sachverhalte für Zeitschriften zum Geschäftsmodell geworden sei und moderne Ton- und Bildaufnahmegeräte das Ausforschen des privaten Bereiches leicht machten.[56] Diese Wandlung gerate aber in Konflikt mit den Rechtsvorstellungen der Gesellschaft.[57] Diesen Befund belegen *Warren* und *Brandeis* mit Gerichtsentscheidungen, in denen die entscheidenden Gerichte über pri-

---

51 *Warren/Brandeis*, 4 Harv. L. Rev. (1890), 193 (193, 195, 205).

52 *Horn*, in: HbStR, Bd. VII, 3. Aufl., § 149, Rn. 14; *Garstka*, in: HbPR, § 22, Rn. 2; vgl. auch *Solove*, Understanding Privacy, Cambridge (Mass.) 2008, pp. 15, 89. Ob sie tatsächlich die ersten waren oder nur unter den ersten, mag dahingestellt sein. Etwa auf dieselbe Zeit lassen sich z.B. Forderungen deutscher Rechtswissenschaftler datieren, s. *Simitis*, 98 Calif. L. Rev. (2010), 1989 (1990).

53 *Warren/Brandeis*, 4 Harv. L. Rev. (1890), 193 (205, 207).

54 *Lewinski*, in: Giselher Rüpke/Kai v. Lewinski/Jens Eckhardt, Datenschutzrecht. Grundlagen und europarechtliche Neugestaltung, München 2018, § 2, Rn. 26; *Simitis*, 98 Calif. L. Rev. (2010), 1989 (1990). Ein allgemeines Persönlichkeitsrecht ist allerdings bis nach 1945 auch in der Rechtsprechung nicht anerkannt worden, s. *Kube*, in: HbStR, Bd. VII, 3. Aufl., § 148, Rn. 12 ff., insbes. 17 f.; *Schmitt Glaeser*, in: HbStR, Bd. VI., Heidelberg 1989, § 129, Rn. 7; *Simitis*, 98 Calif. L. Rev. (2010), 1989 (1991 f.).

55 *Warren/Brandeis*, 4 Harv. L. Rev. (1890), 193 (193): „Political, social, and economic changes entail the recognition of new rights, and the common law, in its eternal youth, grows to meet the demands of society.”

56 Vgl. etwa *Warren/Brandeis*, 4 Harv. L. Rev. (1890), 193 (195): „Instantaneous photographs and newspaper enterprise have invaded the sacred precincts of private and domestic life ; (sic!) and numerous mechanical devices threaten to make good the prediction that ‘what is whispered in the closet shall be proclaimed from the house-tops.’”

57 Bezeichnenderweise soll *Samuel D. Warren* selbst in Konflikt mit der Presseberichterstattung geraten sein und deswegen den Aufsatz gemeinsam mit seinem damaligen Sozius *Louis D. Brandeis* formuliert haben, s. *Mallmann*, Zielfunktionen des Datenschutzes, Frankfurt am Main 1977, S. 21 f.; *Geuss*, Privatheit. Eine

vatrechtliche Fallgestaltungen zu entscheiden hatten, in denen etwa der Inhalt von Briefen und anderen privaten Dokumenten öffentlich gemacht worden war. Die Gerichte lösten die Konflikte dergestalt, dass sie in der Veröffentlichung der privaten Sachverhalte Verletzungen der Eigentumsfreiheit (*principle of private property*) entdeckten, etwa in Form eines Vertrauens- oder eines Vertragsbruchs.[58] *Warren* und *Brandeis* erscheint dieses Anknüpfen an das Eigentum unangemessen weit und ungewöhnlich.[59] Das Ausweichen der Gerichte auf diese Konstruktionen zeige aber, dass es eine Notwendigkeit für ein Rechtsprinzip zur angemessenen Auflösung dieser Fälle gebe. Dieses Rechtsprinzip sei das propagierte Recht auf Privatsphäre als Teil des Persönlichkeitsrechts.[60] Die genaue Ausgestaltung des Rechts konturieren *Warren* und *Brandeis* mithilfe der beschriebenen Fälle, Anleihen beim Schutz des geistigen Eigentums und Vergleichen zu einem bereits in Frankreich existierenden Presserecht, das die Veröffentlichung privater Sachverhalte in Zeitschriften unter Strafe stellte[61].[62]

Warren und *Brandeis*, hier stellvertretend für den Geist ihrer Zeit, verknüpften somit die Privatheit mit einem subjektiven Recht des Individuums und legten damit den Grundstein für eine (grund-)rechtlich geschützte „engere persönliche Lebenssphäre“[63], einen „'Innenbereich' der Persönlichkeitsentfaltung“[64], der heute einen Nukleus des allgemein anerkannten allgemeinen Persönlichkeitsrechts darstellt und den Ausgangspunkt des heutigen Datenschutzrechts bildet. Nach der Entdeckung der Persönlichkeit als Rechtsbegriff ist also eine weitere Individualisierung der Privatheit durch die Idee eines subjektiven Rechts auf Privatheit als Teil des Persönlichkeitsrechts zu verzeichnen.

Genealogie, Frankfurt am Main 2013, S. 124; *Miller*, Der Einbruch in die Privatsphäre. Datenbanken und Dossiers, Neuwied u.a. 1973, S. 203.

58 *Warren/Brandeis*, 4 Harv. L. Rev. (1890), 193 (204, 207 ff.).

59 *Warren/Brandeis*, 4 Harv. L. Rev. (1890), 193 (207, 211 ff., insbes. 213).

60 *Warren/Brandeis*, 4 Harv. L. Rev. (1890), 193 (207): „[...] the right to privacy, as a part of the more general right to the immunity of the person,–the right to one's personality.“

61 Loi Relative à la Presse. 11 Mai 1868.
„II. Toute publication dans un écrit periodique relative à un fait de la vie priveé constitue une contravention punie d'un amende de cinq cent francs.“, zitiert nach *Warren/Brandeis*, 4 Harv. L. Rev. (1890), 193 (214, Fn. 1).

62 *Warren/Brandeis*, 4 Harv. L. Rev. (1890), 193 (214 ff.).

63 BVerfGE 54, 148 (153); 96 , 171 (181).

64 *Horn*, in: HbStR, Bd. VII, 3. Aufl., § 149, Rn. 14 (Hervorh. i. Orig.).

3. Elektronische Datenverarbeitung (1960er)

Wie schon für den Aufsatz von *Warren* und *Brandeis* gab eine technische Neuerung und eine dadurch bedingte Veränderung der Lebenswelt des Menschen den Anstoß für den nächsten umfassenden Evolutionsschub des Datenschutzes und damit diesmal für die Genese des Datenschutzrechts im engeren Sinne.[65] „Als Akten zu Daten wurden“[66] begann eine öffentliche Auseinandersetzung über die Gefahrenpotenziale von Datenverarbeitungstechnologie, deren Leitbilder und Narrative das Datenschutzrecht und die zugehörige Debatte heutzutage noch prägen und sogar maßgeblichen Eingang in die Literatur gefunden haben.[67] Die Möglichkeit der automatisier-

---

65 Simitis/*Simitis*, BDSG, Einl., Rn. 6 *et passim*; *Bull*, Ziele und Mittel des Datenschutzes. Forderungen zur Novellierung des Bundesdatenschutzgesetzes, Königstein 1981, S. 13; vgl. *Solove*, Understanding Privacy, Cambridge (Mass.) 2008, p. 4; auch schon *Zimmermann*, Iurratio 2017, 53 (53).

66 „[…] und nicht etwa nach dem Ende des Zweiten Weltkriegs, als überdeutlich geworden war, welches Vernichtungspotenzial ein Staat in seiner aktenmäßig geordneten Verwaltung schaffen kann“, s. *Vismann*, Akten. Medientechnik und Recht, 2. Aufl., Frankfurt am Main 2001, S. 303 f.

67 Siehe natürlich *Orwell*, 1984, London 1949, dessen Dystopie allerdings als Regimekritik zu lesen ist und nicht als Technologiekritik (s. *Franke*, Nachwort zu *Orwell*, 1984, 40. Aufl., Berlin 2017, S. 382 f.; vgl. auch *Bauman/Lyon*, Daten, Drohnen, Disziplin, 3. Aufl., Frankfurt am Main 2014, S. 22), und *Huxley*, Brave New World, London 1932 u.a. Beide Romane, und damit die entsprechenden Leitbilder, finden auch immer wieder Berücksichtigung in der datenschutzrechtlichen Fachliteratur, s. etwa *Miller*, Der Einbruch in die Privatsphäre. Datenbanken und Dossiers, Neuwied u.a. 1973, S. 47; *Vesting*, Das Internet und die Notwendigkeit der Transformation des Datenschutzes, in: Karl-Heinz Ladeur (Hrsg.), Innovationsoffene Regulierung des Internet. Neues Recht für Kommunikationsnetzwerke, Baden-Baden 2003, S. 164; *Solove*, Understanding Privacy, Cambridge (Mass.) 2008, p. 73; *Lewinski*, Zur Geschichte von Privatsphäre und Datenschutz – eine rechtshistorische Perspektive, in: Jan-Hinrik Schmidt/Thilo Weichert (Hrsg.), Datenschutz. Grundlagen, Entwicklungen und Kontroversen, Bonn 2012, S. 26; *Mayer-Schönberger/Cukier*, Big Data. Die Revolution, die unser Leben verändern wird, 2. Aufl., München 2013, S. 191 *et passim*; aktuell: *Sandfuchs*, Privatheit wider Willen?, Tübingen 2015, S. 33, 41, 77; *Klement*, JZ 2017, 161 (164); *Marsch*, Das europäische Datenschutzgrundrecht, Tübingen 2018, S. 91; zu weiterer Literatur vgl. z.B. *Solove*, Understanding Privacy, Cambridge (Mass.) 2008, p. 4. Zur Prägung der Debatte durch das Leitbild *staatliche* Datenverarbeitung s. auch *Vesting*, Das Internet und die Notwendigkeit der Transformation des Datenschutzes, in: Karl-Heinz Ladeur (Hrsg.), Innovationsoffene Regulierung des Internet. Neues Recht für Kommunikationsnetzwerke, Baden-Baden 2003, S. 157 ff., 7; zum „gläsernen Bürger“ etwa *Braun*, Leitbilder im Recht, Tübingen 2015, S. 90 f.

ten Datenverarbeitung besorgte einen Effektuierungssprung in allen Anwendungsbereichen datenverarbeitender Prozesse.[68] Ständigem Wachstum verschrieben, begann zunächst die Wirtschaft, die neue Technologie zu nutzen.[69] Es folgte die Administration im angloamerikanischen Raum und schließlich die deutsche Verwaltung, um den Anschluss an die Wirtschaft und andere Staaten nicht zu verlieren.[70] So findet sich denn eine der ersten gesetzlichen Normierungen mit datenschutzrechtlichem Regelungscharakter eher beiläufig in § 5 Abs. 3 des Hessischen Gesetzes zur Errichtung der Hessischen Zentrale für Datenverarbeitung (HZD) und Kommunaler Gebietsrechenzentren (HGRZ) vom 16.12.1969[71] (HZDG). Ziel des Gesetzes war es vor allem, die automatisierte Datenverarbeitung für die Hessische Verwaltung zu etablieren und Hessen anschlussfähig zu erhalten.[72] Als die staatliche Verwaltung mit der automatisierten Verarbeitung persönlicher Daten begann, keimte in den USA die Sorge vor staatlicher Überwachung und den damit einhergehenden Gefahren für das Individuum und die Gesellschaft.[73] Kurz darauf begann auch in Deutschland die öffentliche Debatte,[74] in deren Mittelpunkt die „persönliche Ebene informationeller Rechte" rückte[75] und die erst anlässlich der 1983 geplanten Volkszählung ihren vorläufigen Kulminationspunkt erreichen sollte.[76] Als verfassungsrechtliches Argument für das Datenschutzrecht und aufgrund der Orien-

---

68 *Vismann*, Akten. Medientechnik und Recht, 2. Aufl., Frankfurt am Main 2001, S. 303; vgl. auch Simitis/Hornung/Spiecker/*dies.*, Datenschutzrecht, Einl. Rn. 9.

69 Vgl. MdL *Best*, HessLT, 6. WP, 51. Sitzung v. 21. Mai 1969, Stenographischer Bericht S. 2759.

70 MdL *Best*, HessLT, 6. WP, 51. Sitzung v. 21. Mai 1969, Stenographischer Bericht S. 2759 (Begründung der Gesetzesinitiative zum HZDG); auch um einem gesteigerten Informationsverarbeitungsinteresse im Rahmen des Aufbaus einer Leistungsverwaltung nachzukommen, s. Simitis/*Simitis*, BDSG, Einl., Rn. 6; *Schmitt Glaeser*, in: HbStR, Bd. VI., Heidelberg 1989, § 129, Rn. 13; Simitis/Hornung/Spiecker/*dies.*, Datenschutzrecht, Einl. Rn. 7 ff.

71 GVBl. I, S. 304.

72 MdL *Best*, HessLT, 6. WP, 51. Sitzung v. 21. Mai 1969, Stenographischer Bericht S. 2759.

73 *Garstka*, in: HbPR, § 22, Rn. 2 f.; vgl. auch *Vismann*, Akten. Medientechnik und Recht, 2. Aufl., Frankfurt am Main 2001, S. 303.

74 *Garstka*, in: HbPR, § 22, Rn. 1; vgl. auch *Simitis*, Argumente für ein Datenschutzgesetz. Zugleich eine Einleitung, in: *Miller*, Der Einbruch in die Privatsphäre. Datenbanken und Dossiers, Neuwied u.a. 1973, S. IX.

75 *Vismann*, Akten. Medientechnik und Recht, 2. Aufl., Frankfurt am Main 2001, S. 303 (Zitat ebd.).

76 Vgl. zum Kulminationspunkt Simitis/Hornung/Spiecker/*dies.*, Datenschutzrecht, Einl. Rn. 29.

tierung an der US-amerikanischen Debatte, die ebenfalls individual-rechtlich geprägt war, rückte das Allgemeine Persönlichkeitsrecht ins Zentrum der Diskussion.[77]

Zumal sich die Kollision der Interessen an der Effektuierung der Datenverarbeitung (Wirtschaftswachstum, Leistungsverwaltung etc.), dem Schutz der Persönlichkeitsrechte des Einzelnen und den gesamtgesellschaftlichen Interessen nicht in Extremen auflösen ließen, blieb für die Regulierung nur der Mittelweg einer Gestaltung der automatisierten Datenverarbeitung. Weil sich die Regulierungsansätze vor allem als Antwort auf eine technische Neuerung darstellten, standen zunächst technizistische Regelungen im Vordergrund, die der Datensicherung dienen sollten.[78] Dies spiegelt zum Beispiel § 5 Abs. 3 HZDG.

Während sich die Privatsphäre somit individualisierte und auch im Recht zum individuellen Anspruch wurde, verfolgte die Durchsetzung dieses Anspruchs durch das entstehende Datenschutzrecht zunächst einen objektiven Ansatz, der die Datenintegrität in den Blick nahm. Das Persönlichkeitsrecht des Einzelnen[79] war Schutzgut des entstehenden Datenschutzrechts, jedoch war der Durchsetzungsmechanismus noch nicht individualisiert. Auf diesen technizistischen – oder besser: objektivistischen – Ansatz zur Regulierung des Datenschutzrechts ist auch die missverständliche Begriffsprägung „Datenschutz" zurückzuführen.[80]

4. Das erste Hessische Datenschutzgesetz (1970)

Die weltweit erste umfassende Legislation, deren Hauptzwecksetzung im Datenschutz bestand, war das Hessische Datenschutzgesetz vom 7.10.1970 (HDSG 1970).[81] In diesem Gesetz findet sich keine ausdrückliche Normierung eines konkreten Gesetzeszwecks, wie es im Bundesdatenschutzgesetz (BDSG) von 1990 bis 2017 üblich war (s. dazu 5.), sodass der Gesetzes-

---

77 *Podlech*, Individualdatenschutz-Systemdatenschutz, in: Klaus Brückner/Gerhard Dalichau (Hrsg.), Beiträge zum Sozialrecht. Festschrift für Hans Grüner, Percha am Starnberger See 1982, S. 451.

78 Simitis/*Simitis*, BDSG, Einl., Rn. 3 f.

79 Als Allgemeines Persönlichkeitsrecht zunächst 1954 anerkannt vom BGH (BGHZ 13, 334 [338]) und sodann vom BVerfG (BVerfGE 6, 32; 27, 1).

80 Simitis/*Simitis*, BDSG, Einl., Rn. 2 ff.; *Lewinski*, Geschichte des Datenschutzrechts von 1600 bis 1977, in: Felix Arndt u.a. (Hrsg.), Freiheit – Sicherheit – Öffentlichkeit, Baden-Baden 2009, S. 197 f.

81 GVBl. I 1970, 625.

zweck nur durch Auslegung ermittelt werden kann.[82] Aus den Normen des HDSG 1970 ergibt sich, dass das Gesetz zumindest auch der Bewahrung des Informationsgleichgewichts zwischen Exekutive und Judikative und damit der Demokratie dienen sollte.[83] So heißt es etwa in § 10 Abs. 2 HDSG 1970 ausdrücklich:

> „Der Datenschutzbeauftragte beobachtet die Auswirkungen der maschinellen Datenverarbeitung auf die Arbeitsweise und die Entscheidungsbefugnisse der in § 1 genannten Stellen dahingehend, **ob sie zu einer Verschiebung in der Gewaltenteilung zwischen den Verfassungsorganen des Landes, zwischen den Organen der kommunalen Selbstverwaltung und zwischen der staatlichen und der kommunalen Selbstverwaltung führen**. Er kann Maßnahmen anregen, die ihm geeignet erscheinen, derartige Auswirkungen zu verhindern."[84]

Die Verhinderung eines informationellen Ungleichgewichts ist auch laut der Begründung des Gesetzesentwurfs eines der Hauptanliegen des HDSG 1970.[85] Es war zudem eine der Hauptsorgen der am Gesetzgebungsprozess im Hessischen Landtag beteiligten Abgeordneten, die neuen Möglichkeiten der elektronischen Datenverarbeitung könnten zu einem Informationsübergewicht und damit einer Präponderanz der Exekutive führen und so den Grundsatz der Gewaltenteilung aufheben.[86]

Die Gesetzesmaterialien verraten jedoch weiter, dass der Schwerpunkt des Gesetzestelos bereits im ersten HDSG auf dem Schutz des Einzelnen vor staatlichen Eingriffen informationeller Natur liegen sollte. So ist an prominentester Stelle in der Begründung der Landesregierung zum ersten

---

82 Insofern nicht korrekt bei *Golland*, Datenverarbeitung in sozialen Netzwerken, Frankfurt am Main 2018, S. 32.

83 Auch Simitis/*Simitis*, BDSG, Einl., Rn. 21 f., 26 konstatiert hier eine Individualisierung: Mit der Prävention einer exekutivischen Informationspräponderanz sei eine Gefährdung des demokratischen Gemeinwesens adressiert worden, die dann aber neben der Gefährdung des allgemeinen Persönlichkeitsrechts untergegangen sei.

84 Hervorhebungen von mir, SZ.

85 HessLT Drs. 3065, S. 7, Rn. 1.1, 1.2.

86 Ministerpräsident *Osswald*, HessLT, 6. WP, 77. Sitzung v. 8. Juli 1970, Stenographischer Bericht S. 4057; MdL *Milde*, HessLT, 6. WP, 77. Sitzung v. 8. Juli 1970, Stenographischer Bericht S. 4058; MdL *Best*, HessLT, 6. WP, 77. Sitzung v. 8. Juli 1970, Stenographischer Bericht S. 4059 f.; MdL *Stein*, HessLT, 6. WP, 77. Sitzung v. 8. Juli 1970, Stenographischer Bericht S. 4060; MdL *Baumann*, HessLT, 6. WP, 80. Sitzung v. 30. September 1970, Stenographischer Bericht S. 4272.

Entwurf des Hessischen Datenschutzgesetzes zu lesen, Ziel des Gesetzes sei vor allem die Sicherung der Privatsphäre des Bürgers.[87] Das neue Datenschutzgesetz solle eine „Beeinträchtigung des privaten Bereichs der Bürger“ verhindern.[88] Diese Ziele werden im Rahmen der Vorstellung des Gesetzesentwurfs erneut betont.[89] Diese Schwerpunktsetzung bleibt in der darauffolgenden Debatte im Wesentlichen erhalten.[90] Hervorzuheben ist einzig der Beitrag des Abgeordneten *Dr. Bests*, in dem der Privatsphärenschutz zur Nebensache gerät. Im Zentrum stehen das Informationsgleichgewicht zwischen Legislative und Exekutive sowie der Schutz der Öffentlichkeit. Der Schutz der Privatsphäre solle durch das HDSG lediglich „auch sichergestellt“ werden.[91]

Eine Formulierung in der Begründung zum Gesetzesentwurf macht jedoch deutlich, dass es zumindest nicht nur um einen Schutz der Privatsphäre um ihrer selbst willen geht. Dort heißt es, es solle allen Befürchtungen entgegengewirkt werden, „die Automation der Datenverarbeitung werde die demokratische Mitwirkung des Bürgers im Staat gefährden“.[92] Der durch das HDSG 1970 bezweckte Schutz ist demnach auch ein Schutz der demokratischen Mitwirkung der Bürger und dient damit dem Erhalt der Demokratie selbst.

Die hier und dort stattfindenden Referenzen[93] auf den „Großen Bruder“ in *George Orwells* Dystopie *1984*[94] geben deutliche Hinweise auf die Leitbilder, die die Abgeordneten bei der Verabschiedung des ersten Datenschutzgesetzes vor Augen hatten. *Orwell* zeichnet in seinem Werk das Bild eines alles überwachenden Staates, der omnipräsent, omniszient und omnipo-

---

87 HessLT Drs. 3065, S. 7, Rn. 1.1.

88 HessLT Drs. 3065, S. 7, Rn. 1.2.

89 Ministerpräsident *Osswald*, HessLT, 6. WP, 77. Sitzung v. 8. Juli 1970, Stenographischer Bericht S. 4057.

90 Vgl. MdL *Milde*, HessLT, 6. WP, 77. Sitzung v. 8. Juli 1970, Stenographischer Bericht S. 4058; MdL *Stein*, HessLT, 6. WP, 77. Sitzung v. 8. Juli 1970, Stenographischer Bericht S. 4060 u. 4063; MdL *Wagner*, HessLT, 6. WP, 77. Sitzung v. 8. Juli 1970, Stenographischer Bericht S. 4062; Ministerpräsident *Osswald*, HessLT, 6. WP, 77. Sitzung v. 8. Juli 1970, Stenographischer Bericht S. 4062 f.

91 MdL *Best*, HessLT, 6. WP, 77. Sitzung v. 8. Juli 1970, Stenographischer Bericht S. 4059 f.

92 HessLT Drs. 3065, S. 8, Rn. 1.7.; vgl. auch Ministerpräsident *Osswald*, HessLT, 6. WP, 77. Sitzung v. 8. Juli 1970, Stenographischer Bericht S. 4057: „die Fortentwicklung der Demokratie nicht beeinträchtigt.“

93 Ministerpräsident *Osswald*, HessLT, 6. WP, 77. Sitzung v. 8. Juli 1970, Stenographischer Bericht S. 4057; MdL *Milde*, HessLT, 6. WP, 77. Sitzung v. 8. Juli 1970, Stenographischer Bericht S. 4058.

94 *Orwell*, 1984, London 1949.

tent ist und die Menschen selbst in ihren intimsten Momenten beobachtet. Alle Räume, selbst die Schlaf- und Baderäume, sind mit einem sog. Teleschirm ausgestattet, einem an der Wand angebrachten Display, das es erlaubt, jeden Winkel der Räume optisch und akustisch zu erfassen. Ob aber in einem Moment gerade eine Überwachung stattfindet ist nicht erkennbar. Zwischen ständiger und unterbleibender Überwachung ist alles möglich. Gleichzeitig werden auf dem Display Propagandanachrichten und -musik abgespielt. Abschalten lässt sich der Teleschirm nicht. Jedes in den Räumen befindliche Individuum ist damit Objekt einer totalen Überwachung. Wird im Rahmen der Überwachung ein Verhalten festgestellt, das nicht den staatlichen Regeln entspricht, greift der Staat gewaltsam auf das Individuum zu. Wer sich aber den Regeln entsprechend verhält, hat (in *Orwell's* Roman) nichts zu befürchten. Die Gefahren der Datenverarbeitung beschränken sich in diesem Szenario also auf die Steuerung des Verhaltens der Individuen nur durch das Wissen um die mögliche Überwachung (die Individuen passen ihr Verhalten aus Angst vor einem gewaltsamen Zugriff selbst an die verlangte „Norm" an, sog. Einschüchterungseffekte oder *chilling effects*) und den gewaltsamen Zugriff im Falle der Feststellung devianten Verhaltens. Einschüchterungseffekte sind in den Fällen besonders brisant, in denen sie die demokratische Mitbestimmung des Bürgers beeinflussen (s. B.III.).[95] Dieser Aspekt hat in *Orwells* Roman aber deswegen keine große Bedeutung, weil das von *Orwell* beschriebene Regime bereits totalitär ist und die demokratische Mitbestimmung der Bürger insofern keine Rolle spielt.[96]

Anhand dieses Leitbilds zeigt sich, dass das HDSG 1970 vor allem von der Sorge vor staatlicher Überwachung und dadurch produzierten Einschüchterungseffekten getragen wurde.[97] Keine Bedeutung hatte damit die Datenverarbeitung durch Private, auf deren Regulierung aber auch aus kompetenziellen Gründen verzichtet wurde.[98] Dieses Leitbild erklärt außerdem den Schwerpunkt des Gesetzestelos auf dem Schutz der Privat-

---

95 Vgl. dazu BVerfGE 65, 1 (43).

96 Im Gegensatz zur kolportierten Rezeption der Dystopie *Orwells* als eine Kritik am technologischen Fortschritt handelt es sich tatsächlich um eine Regimekritik, siehe *Franke*, Nachwort zu *Orwell*, 1984, 40. Aufl., Berlin 2017, S. 382 f.

97 Vgl. *Vesting*, Das Internet und die Notwendigkeit der Transformation des Datenschutzes, in: Karl-Heinz Ladeur (Hrsg.), Innovationsoffene Regulierung des Internet. Neues Recht für Kommunikationsnetzwerke, Baden-Baden 2003, S. 157 ff.

98 HessLT Drs. 3065, S. 9, Rn. 2.1.2.; MdL *Stein*, HessLT, 6. WP, 77. Sitzung v. 8. Juli 1970, Stenographischer Bericht, S. 4063; Ministerpräsident *Osswald*, HessLT, 6. WP, 77. Sitzung v. 8. Juli 1970, Stenographischer Bericht S. 4063.

sphäre des Einzelnen. In *Orwells* Roman hat die demokratische Mitbestimmung keine Bedeutung (siehe oben), die Bedrohung liegt im „Einbruch in die Privatsphäre“[99]. Die Gefahr der Beeinflussung der demokratischen Mitbestimmung war entsprechend weniger präsent.

Im Ergebnis wird deutlich, dass die Abgeordneten im hessischen Landtag zumindest mehrdimensionale Gefahren der elektronischen Datenverarbeitung für das demokratische Gemeinwesen im Blick hatten. So wurde einerseits die Bewahrung eines informationellen Gleichgewichts zwischen Exekutive und Legislative, mithin die Gewaltenteilung als Ziel anvisiert und andererseits die demokratische Mitbestimmung der Bürger als Schutzgut angedeutet. Der Schwerpunkt lag aber auf dem Schutz der Privatsphäre der Individuen vor staatlichen Eingriffen. Die fehlende explizite Normierung des Schutzes individueller Interessen liegt möglicherweise darin begründet, dass das Verständnis von „Datenschutz“ ein anderes als das heutige war.[100] Das HDSG 1970 versteht Datenschutz als Schutz vor der Unrichtigkeit gespeicherter Daten und vor widerrechtlichem Zugriff auf gespeicherte Daten, siehe v.a. §§ 2, 3 und 4 HDSG 1970.[101] Datenschutz konnte im HDSG 1970 somit als Integritätsschutz verstanden werden.[102] Die Rechtmäßigkeit der Datenerhebung und -verarbeitung regelte das HDSG 1970 nicht. Damit lag das Verständnis von „Datenschutz“, wie es im HDSG 1970 Anwendung fand, deutlich näher an der Etymologie als das heutige.[103]

So zeigt sich, dass das Datenschutzrecht hinsichtlich seiner Zwecke durchaus schon zum Zeitpunkt seines Entstehens individualistisch, aber nicht ausschließlich individualistisch geprägt war. Explizit in der Form der Bewahrung eines Informationsgleichgewichts zwischen Exekutive und Legislative und implizit in der Form der Erhaltung demokratischer Mitbestimmung diente das erste HDSG auch öffentlichen Zwecken. Ein ähnli-

---

99 Zu diesem Bild *Miller*, Der Einbruch in die Privatsphäre. Datenbanken und Dossiers, Neuwied u.a. 1973.

100 Zum Begriffswandel siehe etwa *Lewinski*, in: Giselher Rüpke/Kai v. Lewinski/Jens Eckhardt, Datenschutzrecht. Grundlagen und europarechtliche Neugestaltung, München 2018, § 2, Rn. 53 ff.; Simitis/*Simitis*, BDSG, Einl., Rn. 2 ff. („Datensicherung zu Datenschutz“).

101 Vgl. auch HessLT Drs. 3065, S. 9, Rn. 2.4.

102 Vgl. auch *Lewinski*, Zur Geschichte von Privatsphäre und Datenschutz – eine rechtshistorische Perspektive, in: Jan-Hinrik Schmidt/Thilo Weichert (Hrsg.), Datenschutz. Grundlagen, Entwicklungen und Kontroversen, Bonn 2012, S. 29.

103 Vgl. Simitis/*Simitis*, BDSG, Einl., Rn. 2 ff.; *Lewinski*, Geschichte des Datenschutzrechts von 1600 bis 1977, in: Felix Arndt u.a. (Hrsg.), Freiheit – Sicherheit – Öffentlichkeit, Baden-Baden 2009, S. 197 f.

ches Bild zeichnet die Regelungstechnik des ersten HDSG. So finden sich bemerkenswert wenig Betroffenenrechte (ein Berichtigungsanspruch, § 4 Abs. 1, ein Wiederherstellungs- und Unterlassungsanspruch, § 4 Abs. 2, und ein Anrufungsrecht an den Datenschutzbeauftragten, § 11). Von einem individualistischen Regelungssystem war das HDSG noch weit entfernt. In § 3 Abs. 1 HDSG 1970 wird zwar ein Verbot mit Erlaubnisvorbehalt artikuliert, dieses klammert allerdings die Erhebung und Verarbeitung der Daten aus. Es geht einzig um die Weitergabe an Unbefugte. Bezüglich seiner Schutzgüter war das HDSG somit individualistisch geprägt, aber nicht darauf beschränkt. Bezüglich der Regelungstechnik kann von einem objektivistischen Regelungsansatz gesprochen werden.

Drei Jahre nach Verabschiedung des ersten HDSG konstatiert *Spiros Simitis*, „daß der Griff zum Persönlichkeitsrecht bei der Suche nach einer rechtlichen Schablone für den Datenschutz überaus populär ist.“[104] Die Datenschutzdiskussion werde vor allem unter den Paradigmen Privatsphärenschutz (bzw. *privacy*) und Persönlichkeitsrecht geführt.[105] Dieser Anknüpfungspunkt sei für die Debatte aber nur insofern gewinnbringend, als dass dadurch die „Zielrichtung legislativer Aktion umschrieben [sei], mehr aber nicht.“[106] Eine überzeugende Lösung der Datenschutzprobleme sei allerdings nur in einem System zu finden, das sich ausschließlich am Konfliktstoff orientiere.[107]

---

104 *Simitis*, Argumente für ein Datenschutzgesetz. Zugleich eine Einleitung, in: *Miller*, Der Einbruch in die Privatsphäre. Datenbanken und Dossiers, Neuwied u.a. 1973, S. XIII.

105 *Simitis*, Argumente für ein Datenschutzgesetz. Zugleich eine Einleitung, in: *Miller*, Der Einbruch in die Privatsphäre. Datenbanken und Dossiers, Neuwied u.a. 1973, S. XIII ff.

106 *Simitis*, Argumente für ein Datenschutzgesetz. Zugleich eine Einleitung, in: *Miller*, Der Einbruch in die Privatsphäre. Datenbanken und Dossiers, Neuwied u.a. 1973, S. XV.

107 *Simitis*, Argumente für ein Datenschutzgesetz. Zugleich eine Einleitung, in: *Miller*, Der Einbruch in die Privatsphäre. Datenbanken und Dossiers, Neuwied u.a. 1973, S. XV.

5. Das erste Bundesdatenschutzgesetz (1977)

Der auf das HDSG 1970 folgende Meilenstein war das Bundesdatenschutzgesetz vom 1.2.1977.[108] Im Vergleich mit dem HDSG 1970 fällt das veränderte Verständnis von Datenschutz auf. War Datenschutz im Sinne des HDSG 1970 noch Schutz vor unbefugter Kenntnisnahme und Schutz der Integrität gespeicherter Daten (vgl. §§ 2-4 HDSG 1970), bedeutete Datenschutz im Sinne des BDSG 1977 Schutz vor Datenspeicherung, -übermittlung, -veränderung und -löschung (vgl. §§ 1 Abs. 1, 3 Abs. 1 BDSG 1977), also der Datenverwendung selbst.[109] Das BDSG 1977 regelt zudem auch die Datenverarbeitung von privater Seite. Auch von dieser drohten „erhebliche Gefahren für die Privatsphäre“[110], aufgrund der Möglichkeit der Nutzung von Daten gegen eine Person, etwa durch Erpressung.[111]

Darüber hinaus ist die Zwecknormierung augenfällig. Das BDSG 1977 bestimmt seinen Zweck in § 1 Abs. 1 ausdrücklich als „der Beeinträchtigung schutzwürdiger Belange der Betroffenen entgegenzuwirken.“ Im Gegensatz zum HDSG 1970, dessen Schutzgüter erst durch Auslegung ermittelt werden müssen, kürt das BDSG 1977 in § 1 Abs. 1 die „schutzwürdigen Belange der Betroffenen“ zu seinen Schutzgütern. Damit ist noch nicht gesagt, um welche Belange es sich konkret handeln könnte. Insbesondere die Frage, welche Belange „schutzwürdig“ sind, lässt viel Raum zur Interpretation.[112] So werden denn in der Debatte zum Gesetzesentwurf als Schutzgüter des Datenschutzrechts genannt: die Privatsphäre,[113] das Persönlichkeits-

---

108 Gesetz zum Schutz vor Mißbrauch personenbezogener Daten bei der Datenverarbeitung (Bundesdatenschutzgesetz – BDSG) vom 1. Februar 1977, BGBl. I S. 201.

109 Vgl. auch „Neuordnung des Rechts des Schutzes der Privatsphäre vor Mißbräuchen bei der Datenverarbeitung (Datenschutzrecht), BT-Drs. 71027, S. 1.

110 Parl. Staatssekretär *Baum*, BT, 7. WP, 67. Sitzung v. 29. November 1973, Stenografischer Bericht S. 4020 (A); vgl. auch MdB *Haenschke*, BT, 7. WP, 250. Sitzung v. 10. Juni 1976, Stenographischer Bericht S. 17738 (A u. B).

111 MdB *Gerster*, BT, 7. WP, 67. Sitzung v. 29. November 1973, Stenografischer Bericht S. 4021 (B).

112 *Bull*, Informationelle Selbstbestimmung – Vision oder Illusion?, 2. Aufl., Tübingen 2011, S. 27 meint, die „Offenheit des zentralen Begriffs „schutzwürdige Belange“ lasse Raum für die Entwicklung von Maßstäben und Routinen“.

113 Parl. Staatssekretär *Baum*, BT, 7. WP, 67. Sitzung v. 29. November 1973, Stenografischer Bericht S. 4019 (B u. D); MdB *Gerster*, BT, 7. WP, 67. Sitzung v. 29. November 1973, Stenografischer Bericht S. 4021 (C): „Unantastbare Sphäre privater Lebensgestaltung“, 4022 (A); *ders.*, BT, 7. WP, 250. Sitzung v. 10. Juni 1976, Stenographischer Bericht S. 17742 (A); MdB *Wernitz*, BT, 7. WP, 250. Sit-

recht,[114] das Recht des Menschen auf Individualität, Privatheit und Selbstbestimmung[115] und weitere Individualinteressen.[116] Damit ist jedoch eindeutig festgestellt, dass das BDSG individuellen Interessen zu dienen gedacht ist.

Die die Gesetzesmaterialien prägenden Leitbilder bestätigen dieses Bild. So finden sich wiederum Referenzen auf *Orwells* 1984[117] und die Negativvisionen sind umfassende „Dossiers" über Einzelpersonen und Persönlichkeitsbilder.[118] Auch die Erwartungen, die an das BDSG gestellt werden, sind individualistisch geprägt. Gesprochen wird von der „Magna Charta des Datenschutzes"[119] oder dem „Grundgesetz des Datenschutzes, besser des Persönlichkeitsschutzes"[120], also Sammlungen von Individual(grund)rechten.

Mit § 3 Nr. 2 BDSG 1977 wird schließlich die für das Datenschutzrecht mittlerweile typische Regelungstechnik des Verbots mit Erlaubnisvorbe-

---

zung v. 10. Juni 1976, Stenographischer Bericht S. 17739 (A): „Privat- und Persönlichkeitssphäre".

114 Parl. Staatssekretär *Baum*, BT, 7. WP, 67. Sitzung v. 29. November 1973, Stenografischer Bericht S. 4019 (B u. D); MdB *Gerster*, BT, 7. WP, 67. Sitzung v. 29. November 1973, Stenografischer Bericht S. 4022 (A); MdB *Wernitz*, BT, 7. WP, 250. Sitzung v. 10. Juni 1976, Stenographischer Bericht S. 17739 (D); MdB *Wendig*, BT, 7. WP, 250. Sitzung v. 10. Juni 1976, Stenographischer Bericht S. 17746 (B u. D).

115 Parl. Staatssekretär *Baum*, BT, 7. WP, 67. Sitzung v. 29. November 1973, Stenografischer Bericht S. 4019 (B u. D); MdB *Gerster*, BT, 7. WP, 67. Sitzung v. 29. November 1973, Stenografischer Bericht S. 4022 (B).

116 MdB *Wernitz*, BT, 7. WP, 67. Sitzung v. 29. November 1973, Stenografischer Bericht S. 4024 (B); MdB *Groß*, BT, 7. WP, 67. Sitzung v. 29. November 1973, Stenografischer Bericht S. 4025 (B u. C).

117 Parl. Staatssekretär *Baum*, BT, 7. WP, 67. Sitzung v. 29. November 1973, Stenografischer Bericht S. 4017 (B); MdB *Gerster*, BT, 7. WP, 67. Sitzung v. 29. November 1973, Stenografischer Bericht S. 4021 (C); *ders.*, BT, 7. WP, 250. Sitzung v. 10. Juni 1976, Stenographischer Bericht S. 17742 (B).

118 MdB *Gerster*, BT, 7. WP, 67. Sitzung v. 29. November 1973, Stenografischer Bericht S. 4021 (A); MdB *Wernitz*, BT, 7. WP, 67. Sitzung v. 29. November 1973, Stenografischer Bericht S. 4022 (D) („totalitäre Dossierdiktatur"); *ders.* , BT, 7. WP, 250. Sitzung v. 10. Juni 1976, Stenographischer Bericht S. 17739 (B); MdB *Haenschke*, BT, 7. WP, 250. Sitzung v. 10. Juni 1976, Stenographischer Bericht S. 17737 (D).

119 Parl. Staatssekretär *Baum*, BT, 7. WP, 67. Sitzung v. 29. November 1973, Stenografischer Bericht S. 4019 (D).

120 MdB *Gerster*, BT, 7. WP, 67. Sitzung v. 29. November 1973, Stenografischer Bericht S. 4021 (C); vgl. auch *ders.*, BT, 7. WP, 250. Sitzung v. 10. Juni 1976, Stenographischer Bericht S. 17743 (A).

halt eingeführt. Darin zeigt sich eine weitere Individualisierung. Das HDSG war konzentriert auf den Schutz der Integrität erhobener Daten und auf den Schutz vor einem Missbrauch dieser Daten (s. 4.). Mit der Einführung des Verbots mit Erlaubnisvorbehalt wird nun an die Erhebung der Daten angeknüpft. Mit dieser Änderung der Regelungstechnik wird bereits die Erhebung an der Entscheidung des Individuums vorbei zum Missbrauch und prägendes Rechtsdurchsetzungselement wird die Entscheidung des Individuums.[121]

Es lässt sich jedoch auch mit den Gesetzesmaterialien belegen, dass das Datenschutzrecht zu diesem Zeitpunkt noch nicht ausschließlich auf individuelle Interessen fokussiert war. So findet das Ziel der Bewahrung eines Informationsgleichgewichts zwischen Exekutive und Legislative weiterhin Erwähnung[122] und ausdrücklich wird festgestellt, Gefährdungen für Qualität und Struktur von Staat und Gesellschaft insgesamt müssten adressiert werden.[123] Worin diese Gefährdungen liegen könnten, formuliert der Abgeordnete *Gerster* eindrücklich:

> „Dabei wird es um nicht weniger als folgende Weichenstellung gehen: ob wir in Zukunft den **selbständigen**, **unkontrollierten** und damit **unmanipulierten Bürger** in **verantworteter Freiheit** oder den **überwachten**, zentral **beeinflußten** und **verwalteten** Menschen in **Abhängigkeit** haben werden. Werden wir die Möglichkeiten der modernen Technik nutzen, um den Freiheitsspielraum des einzelnen zu vergrößern, oder perfektionieren wir seine Abhängigkeit und Beherrschung?“[124]

---

121 Diskutiert wurde sogar eine noch deutlichere Individualisierung der Rechtsdurchsetzung. So forderte MdB *Gerster*, BT, 7. WP, 250. Sitzung v. 10. Juni 1976, Stenographischer Bericht S. 17743 (A) einen „Grundrechtskatalog“, denn „[d]er Bürger ist sich selbst der beste Anwalt. Selbstschutz ist der wirksamste Schutz.“

122 MdB *Wernitz*, BT, 7. WP, 67. Sitzung v. 29. November 1973, Stenografischer Bericht S. 4024 (C); *ders.* , BT, 7. WP, 250. Sitzung v. 10. Juni 1976, Stenographischer Bericht S. 17741 (A); vgl. auch MdB *Gerster*, BT, 7. WP, 250. Sitzung v. 10. Juni 1976, Stenographischer Bericht S. 17745 (A), der darin allerdings kein Problem des Datenschutzrechts sieht, da dieses auf den Schutz der Privatsphäre zu fokussieren sei.

123 MdB *Wernitz*, BT, 7. WP, 67. Sitzung v. 29. November 1973, Stenografischer Bericht S. 4022 (D).

124 MdB *Gerster*, BT, 7. WP, 67. Sitzung v. 29. November 1973, Stenografischer Bericht S. 4021 (D) [Hervorhebung von mir, SZ]; auch die Möglichkeit von Einschüchterungseffekten wird gesehen, s. *ders.* , BT, 7. WP, 250. Sitzung v. 10. Juni 1976, Stenographischer Bericht S. 17741 (D).

6. Volkszählungsurteil des Bundesverfassungsgerichts (1983)

Endgültig rückte der Schutz individueller Interessen aber durch das Volkszählungsurteil des Bundesverfassungsgerichts v. 15. Dezember 1983[125] ins Zentrum des datenschutzrechtlichen Interesses. Das Urteil hatte das sog. Volkszählungsgesetz v. 25. März 1982[126] (VzG) zum Gegenstand, mit dem der Bundesgesetzgeber anstrebte, eine umfangreiche Volks-, Berufs-, Wohnungs- und Arbeitsstättenzählung und zu diesem Zweck eine umfangreiche Datenerhebung und -verarbeitung für statistische Zwecke durchzuführen. Das Bundesverfassungsgericht erklärte das VzG für teilweise mit Art. 2 Abs. 1 i.V.m. Art. 1 Abs. 1 GG, d.h. mit dem Allgemeinen Persönlichkeitsrecht unvereinbar und nichtig.[127] Aus dem Allgemeinen Persönlichkeitsrecht folge nach dem Gedanken der Selbstbestimmung auch die „Befugnis des Einzelnen, grundsätzlich selbst zu entscheiden, wann und innerhalb welcher Grenzen persönliche Lebenssachverhalte offenbart werden“[128]. „Das Grundrecht gewährleistet insoweit die Befugnis des Einzelnen, grundsätzlich selbst über die Preisgabe und Verwendung seiner persönlichen Daten zu bestimmen.“[129] Dies war die Geburtsstunde des Rechts auf informationelle Selbstbestimmung. Datenschutz wurde nunmehr Grundrechtsschutz.[130] Das Grundrecht auf informationelle Selbstbestimmung wurde zentrales Schutzgut des Datenschutzrechts und die öffentlichen Zwecke des Datenschutzes rückten ab sofort vollständig in den Hintergrund.[131]

Dabei war das Recht auf informationelle Selbstbestimmung für das Bundesverfassungsgericht eigentlich nur Mittel zum Zweck.[132] Es verweist nach der Rechtsprechung des Bundesverfassungsgerichts auf weitere

---

125 BVerfGE 65, 1.

126 Gesetz über eine Volks-, Berufs-, Wohnungs- und Arbeitsstättenzählung (Volkszählungsgesetz 1983) v. 25. März 1982, BGBl. I S. 369.

127 BVerfGE 65, 1 (2).

128 BVerfGE 65, 1 (42).

129 BVerfGE 65, 1 (43).

130 Vgl. Simitis/*Simitis*, BDSG, Einl., Rn. 30; Simitis/Hornung/Spiecker gen. Döhmann/*dies.*, Datenschutzrecht, Einl. Rn. 31; *Rudolf*, HbGR, § 90, Rn. 8.

131 S. auch *Zimmermann*, Iurratio 2017, 53 (53).

132 Vgl. auch *Bull*, Informationelle Selbstbestimmung – Vision oder Illusion?, 2. Aufl., Tübingen 2011, S. 31 ff., 48; Simitis/Hornung/Spiecker gen. Döhmann/*dies.*, Datenschutzrecht, Einl. Rn. 31; *Rouvroy/Poullet*, The Right to Informational Self-Determination and the Value of Self-Development: Reassessing the Importance of Privacy for Democracy, in: Serge Gutwirth et al. (eds.), Reinventing Data Protection?, Dordrecht 2009, p. 52.

Rechtsgüter, zu deren Schutz es dient. In den Möglichkeiten der elektronischen Datenverarbeitung (insbesondere in den umfangreichen Speicher- und Relationierungsmöglichkeiten) sah das Bundesverfassungsgericht die Gefahr der Herstellung von „teilweise oder weitgehend vollständigen Persönlichkeitsbild[ern]“[133] (Profilbildung), deren Richtigkeit und Verwendung der Einzelne nicht kontrollieren könne. Dadurch seien die Möglichkeiten der Einflussnahme auf das Verhalten des Einzelnen quantifiziert.[134] Im Urteilstext heißt es dazu:

> „Wer nicht mit hinreichender Sicherheit überschauen kann, welche ihn betreffende Informationen in bestimmten Bereichen seiner sozialen Umwelt bekannt sind, und wer das Wissen möglicher Kommunikationspartner nicht einigermaßen abzuschätzen vermag, kann in seiner Freiheit wesentlich gehemmt werden, aus eigener Selbstbestimmung zu planen und zu entscheiden. [...] Wer unsicher ist, ob abweichende Verhaltensweisen jederzeit notiert und als Information dauerhaft gespeichert, verwendet oder weitergegeben werden, wird versuchen, nicht durch solche Verhaltensweisen aufzufallen.“[135]

Das Recht auf informationelle Selbstbestimmung soll damit Entscheidungsfreiheit und Persönlichkeitsentfaltung ermöglichen, die gefährdet sind, wenn einzelne Menschen ihr Verhalten aus Angst vor der behördlichen Wahrnehmung und Sanktionierung abweichenden Verhaltens anpassen (sog. *chilling effects*[136]).[137] Letztlich ist die informationelle Selbstbestimmung damit eine elementare Funktionsbedingung der Demokratie:

> „Wer damit rechnet, daß etwa die Teilnahme an einer Versammlung oder einer Bürgerinitiative behördlich registriert wird und daß ihm dadurch Risiken entstehen können, wird möglicherweise auf eine Ausübung seiner entsprechenden Grundrechte (Art 8, 9 GG) verzichten. Dies würde nicht nur die individuellen Entfaltungschancen des Einzelnen beeinträchtigen, sondern auch das Gemeinwohl, weil Selbstbestimmung eine elementare Funktionsbedingung eines auf Handlungs-

133 BVerfGE 65, 1 (42).
134 BVerfGE 65, 1 (42).
135 BVerfGE 65, 1 (43).
136 Zu Begriff und Herkunft nun *Staben*, Der Abschreckungseffekt auf die Grundrechtsausübung, Tübingen 2016, S. 42 ff. *et passim*.
137 Vgl. *Albers*, Informationelle Selbstbestimmung, Baden-Baden 2005, S. 154 f.

> fähigkeit und Mitwirkungsfähigkeit seiner Bürger begründeten freiheitlichen demokratischen Gemeinwesens ist."[138]

Der Schutz der informationellen Selbstbestimmung ist nach der Rechtsprechung des Bundesverfassungsgerichts, daher entgegen der heute verbreiteten Rezeption in Wissenschaft und Öffentlichkeit nicht Endzweck des Datenschutzes. Die informationelle Selbstbestimmung ist im Volkszählungsurteil nur ein Mittel zum Zweck der Bewahrung von Autonomie und Demokratie.[139]

7. Die Bundesdatenschutzgesetze 1990 – 2017

Das BDSG 1990[140] enthielt erstmalig eine eindeutige Zwecknormierung unter Nennung eines expliziten Schutzgutes:

> „§ 1 Abs. 1: Zweck dieses Gesetzes ist es, den einzelnen davor zu schützen, daß er durch den Umgang mit seinen personenbezogenen Daten in seinem Persönlichkeitsrecht beeinträchtigt wird."

Der explizite Schutzzweck des Datenschutzrechts wurde damit eng umgrenzt. Aus den „schutzwürdigen Belangen" des BDSG 1977 wurde das allgemeine Persönlichkeitsrecht. Die Demokratie, die im HDSG 1970 zumindest implizites Schutzgut gewesen war und deren Schutz im Volkszäh-

---

138 BVerfGE 65, 1 (43).

139 Vgl. Simitis/Hornung/Spiecker gen. Döhmann/*dies.*, Datenschutzrecht, Einl. Rn. 31; *Winter*, Demokratietheoretische Implikationen des Rechts auf informationelle Selbstbestimmung, in: Michael Friedewald/Jörn Lamla/Alexander Roßnagel (Hrsg.), Informationelle Selbstbestimmung im digitalen Wandel, Wiesbaden 2017, S. 37 f.; *Simitis*, Datenschutz – eine notwendige Utopie, in: Rainer Maria Kiesow/Regina Ogorek/Spiros Simitis (Hrsg.), Summa. Dieter Simon zum 70. Geburtstag, Frankfurt am Main 2005, S. 511, 527; *Rouvroy/Poullet*, The Right to Informational Self-Determination and the Value of Self-Development: Reassessing the Importance of Privacy for Democracy, in: Serge Gutwirth et al. (eds.), Reinventing Data Protection?, Dordrecht 2009, pp. 52, 55; angedeutet auch bei *Rudolf*, HbGR, § 90, Rn. 10, der das VzU so interpretiert, dass das Grundrecht auf informationelle Selbstbestimmung auch Allgemeinwohlinteressen dienen soll. Vgl. auch *Albers*, Informationelle Selbstbestimmung, Baden-Baden 2005, S. 154 ff.; *Hornung*, Erosion traditioneller Prinzipien des Datenschutzrechts durch Big Data, in: Wolfgang Hoffmann-Riem (Hrsg.), Big Data – Regulative Herausforderungen, Baden-Baden 2018, S. 90.

140 Art. 1 des Gesetzes zur Fortentwicklung der Datenverarbeitung und des Datenschutzes v. 20.12.1990, BGBl. I S. 2954.

lungsurteil des BVerfG ein Meta-Ziel des Datenschutzes war, verlor jegliche Präsenz. Paradoxerweise sollten mit dem BDSG 1990 gerade die Vorgaben des BVerfG aus dem Volkszählungsurteil umgesetzt werden.[141] Jedwede Datenerhebung, -speicherung, -verwendung oder -weitergabe ist nach dem VzU ein Eingriff in die informationelle Selbstbestimmung als Ausprägung des Allgemeinen Persönlichkeitsrechts und bedarf damit zu seiner verfassungsrechtlichen Rechtfertigung einer gesetzlichen Grundlage mit einer eindeutigen Zweckbestimmung.[142] Über die Schaffung des Rechts auf informationelle Selbstbestimmung sind in der Rezeption des Urteils die anderen Urteilsinhalte verloren gegangen. Die genannte Zwecknormierung ist bis zu ihrer Abschaffung 2017 nur redaktionell geändert worden. Inhaltlich blieb sie identisch (s. etwa § 1 Abs. 1 BDSG 2003[143]).

Ebenfalls im Jahr 1990 ist für die DDR ein „grundrechtliches Datenschutzrecht" diskutiert worden.[144] Auch anhand dessen wird deutlich, dass sich die datenschutzrechtliche Idee schon gänzlich auf den individuellen Schutzzweck fokussiert hatte.

8. Europäisches Datenschutzrecht (1981 – 2019)

Die Geschichte datenschutzrechtlicher Legislation auf europäischer Ebene beginnt mit einem völkerrechtlichen Vertrag, der Europaratskonvention Nr. 108[145].[146] Die Bezeichnung des Vertrages verrät, dass in diesem Vertrag bereits der Schutz der Individualinteressen im Vordergrund stand. Die Präambel und die Zwecknormierung in Art. 1 der Konvention machen deut-

---

141 S. BT-Drs. 11/4306, S. 1.

142 BVerfGE 65, 1 (45).

143 Bundesdatenschutzgesetz in der Fassung der Bekanntmachung v. 14.1.2003 (BGBl. I S. 66).

144 *Geminn/Roßnagel*, JZ 2015, 703 (704).

145 Übereinkommen zum Schutz des Menschen bei der automatischen Verarbeitung personenbezogener Daten vom 28. Januar 1981, BGBl. 1985 II, S. 539.

146 *Lewinski*, in: Giselher Rüpke/Kai v. Lewinski/Jens Eckhardt, Datenschutzrecht. Grundlagen und europarechtliche Neugestaltung, München 2018, § 2, Rn. 83. A.A. *Schmitz*, Kapitel 2. Grundlagen des Datenschutzrechts, in: Flemming Moos/Jens Schefzig/Marian Arning (Hrsg.), Die neue Datenschutzgrundverordnung, Berlin/Boston 2018, Rn. 12, der den Beginn in Art. 8 Abs. 1 EMRK v. 3. September 1953 verortet. Zu Bedeutung und Wirkung der Konvention im Bereich des Datenschutzes vgl. auch *Drackert*, Die Risiken der Verarbeitung personenbezogener Daten, Berlin 2014, S. 21 ff.

lich, dass es konkret um den Schutz der Rechte und Grundfreiheiten und vor allem um den Schutz des Persönlichkeitsrechts[147] geht.[148]

Die erste datenschutzrechtliche Regelung im Recht der Europäischen Union war die Europäische Datenschutzrichtlinie (DSRL).[149] Gemäß Art. 1 Abs. 1 DSRL war ihr Zweck, den Schutz der Grundrechte und Grundfreiheiten, insbesondere aber den Schutz der Privatsphäre natürlicher Personen bei der Datenverarbeitung zu gewährleisten. Abs. 2 begrenzte die Gewährleistung aber dahingehend, als dass aufgrund ihrer nicht der freie Verkehr personenbezogener Daten untersagt oder beschränkt werden durfte. Die DSRL diente somit sowohl individuellen Schutzzwecken als auch einem kollektiven Gut: dem freien Datenverkehr. In dieser zweiten Schutzrichtung des europäischen Datenschutzrechts kann jedoch keine Abkehr vom individualistischen Verständnis des Datenschutzes entdeckt werden. Erstens war die Aufnahme der zweiten Schutzrichtung aus kompetenziellen Gründen notwendig, um der Verpflichtung zur Binnenmarktfinalität der EU gerecht zu werden. Alleinige Kompetenzgrundlage für die DSRL war Art. 100a EGV[150], der Harmonisierung nur im Dienste des Binnenmarktes zuließ.[151] Der freie Datenverkehr wurde somit Zielsetzung des Datenschutzrechts, um gelegentlich seiner EU-weite Regelungen zum Datenschutz und damit zum Schutz der Privatsphäre (Art. 1 Abs. 1 DSRL) zu ermöglichen.

Zweitens wurde mit dieser dualistischen Konzeption nicht etwa der freie Datenverkehr zur Zielsetzung des Datenschutzes, sondern lediglich des Datenschutz*rechts*. Den individualistischen Schutzzwecken des Datenschutzes wurde kein Kollektivgut *zur Seite*, sondern *gegenübergestellt*. Zwar ist es im Einzelfall möglich, dass die Zielsetzung des freien Datenverkehrs die Wirkungsmacht des Datenschutzes hinsichtlich staatlicher Datenverar-

---

147 Vor dem Hintergrund der feinen Unterscheidung von Persönlichkeitsschutz und Privatsphäre in der Grundrechtsdogmatik ist die Formulierung im Art. 1 der Konvention Nr. 108 besonders interessant: „Recht auf einen Persönlichkeitsbereich".

148 Vgl. auch *Drackert*, Die Risiken der Verarbeitung personenbezogener Daten, Berlin 2014, S. 21 ff., der allerdings vermutet, dass das In-den-Vordergrund-Rücken des Datenschutzes ein Vorwand ist, um nationalstaatlichen Beeinträchtigungen des freien Datenverkehrs vorzubeugen.

149 Richtlinie 95/46/EG des Europäischen Parlaments und des Rates vom 24. Oktober 1995 zum Schutz natürlicher Personen bei der Verarbeitung personenbezogener Daten und zum freien Datenverkehr, ABl. 1995 L 281/31.

150 Dann: Art. 95 Abs. 1 S. 2 EGV; heute: Art. 114 Abs. 1 S. 2 AEUV.

151 *Klement*, JZ 2017, 161 (163 f.); vgl. auch Simitis/Hornung/Spiecker gen. Döhmann/*dies.*, Datenschutzrecht, Einl. Rn. 133.

beitung verstärkt.[152] Im Falle privater Datenverarbeitung kollidieren die Zielsetzungen jedoch unmittelbar. Offensichtlich ist dies, wenn „freier Datenverkehr“ als „unbeschränkter Datenverkehr“ interpretiert wird.[153] Doch selbst bei einer weicheren Interpretation des Binnenmarktziels als „Gebot der Chancengleichheit aller Wirtschaftsakteure“ können ein insofern freier Datenverkehr und Datenschutz als Privatsphäreschutz doch immer nur koexistieren, nicht zusammenwirken.[154] Datenschutz bedeutet die rechtliche Einhegung des Datenverkehrs und nicht seine Freiheit. Das macht etwa die Formulierung des Art. 1 Abs. 2 DSRL deutlich, die nicht von ungefähr lautet: „Die Mitgliedstaaten *beschränken oder untersagen nicht den freien Verkehr personenbezogener Daten* zwischen Mitgliedstaaten *aus Gründen des gemäß Absatz 1 gewährleisteten Schutzes.*“[155] Die DSRL folgt damit dem eingangs vorgestellten Muster des modernen Datenschutzrechts, demzufolge Kollektivgüter einzig als Eingriffslegitimation gedacht werden.

Bereits im Jahr 2000 ist der Schutz personenbezogener Daten als ihr Art. 8 in die Erstfassung der Charta der Grundrechte der Europäischen Union (GRC) aufgenommen worden.[156] Die Charta erlangte jedoch erst mit dem Vertrag von Lissabon im Jahr 2009 Rechtskraft.[157] Durch Art. 6 Abs. 1 Uabs. 1 HS 2 EUV wurde sie gleichzeitig in den Rang EU-Primärrechts gehoben.[158] Mit Art. 16 Abs. 1 AEUV ist der Schutz personenbezogener Daten zeitgleich ein weiteres Mal in das Primärrecht aufgenommen worden. Auch im Recht der Europäischen Union ist Datenschutz damit Grundrechtsschutz.[159] Die Formulierung der Artikel rückt den Datenschutz allerdings einmal mehr in die Richtung eines selbstzweckhaften Verständnisses, denn geschützt sind *expressis verbis* personenbezogene Daten, nicht eine Person, obwohl Regelungsziel eigentlich der Schutz der informationellen Selbstbestimmung ist.[160] Wenn hingegen von einer „gesell-

---

152 S. *Klement*, JZ 2017, 161 (163).
153 Vgl. *Klement*, JZ 2017, 161 (163).
154 Vgl. *Klement*, JZ 2017, 161 (163), Zitat ebd.
155 Hervorhebung von mir, SZ.
156 Charta der Grundrechte der Europäischen Union, ABl. 2000 C 364/1.
157 Streinz/*Streinz*, GRC Vorbemerkungen Rn. 6.
158 In 2007 geänderter Fassung, Charta der Grundrechte der Europäischen Union, ABl. 2007 C 303/1.
159 Zum umstrittenen Regelungsinhalt des Art. 16 Abs. 1 AEUV und dem umstrittenen Verhältnis zu Art. 8 GRC unter B.I.1.
160 Zum umstrittenen Regelungsinhalt des Art. 8 GRC siehe im Detail B.I.1. Auch in den Modernisierungsvorschlägen zur Europaratskonvention Nr. 108 lässt sich eine Verselbständigung des Datenschutzrechts ausmachen, s. *Drackert*, Die Risiken der Verarbeitung personenbezogener Daten, Berlin 2014, S. 26.

schaftlichen Funktion" des Grundrechts auf den Schutz personenbezogener Daten die Rede ist, dann ist damit meist gemeint, dass es gegen andere Güter abgewogen werden muss.[161] Bereits vor Entstehung der Grundrechtecharta ist Art. 8 EMRK als menschenrechtlicher Anker des Datenschutzes angesehen worden.[162]

Seit 2016 ist die Europäische Datenschutzgrundverordnung[163] das zentrale Regelungsinstrument des Datenschutzes der Europäischen Union. Sie dient gemäß Art. 1 DSGVO dem Schutz der Grundrechte und Grundfreiheiten natürlicher Personen, insbesondere deren Recht auf Schutz personenbezogener Daten (Abs. 1 und 2), und dem freien Datenverkehr innerhalb der Europäischen Union (Abs. 3). Die DSGVO ist auf die neue Kompetenznorm Art. 16 Abs. 2 Uabs. 1 AEUV gestützt, die den Erlass von Vorschriften ausdrücklich zum Schutze natürlicher Personen ermöglicht. Sie bedeutet damit vordergründig eine Abkehr von der Binnenmarktfinalität der datenschutzrechtlichen Regelungen der EU.[164] Allerdings gilt die Kompetenz nur für die Regelung von Datenverarbeitungsvorgängen der EU und der Nationalstaaten. Die Regelung privater Datenverarbeitung ist darum weiterhin an den freien Datenverkehr geknüpft.[165] Auch dafür bildet Art. 16 Abs. 2 Uabs. 1 AEUV nunmehr die Kompetenzgrundlage. Obwohl beide Schutzgüter grundsätzlich gleichrangig angelegt waren, musste in der DSRL, aufgrund der Verpflichtung zur Binnenmarktfinalität, rechtspolitisch der Schutz des freien Datenverkehrs überwiegen.[166] Dieser ist in der DSGVO abgelöst worden durch den Grundrechtsschutz, dem Schutz personenbezogener Daten, dem nun „ein gewisser, aber nicht absoluter Vorrang" eingeräumt wird.[167] Die DSGVO „geht vom Menschen aus und stellt den Menschen in den Mittelpunkt ihrer Regulierung".[168]

---

161 So z.B. bei *Piltz*, K&R 2016, 557 (557).

162 Simitis/Hornung/Spiecker gen. Döhmann/*dies.*, Datenschutzrecht, Einl. Rn. 161, 165.

163 Verordnung (EU) 2016/679 des Europäischen Parlaments und des Rates vom 27. April 2016 zum Schutz natürlicher Personen bei der Verarbeitung personenbezogener Daten, zum freien Datenverkehr und zur Aufhebung der Richtlinie 95/46/EG, ABl. 2016 L 119/1, ber. ABl. 2016 L 314/72 u. ABl. 2018 L 127/2.

164 *Klement*, JZ 2017, 161 (164).

165 *Klement*, JZ 2017, 161 (164).

166 Gola/*Pötters*, DS-GVO, Art. 1, Rn. 5.

167 Simitis/Hornung/Spiecker/*Hornung/Spiecker gen. Döhmann*, Datenschutzrecht, DSGVO Art. 1 Rn. 26; vgl. auch Gola/*Pötters*, DS-GVO, Art. 1, Rn. 5.

168 Simitis/Hornung/Spiecker/*Hornung/Spiecker gen. Döhmann*, Datenschutzrecht, DSGVO Art. 1 Rn. 12.

Hinsichtlich seiner Schutzgüter übernimmt das EU-Datenschutzrecht somit die individualistische Prägung des deutschen Datenschutzrechts und schreibt sie fort.[169] Zudem bleibt das europäische Recht deutlich dem staatszentrierten Leitbild verschrieben, dass schon im ersten Hessischen Datenschutzgesetz Ausdruck fand.[170]

Im Recht der Europäischen Union lässt sich darüber hinaus eine deutliche Individualisierung in den Regelungsmechanismen beobachten. Eine der zentralen Neuerungen im Datenschutzrecht, die mit der DSGVO eingeführt worden sind, liegt in der Schaffung einer Reihe neuer, spezifischer Individualrechte und in der Ausweitung der bereits bestehenden Rechte des Individuums.[171]

Die Individualisierung in der Rechtssetzung spiegelt sich schließlich in der Rechtsprechung des Europäischen Gerichtshofs, der auf neue Herausforderungen im Datenschutz ebenfalls mit der Schaffung neuer Individualrechte reagiert.[172] In der Abwägung dieser Rechte mit diesen gegenüber in Stellung gebrachten öffentlichen Interessen, zum Beispiel dem Informationsinteresse der Öffentlichkeit, sollen die Individualinteressen regelmäßig überwiegen.[173]

9. Folgerung

Insgesamt zeigt sich somit, dass sich die Entwicklung des Datenschutzrechts insgesamt als ein Prozess zunehmender Individualisierung nachzeichnen lässt.[174] Zwar gab es immer wieder Überlegungen, die objektivis-

---

169 Zum Vorbildcharakter des deutschen Datenschutzrechts s. *Klement*, JZ 2017, 161 (163) m.w.N.

170 Vgl. *Klement*, JZ 2017, 161 (164).

171 Vgl. *Piltz*, K&R 2016, 629 (629, 631 ff.).

172 EuGH, Urt. v. 13.5.2014 – Costeja González, EU:C:2014:317. Zur Simplifizierung des zugrundeliegenden Interessenkonglomerats auf ein Zwei-Personen-Verhältnis s. *Zimmermann*, Iurratio 2017, 53 (55).

173 EuGH, EU:C:2014:317, Rn. 97. Zu dieser Beobachtung schon *Zimmermann*, Iurratio 2017, 53 (54); auch *Lauber-Rönsberg*, HbPR, 2. Aufl., § 22, Rn. 57.

174 Auch *Lewinski*, Geschichte des Datenschutzrechts von 1600 bis 1977, in: Felix Arndt u.a. (Hrsg.), Freiheit. Sicherheit. Öffentlichkeit, Baden-Baden 2009, S. 220 macht eine Individualisierung von objektivrechtlichen Beschränkungen von Datenmacht hin zu subjektivrechtlichen aus. Spätestens seit dem Volkszählungsurteil verzeichnen auch *Ladeur*, Die transsubjektive Dimension der Grundrechte, in: Thomas Vesting/Stefan Korioth/Ino Augsberg (Hrsg.), Grundrechte als Phänomene kollektiver Ordnung, Tübingen 2014, S. 20 u. Simitis/*Simitis*, BDSG,

tische Anknüpfungspunkte und kollektive Schutzgüter aufzeigten. So etwa der Ansatz im HDSG zur Regelung der exekutivistischen Informationspräponderanz oder die Ausführungen im Volkszählungsurteil zur Bedeutung der informationellen Selbstbestimmung für das demokratische Gemeinwesen. Diese Anknüpfungspunkte haben sich jedoch nicht verstetigt und sind hinter dem vorrangig präsenten Individualrechtsschutz untergegangen. Das Datenschutzrecht ist individualistisch geprägt und die Individualrechtsorientierung setzt sich immer weiter fort.

III. Exkurs: Israel. Die EU als *Driving Force* eines internationalen Datenschutzrechts oder EU-*Privacy Colonialism*?

Das Narrativ des Datenschutzregimes der Europäischen Union ist in der öffentlichen Wahrnehmung üblicherweise das einer starken Bastion, die als letzte noch die Rechte der Einzelnen gegenüber staatlicher und nichtstaatlicher Datenverarbeitung wahrt. Glücklicherweise, so das Narrativ, habe die Europäische Union Vorbildcharakter und die Datenschutzkonzeption sorge in immer mehr Staaten für eine Verschärfung der Datenschutzregelungen. Die EU sei die *Driving Force* eines internationalen Datenschutzregimes.[175] Dieses Bild ist allerdings nicht konsensual. Von anderer Seite wird von einem *Privacy Colonialism* der EU gesprochen.[176] Die EU zwinge anderen Staaten die eigene Datenschutzkonzeption auf, sodass die Entwicklung und der Erhalt anderer Konzeptionen unmöglich seien. Vor dem Hintergrund dieser kontradiktorischen Positionen ist das Datenschutzrecht des Staates Israel und seine Entwicklung besonders instruktiv.[177]

Einl., Rn. 26 eine Individualisierung des Datenschutzrechts, allerdings mit unterschiedlichen Begründungen. Eine Verengung der Regelungsperspektive des Datenschutzrechts zugunsten des allgemeinen Persönlichkeitsrechts des Einzelnen und zulasten der demokratischen Gesellschaft machen auch Simitis/Hornung/Spiecker/*dies.*, Datenschutzrecht, Einl. Rn. 27 aus.

175 Vgl. etwa *Birnhack*, The EU Data Protection Directive: An Engine of a Global Regime, 6 Computer Law and Security Rev. (2008), 508.

176 Siehe etwa den Vortrag „Privacy Colonialism: The EU as US Privacy Regulator" von *Neil Richards* u.a. an der Tel Aviv University im Dezember 2018 (URL: https://law.tau.ac.il/Technology_Law_Workshop_312_3906); das Buchprojekt *Neil Richards/Woodrow Hartzog*, Privacy Colonialism: The EU as US Privacy Regulator (work in progress).

177 Die folgenden Ausführungen beruhen zu großen Teilen auf *Zimmermann*, 5 EDPL (2019), 246. Bezüglich weitergehender Nachweise wird darum auf diesen Aufsatz verwiesen.

1. Das Rechtssystem des Staates Israel

Das Rechtssystem Israels ist ein Hybridsystem, das aus dem ottomanischen Recht und dem *Common law* entstanden ist. Durch die rechtsvergleichende Praxis des obersten Gerichtshofs wurden aber auch viele Konzeptionen aus dem europäischen, dem US-amerikanischen und dem kanadischen Recht in das israelische Recht inkorporiert. Besonders deutlich treten heute die Einflüsse des britischen *Common law*, beispielsweise in Form des *stare decisis*-Systems und des EU-Rechts, z.B. in Form des Verhältnismäßigkeitsgrundsatzes hervor.[178]

Dem Einfluss des *Common law* mag es auch geschuldet sein, dass die israelische Rechtsordnung keine Verfassung im Sinne eines zusammenhängenden Dokuments kennt. Es besteht vielmehr eine fragmentierte *de facto*-Verfassung, die aus einer Reihe *basic laws* gebildet wird, von denen jedes als ein Kapitel der Verfassung gilt. Ursprünglich regelten die *basic laws* vor allem Fragen der Staatsorganisation. Durch die sog. *Israeli Bill of Rights* sind 1992 aber auch acht Grundrechte durch zwei *basic laws* Teil der Verfassung geworden: *the right to liberty, life, bodily integrity, entry to and exit from Israel, privacy, property, freedom of occupation and dignity*.[179] Viele dieser Grundrechte waren zwar bereits zuvor in der Rechtssprechung des obersten Gerichtshofs anerkannt, waren aber als Richterrecht untergesetzliches Recht und hätten jederzeit durch ein Gesetz abgeschafft werden können. Durch ihre Garantie in den *basic laws* sind sie nun übergesetzliches, nämlich Verfassungsrecht. Bis heute sind es die einzigen verfassungsrechtlich garantierten Grundrechte in Israel. Der oberste Gerichtshof hat allerdings eine Reihe weiterer Grundrechte richterechtlich statuiert, allen voran das Grundrecht auf Meinungsfreiheit.[180]

Unterhalb des Verfassungsrangs kennt das israelische Recht das Gesetzesrecht der Legislative (*primary law*), die Normen der Exekutive (*secondary law*) und das Richterrecht des obersten Gerichtshofes. Der Vorrang der *basic laws* gegenüber dem *primary law* ist erst durch die *Israeli Bill of Rights* ausdrücklich normiert worden. Mit Abschnitt 8 des *basic law: human dignity and liberty* ist ein Mechanismus inkorporiert worden, demnach ein Eingriff in das *basic law* nur möglich ist, wenn bestimmte Rechtfertigungsanforderungen erfüllt werden, die dem Verhältnismäßigkeitsprinzip im deut-

---

178 *Zimmermann*, 5 EDPL (2019), 246 (247) m.w.N.

179 Laws 5752 – 1992 und 5754 – 1992 (URL zur inoffiziellen englischen Fassung: https://knesset.gov.il/description/eng/eng_mimshal_yesod1.htm).

180 *Zimmermann*, 5 EDPL (2019), 246 (247 f.) m.w.N.

schen Recht sehr nahekommen. Die Entscheidungen des obersten Gerichtshofes binden alle anderen Gerichte, allerdings nicht den obersten Gerichtshof selbst.[181]

2. Das Datenschutzrecht des Staates Israel

Das israelische Datenschutzrecht ist älter als die Grundrechte der *basic laws*. Mit dem *Privacy Protection Act (PPA)*[182] ist Datenschutz erstmals 1981 als Teilbereich des Privatsphäreschutzes zur Gesetzesmaterie geworden. Datenschutz war jedoch zunächst ein Sonderfall im Recht des Privatsphäreschutzes, denn das erste Kapitel des *PPAs* katalogisiert verschiedene mögliche Einschränkungen der Privatsphäre und unterwirft sie einem Verbot mit Erlaubnisvorbehalt, die Verarbeitung personenbezogener Daten gehört jedoch nicht dazu. Auf den Bereich der Datenverarbeitung ist das Verbot mit Erlaubnisvorbehalt erst durch Rechtsfortbildung des obersten Gerichtshofs ausgeweitet worden.[183]

In seinem zweiten Kapitel enthält der *PPA* Regelungen zum Privatsphäreschutz in Datenbanken. Dies Kapitel darf als das eigentlich datenschutzrechtliche angesehen werden. Im Vergleich mit dem Datenschutzrecht der Europäischen Union ist zweierlei auffällig: Erstens sind nicht alle personenbezogenen Daten als schützenswert qualifiziert, sondern nur „Informationen“, die definiert sind als *„data on the personality, personal status, intimate affairs, state of health, economic position, vocational qualifications, opinions and beliefs of a person“*. Zweitens enthält der *PPA* weit weniger subjektive Rechte als sie im EU-Datenschutzrecht vorgesehen sind und diese beziehen sich in erster Linie auf den Zugriff und die Berichtigung von über eine Person gespeicherten Daten. Während im EU-Datenschutzrecht also der Einzelne durch Einwilligung in die Datenverarbeitung oder durch ihre Verweigerung entscheidet, welche seiner personenbezogenen Daten als schützenswert erachtet werden, ist dies im israelischen System von Gesetzes wegen entschieden, nämlich durch die Qualifikation eines bestimmten Datums als Information im Sinne des Gesetzes. Die subjektiven Rechte im *PPA* in Verbindung mit den Verarbeitungsprinzipien, die sich vor allem auf die Gewährleistung der Sicherheit und Richtigkeit der Datenbanken

---

181 *Zimmermann*, 5 EDPL (2019), 246 (248).

182 Law 5741 – 1981 (URL zur inoffiziellen englischen Fassung: https://www.gov.il/en/Departments/legalInfo/legislation).

183 *Zimmermann*, 5 EDPL (2019), 246 (249).

beziehen, deuten überdies darauf hin, dass die Integrität der Datenbanken im Vordergrund steht.[184] Insgesamt lässt sich das zweite Kapitel des *PPA* darum als ein objektiver Ansatz zum Datenschutz deuten – ein Gegensatz also zum individualistischen System der EU. Gleichwohl interpretiert der oberste Gerichtshof den Begriff der Information sehr weit und erkennt auch eine Reihe nicht normierter subjektiver Rechte an, sodass sich das israelische Recht in diesen Aspekten (nicht zufällig) dem EU-Recht angenähert hat.[185]

Mit der *Israeli Bill of Rights* ist das israelische Datenschutzrecht grundrechtlich überformt worden. So enthält Abschnitt 7(a) des *basic law: human dignity and liberty* eine Garantie der Privatsphäre und Intimsphäre für jeden Menschen. Die Menschenwürde ist im israelischen Recht allerdings nicht wie im deutschen Recht als absolutes Recht zu verstehen, das keine Einschränkung duldet. Im israelischen Recht ist die Menschenwürde abwägbar gegen andere Güter und Einschränkungen können unter bestimmten Bedingungen gerechtfertigt werden (Abschnitt 8 des *basic law*).[186]

Privatsphäre wird vom obersten Gerichtshof unterschiedlich interpretiert, unter anderem als „right to be let alone“ unter unmittelbarer Bezugnahme auf *Warren* und *Brandeis*.[187] Überdies gilt sie in der Rechtsprechung als eines der Kernprinzipien der israelischen Demokratie. Sie ist allerdings kein einklagbares subjektives Recht, sondern erhöht lediglich das Gewicht ihr zugeordneter Rechtsgüter in der Abwägung.[188]

3. Folgerungen

Die Entwicklung des israelischen Datenschutzrechts lässt sich somit so deuten, dass es seinen Ausgangspunkt in einem objektiven Ansatz zum Datenschutz nahm. Im Vordergrund standen 1981, ähnlich den Regelungen des ersten HDSG 1970, die Datensicherheit und die Datenrichtigkeit. Erst allmählich hat sich das israelische System zu einem individualistischen System gewandelt, in dem die informierte Einwilligung der Betroffenen in die Datenverarbeitung im Vordergrund steht. Diese Entwicklung ist der rechtsfortbildenden Praxis des obersten Gerichtshofs geschuldet, dessen

---

184 *Zimmermann*, 5 EDPL (2019), 246 (250).
185 *Zimmermann*, 5 EDPL (2019), 246 (250).
186 *Zimmermann*, 5 EPDL (2019), 246 (249).
187 HCJ 3809/08 Association for Civil Rights in Israel v Israel Police, p. 5.
188 *Zimmermann*, 5 EPDL (2019), 246 (249).

Entscheidungen deutlich rechtsvergleichend geprägt sind.[189] Insbesondere orientiert sich der oberste Gerichtshof am Recht der EU. Dies mag im Datenschutzrecht in besonderer Weise damit zusammenhängen, dass der Datentransfer in Staaten außerhalb der EU ein „angemessenes Schutzniveau“ vorraussetzt (Art. 45 Abs. 1 S. 1 DSGVO[190]), dessen Erfüllung sich naturgemäß am individualistischen System der EU bemisst.

IV. Kollektivierung. Überlegungen zu einer Neukonzeption

Anlass für die Emergenz des Datenschutzrechts im heutigen Sinne war der technische Fortschritt. Der datenschutzrechtliche Regelungsgegenstand ist die elektronische Datenverarbeitung. Nun liegt es im Wesen des technischen Fortschritts die tatsächlichen Verhältnisse ständiger Wandlung zu unterwerfen.[191] Dies gilt gleichermaßen im Bereich der Datenverarbeitung, sodass die tatsächlichen Verhältnisse, die den vom Datenschutzrecht erfassten Lebensbereich bilden, stark volatil sind. Das Datenschutzrecht ist demnach wie kaum eine andere Rechtsmaterie zu ständiger Anpassung gezwungen.[192]

Die Wirtschaftsordnung des Kapitalismus erfordert ständiges Wachstum. Es ist damit angewiesen auf immer neuen technischen Fortschritt und Ideen zu seiner wirtschaftlichen Nutzbarmachung. Innovationen sind niemals neutral, sondern immer interessengeleitet.[193] Daten hatten schon immer einen wirtschaftlichen Wert: Wer seine Kunden kennt, erzielt höhere Verkaufszahlen. Die Möglichkeit der elektronischen Datenverarbeitung hat die Möglichkeiten der wirtschaftlichen Nutzbarmachung von Daten multipliziert und die aktuellen Fortentwicklungen auf dem Gebiet der Datenverarbeitung (z.B. *Big Data, Künstliche Intelligenz*) haben die Möglichkeiten der wirtschaftlichen Nutzung noch einmal potenziert. Die Ge-

---

189 S. auch *Zimmermann*, 5 EDPL (2019), 246 (251).

190 Zuvor Art. 25 Abs. 1 DSRL.

191 Vgl. auch *Hoffmann-Riem*, Der Staat 42 (2003), 193 (193).

192 *Zimmermann*, Iurratio 2017, 53 (53); *Klement*, JZ 2017, 161 (161: „Das Recht als Prozess ständiger Selbsterneuerung“ u. 162); vgl. auch *Simitis*, 135 U. Pa. L. Rev. (1987), 707 (741 f.); etwas zurückhaltender *Vesting*, Das Internet und die Notwendigkeit der Transformation des Datenschutzes, in: Karl-Heinz Ladeur (Hrsg.), Innovationsoffene Regulierung des Internet. Neues Recht für Kommunikationsnetzwerke, Baden-Baden 2003, S. 156.

193 *Hoffmann-Riem*, Der Staat 42 (2003), 193 (195).

schäftsmodelle der Internetökonomie funktionieren nunmehr nahezu vollständig datenbasiert.

Den Schutz des Rechts brauchen Machtschwache. Schutzbedürftig können auch Strukturen sein, zum Beispiel, wenn sie für die Demokratie unabdingbar sind.[194] Datenschutz ist kein Selbstzweck, sondern ein Mittel zum Zweck des Schutzes der autonomen Persönlichkeitsentwicklung und politischen Teilhabe mit dem Metaziel des Schutzes der Demokratie.[195] Die Geschäftsmodelle der Internetökonomie und Potenziale der Informationstechnologie gefährden die Entwicklung des Einzelnen zu einer autonomen Persönlichkeit in einem nie dagewesenen Ausmaß und unterminieren dadurch mittelbar elementare Funktionsbedingungen des demokratischen Gemeinwesens. Überdies generieren sie neuartige Gefahren für die Demokratie.

Mit dieser zunehmenden Gefährdung des Kollektivs kann das geltende individualistisch geprägte Datenschutzrecht nicht umgehen. Die Veränderung der Gefahrenlage erfordert darum eine Anpassung des Datenschutzrechts.

V. Demokratie

„The existence of a majority logically implies a corresponding minority."[196]

Eine treffende Definition oder einen Archetyp der Demokratie zu ermitteln, ist weder das Ziel noch die Möglichkeit dieser Arbeit. Dies ist Gegenstand endloser wissenschaftlicher Debatten.[197] Nicht zuletzt sind der Begriff und die Idee der Demokratie historischen Wandlungsprozessen unterworfen.[198] An dieser Stelle sollen vielmehr nur die für die kommende Ar-

---

194 *Hoffmann-Riem*, Der Staat 42 (2003), 193 (196 f.).

195 Vgl. *Rouvroy/Poullet*, The Right to Informational Self-Determination and the Value of Self-Development: Reassessing the Importance of Privacy for Democracy, in: Serge Gutwirth et al. (eds.), Reinventing Data Protection?, Dordrecht 2009, pp. 50, 46.

196 *Dick*, The minority report, in: The Collected Stories of Philip K. Dick. Vol. 4. The minority report, New York 1991, p. 84.

197 Siehe *Cheneval*, Demokratietheorien zur Einführung, Hamburg 2015, v.a. S. 18 ff.; *Schmidt*, Demokratietheorien. Eine Einführung, Bonn 2010; *Vorländer*, Demokratie. Geschichte, Formen, Theorien, 2. Aufl., München 2010, S. 9.

198 So war die Demokratie in der aristotelischen Staatsformenlehre eine *Entartung* der *Politie*. Während die *Politie* auf den gemeinen Nutzen ziele, strebe die Demokratie nach dem Vorteil der Armen, siehe *Vesting*, Staatstheorie, München

gumentation wesentlichen Funktionsbedingungen der modernen liberalen Demokratie herausgearbeitet werden.[199]

Etymologisch, soweit besteht Einigkeit, ist der Begriff Demokratie dem altgriechischen Wort *δημοκρατία* (dt.: „Herrschaft des Volkes“[200]) entlehnt.[201] Demnach ist es Kernanliegen eines demokratischen Systems, dass das Volk[202] die Entscheidungen über politische Fragestellungen trifft (regiert), vgl. Art. 20 Abs. 2 S. 1 GG.[203] Über den Entscheidungsmodus ist damit allerdings keine Aussage getroffen. Konsens- oder Mehrheitsprinzip können demnach gleichermaßen demokratisch sein.[204] Ebenso liegt allein im Begriff der Demokratie auch keine Festlegung hinsichtlich dessen, ob das Volk seine Entscheidungskompetenz delegieren kann.[205] So ist denn die Ausgestaltung der demokratischen Systeme auf der Welt facettenreich. Die Bundesrepublik Deutschland ist eine repräsentative Demokratie mit einigen direkt demokratischen Elementen, Art. 20 Abs. 2 GG und z.B.

2018, Rn. 44; *Schmidt*, Demokratietheorien. Eine Einführung, S. 30 f.; zu neueren Wandlungsprozessen vgl. *Spiecker gen. Döhmann*, VVDStRL 77 (2018), 9 (18 Fn. 27, 28 m.w.N.); s. auch *Vorländer*, Demokratie. Geschichte, Formen, Theorien, 2. Aufl., München 2010.

199 Vgl. zum Begriff etwa *Vorländer*, Demokratie. Geschichte, Formen, Theorien, 2. Aufl., München 2010, S. 11 f., 110 ff.

200 *Cheneval*, Demokratietheorien zur Einführung, Hamburg 2015, S. 16; *Vesting*, Staatstheorie, München 2018, Rn. 44; *Schmidt*, Demokratietheorien. Eine Einführung, Bonn 2010, S. 27 („Volksherrschaft“); Maunz/Dürig/*Grzeszick*, Art. 20 II. Rn. 79; *Ogorek*, ZRP 2019, 61 (61).

201 „Demokratie“ im Duden Online-Wörterbuch (URL: https://www.duden.de/rechtschreibung/Demokratie).

202 Was das Volk ist und was das Volk sein sollte, sind zwei getrennt voneinander zu stellende, komplexe Fragen, die selbst für etablierte politische Systeme nicht eindeutig zu beantworten sind, siehe dazu *Cheneval*, Demokratietheorien zur Einführung, Hamburg 2015, S. 86 ff. Der Kreis der Wahlberechtigten umfasst bei Bundestagswahlen beispielsweise nicht die Gesamtheit der deutschen Staatsbürger, vgl. Art. 38 Abs. 2 u. 3, 116 GG und erst recht nicht die Summe der der Herrschaftsordnung des Staates Deutschland unterworfenen Menschen. Andererseits geht der Kreis der Wahlberechtigten bei Kommunalwahlen teilweise über den Kreis der deutschen Staatsbürger hinaus, vgl. z.B. § 30 Abs. 1 S. 1 Nr. 1 HGO. Für die hiesigen allgemeinen Erwägungen kann „die Gesamtheit der Staatsbürger“ ohne nähere Spezifikation als Definition dienen, vgl. auch *Böckenförde*, in: HbStR, Bd. II, 3. Aufl., § 24, Rn. 26 f.; Maunz/Dürig/*Grzeszick*, Art. 20 II. Rn. 79.

203 *Böckenförde*, in: HbStR, Bd. II, 3. Aufl., § 24, Rn. 8, 10.

204 Vgl. *Vorländer*, Demokratie. Geschichte, Formen, Theorien, 2. Aufl., München 2010, S. 113 f.

205 Vgl. *Häberle*, in: HbStR, Bd. II, 3. Aufl., § 22, Rn. 68; auch *Ogorek*, ZRP 2019, 61 (61).

Art. 70, 71 HV. Deutlich stärker ausgeprägt ist das direkte Element beispielsweise in der Schweiz.[206]

Eine Entscheidung setzt jedoch voraus, dass es etwas zu entscheiden gibt, dass also verschiedene Entscheidungsmöglichkeiten bestehen und bekannt sind. Es ist damit Grundvoraussetzung der Demokratie, dass unterschiedliche Auffassungen über politische Fragestellungen entwickelt und geäußert werden, auch und gerade, wenn sie von einer möglichen (dominierenden) Mehrheitsmeinung abweichen (Meinungsvielfalt).[207] Überdies muss die demokratische Entscheidung selbstbestimmt sein.[208] Eine selbstbestimmte Entscheidung setzt in erster Linie Informiertheit über die Vor- und Nachteile bzw. die Begleitumstände und Konsequenzen der Entscheidungsalternativen voraus.[209] Diese Informiertheit der Bürger wird durch einen öffentlichen Diskurs erreicht, in dem die widerstreitenden Meinungen in einem freien Argumentationsaustausch gegeneinander antreten (Meinungskampf, Deliberation).[210] Das Grundgesetz sichert diese Voraussetzungen vermittels des Instituts der Meinungs- und Informationsfreiheit in Art. 5 Abs. 1 S. 1 GG. Das BVerfG hat das Grundrecht auf Meinungsfreiheit dementsprechend als „für eine freiheitlich-demokratische Staatsord-

---

206 Vgl. etwa Art. 138 ff. der Bundesverfassung der Schweizerischen Eidgenossenschaft, SR 101; zu weiteren Beispielen s. *Vorländer*, Demokratie. Geschichte, Formen, Theorien, 2. Aufl., München 2010, S. 110 ff.

207 *Rouvroy/Poullet*, The Right to Informational Self-Determination and the Value of Self-Development: Reassessing the Importance of Privacy for Democracy, in: Serge Gutwirth et al. (eds.), Reinventing Data Protection?, Dordrecht 2009, p. 55; *Cheneval*, Demokratietheorien zur Einführung, Hamburg 2015, S. 10, 12; *Boehme-Neßler*, Die Macht der Algorithmen – Anmerkungen zum Einfluss von *Big Data* auf die Demokratie, in: Volker Boehme-Neßler/Manfred Rehbinder (Hrsg.), Big Data: Ende des Datenschutzes?, Bern 2017, S. 120; *Spiecker gen. Döhmann*, VVDStRL 77 (2018), 9 (53); vgl. auch *Böckenförde*, in: HbStR, Bd. II, 3. Aufl., § 24, Rn. 53 f.

208 Vgl. *Böckenförde*, in: HbStR, Bd. II, 3. Aufl., § 24, Rn. 35 f.; vgl. außerdem *Häberle*, HbStR, Bd. II, 3. Aufl., § 22, Rn. 61 ff. zum Zusammenhang von Menschenwürde und Demokratie; *Hoffmann-Riem*, Der Staat 42 (2003), 193 (197).

209 Vgl. BVerfGE 27, 71 (81): „Ein demokratischer Staat kann nicht ohne freie und möglichst gut informierte öffentliche Meinung bestehen.“; vgl. auch *Vismann*, Akten. Medientechnik und Recht, 2. Aufl., Frankfurt am Main 2001, S. 301.

210 BVerfGE 7, 198, (208); 69, 315 (344 f.): der Kampf der Meinungen als Lebenselement der Demokratie; *Cheneval*, Demokratietheorien zur Einführung, Hamburg 2015, S. 12; *Böckenförde*, in: HbStR, Bd. II, 3. Aufl., § 24, Rn. 68; *Kloepfer*, in: HbStR, Bd. III, 3. Aufl., § 42, Rn. 11 f. In der deliberativen Demokratietheorie kommt diesem öffentlichen Diskurs sogar noch eine darüberhinausgehende legitimierende Wirkung zu, vgl. *Habermas*, Faktizität und Geltung, Frankfurt am Main 1998, S. 110, 133 ff. u.a.

nung [...] schlechthin konstituierend" bezeichnet.[211] „Nur die freie öffentliche Diskussion über Gegenstände von allgemeiner Bedeutung sichert die freie Bildung der öffentlichen Meinung, die sich im freiheitlich demokratischen Staat notwendig "pluralistisch" im Widerstreit verschiedener und aus verschiedenen Motiven vertretener, aber jedenfalls in Freiheit vorgetragener Auffassungen, vor allem in Rede und Gegenrede vollzieht."[212] Es ist gerade Zweck der Meinungsfreiheit, auch die Bildung und Äußerung von Meinungen zu ermöglichen, die von dominierenden Auffassungen abweichen.[213] Minderheiten, nicht Mehrheiten benötigen in einer Demokratie den besonderen Schutz der Verfassung.[214] Soweit die Meinungen im Kollektiv geäußert werden, unterfallen sie dem Schutz der Versammlungs- (Art. 8 GG) oder Vereinigungsfreiheit (Art. 9 GG).[215]

Dieses Wesenselement der Demokratie, die Zulassung der freien Entwicklung von Auffassungen und der freien Entscheidung über politische Fragestellungen begegnet wiederkehrend dem Einwand, auf diese Weise würden falsche Entscheidungen getroffen. Entscheidungen sollten vielmehr Experten überlassen werden, die zutreffende Prognosen für die Zukunft erstellen könnten.[216] Das Eingeständnis der eigenen Unwissenheit und Fehlbarkeit ist jedoch das Grundprinzip jeder modernen wissenschaft-

---

211 BVerfGE 7, 198 (208); 12, 113 (125); vgl. zur Bedeutung der Meinungsfreiheit für die Demokratie auch *Podlech*, Das Recht auf Privatheit, in: Joachim Perels (Hrsg.), Grundrechte als Fundament der Demokratie, Frankfurt 1979, S. 52.

212 BVerfGE 12, 113 (125).

213 Vgl. *Grimm*, NJW 1995, 1697 (1698).

214 Vgl. *Hesse*, Grundzüge des Verfassungsrechts der Bundesrepublik Deutschland, 16. Aufl., Heidelberg 1988, Rn. 154 ff.

215 Nach *Denninger*, Das Recht auf informationelle Selbstbestimmung, in: Hohmann (Hrsg.), Freiheitssicherung durch Datenschutz, Frankfurt am Main 1987, S. 134, „umreißen" diese Kommunikationsgrundrechte die „staatshervorbringende Rechtsstellung" des Bürgers.

216 Vgl. nur die Studienergebnisse der European Values Study der Tilburg University 2011: *Halman/Sieben/van Zundert*, Atlas of European Values. Trend and Traditions at the turn of the Century, Leiden 2012, p. 84, aufgeschlüsselt nach Staaten auch online verfügbar (URL: https://www.atlasofeuropeanvalues.eu/maptool.html); beobachtend zur Technokratisierung der Politik *Böckenförde*, in: HbStR, Bd. II, 3. Aufl., § 24, Rn. 70; s. auch *Münkler*, Wissen – ein blinder Fleck des Rechts? Aspekte eines Spannungsverhältnisses, in: dies. (Hrsg.), Dimensionen des Wissens im Recht, Tübingen 2019, S. 16 ff. mit umfangreichen Nachweisen; vgl. auch *Simitis*, KJ 1988, 32 (40).

lichen Erkenntnis.[217] Es ist niemals alles bekannt und jede wissenschaftliche Erkenntnis kann potentiell widerlegt werden und sich in der Zukunft als falsch herausstellen.[218] Entscheidungen über die Richtigkeit der menschlichen Fortentwicklung sind damit prognostisch nicht zu treffen.[219] Legitimität können sie damit nicht über ihre Finalität, sondern nur über den Entscheidungsprozess erlangen, in dem die Menschen selbst über ihre Fortentwicklung entscheiden.[220] Das ist die Grundidee der Demokratie.[221]

Das Eingeständnis der Fehlbarkeit von politischen Entscheidungen bringt ein letztes Axiom der Demokratie hervor: die Revidierbarkeit politischer Entscheidungen. Stellt sich eine getroffene Entscheidung in der Zukunft als falsche Entscheidung heraus, muss die Möglichkeit bestehen, sie

---

217 Populärwissenschaftlich *Harari*, Eine kurze Geschichte der Menschheit, München 2018, S. 308; angedeutet auch bei *Boehme-Neßler*, Die Macht der Algorithmen. Anmerkungen zum Einfluss von *Big Data* auf die Demokratie, in: Volker Boehme-Neßler/Manfred Rehbinder (Hrsg.), Big Data: Ende des Datenschutzes?, Bern 2017, S. 135.

218 Instruktiv zur „Wahrheit" wissenschaftlicher Erkenntnis *Weingart*, APuZ 13/2017, 11 (v.a. 14 ff.). Vgl. auch etwa *Hesse*, Grundzüge des Verfassungsrechts der Bundesrepublik Deutschland, 16. Aufl., Heidelberg 1988, Rn. 159.

219 *Podlech*, Das Recht auf Privatheit, in: Joachim Perels (Hrsg.), Grundrechte als Fundament der Demokratie, Frankfurt am Main 1979, S. 53; vgl. auch *Kloepfer*, in: HbStR, Bd. III, 3. Aufl., § 42, Rn. 13.

220 Vgl. *Cheneval*, Demokratietheorien zur Einführung, Hamburg 2015, S. 12, 21. Einige Demokratietheorien suchen die Legitimierung demokratischer Entscheidungen in ihrer Finalität, weil bestimmte Wertentscheidungen dem Begriff Demokratie inhärent seien. Erstens impliziert jedoch auch das hier vertretene „verfahrensorientierte Modell" bestimmte normative Grundsätze (z.B. die Meinungsfreiheit und andere Menschenrechte, vgl. *Habermas*, Faktizität und Geltung, Frankfurt am Main 1998, S. 112 ff. [„Gleichursprünglichkeit von Demokratie und Menschenrechten"]) und zweitens fällt das „ergebnisorientierte Modell" in Detailfragen wieder auf das „verfahrensorientierte Modell" zurück. Das „verfahrensorientierte Modell" ist somit das grundlegende, siehe dazu und zur weiteren Auseinandersetzung *Cheneval*, Demokratietheorien zur Einführung, Hamburg 2015, S. 21, 37 ff.

221 Vgl. auch *Spiecker gen. Döhmann*, VVDStRL 77 (2018), 9 (17, 19, 22: „Demokratie kennt keinen absoluten Wahrheitsanspruch, und sie ist offen für Irrtum und für neue Erkenntnisse, also auch für eine daraus resultierende Veränderung."); *Böckenförde*, in: HbStR, Bd. II, 3. Aufl., § 24, Rn. 56; instruktiv auch *Winter*, Demokratietheoretische Implikationen des Rechts auf informationelle Selbstbestimmung, in: Michael Friedewald/Jörn Lamla/Alexander Roßnagel (Hrsg.), Informationelle Selbstbestimmung im digitalen Wandel, Wiesbaden 2017, S. 43 f.

im öffentlichen Diskurs als solche zu identifizieren und im Entscheidungsprozess zu revidieren.[222]

Demokratische Entscheidungen erlangen ihre Legitimität also nicht durch ihre Richtigkeit, sondern durch die Richtigkeit des Entscheidungsprozesses. Dieser setzt zuvörderst voraus, dass konkurrierende Meinungen und damit Entscheidungsmöglichkeiten bestehen und bekannt sind. Meinungsvielfalt, Meinungskampf und die Revidierbarkeit von Entscheidungen sind damit Funktionsbedingungen jedes demokratischen Systems.

VI. Grundbegriffe

> „*Wenn man vom Datenschutz und vom Datenschutzgesetz spricht, läuft man leicht Gefahr, Mißdeutungen und Verständigungsschwierigkeiten ausgesetzt zu sein.*“[223]

Das Datenschutzrecht ist in besonderer Weise dadurch beschwert, dass es mit Begriffen operiert, die je nach Verwendungszusammenhang unterschiedlich denotiert, ambig oder sogar widersprüchlich sind. Dies beginnt mit den Grundbegriffen Daten, Informationen und sogar Datenschutz selbst und setzt sich fort in den regulierten Phänomenen wie *Big Data*. Es ist darum notwendig zu klären, welches Verständnis der Grundbegriffe in dieser Arbeit zugrunde gelegt wird. Die Bedeutung der Phänomene findet an anderer Stelle Berücksichtigung (s. C.I.).

1. Daten und Informationen

Die Begriffe „Daten“ und „Informationen“ werden zum Teil synonym gebraucht, so etwa in der Datenschutzgrundverordnung, die *personenbezogene* Daten in ihrem Art. 4 Nr. 1 als „Informationen, die sich auf eine identifizierte oder identifizierbare natürliche Person [...] beziehen“ legal defi-

---

222 *Cheneval*, Demokratietheorien zur Einführung, Hamburg 2015, S. 12; vgl. auch *Spiecker gen. Döhmann*, VVDStRL 77 (2018), 9 (19 f., 22); vgl. auch *Gusy*, KritV 2015, 430 (452). In der repräsentativen Demokratie kann die Revision etwa in einem Machtwechsel liegen, mit dem ein inhaltliches Veränderungspotential verbunden ist. Diese Möglichkeit macht die Mehrheitsdemokratie für die Minderheit erträglich. Vgl. *Spiecker gen. Döhmann*, aaO, 19 Fn. 31, 20 f.

223 MdB *Wendig*, BT, 7. WP, 250. Sitzung v. 10. Juni 1976, Stenographischer Bericht S. 17745 (C).

niert. Diese Definition greift jedoch nicht ein anerkanntes, bisher einheitliches Begriffsverständnis auf. Das Begriffsverständnis variiert vielmehr inter- und intradisziplinär.[224] So waren Daten zum Beispiel bis zur letzten Änderung des Bundesdatenschutzgesetzes (BDSG) dort legal definiert als „Einzelangaben über persönliche oder sachliche Verhältnisse einer bestimmten oder bestimmbaren natürlichen Person" (§ 3 Abs. 1 BDSG 1990/2003, § 2 Abs. 1 BDSG 1977). Allein der Duden unterscheidet vier mögliche Bedeutungen.[225]

Daten werden zudem häufig mit Fakten gleichgesetzt,[226] die ihrerseits als objektiv feststellbare tatsächliche Begebenheiten in der Wirklichkeit verstanden werden.[227] Sie sind darum, so die Suggestion, prinzipiell neutral.[228] Wie sich jedoch bereits anhand der unterschiedlichen Rezeption der Begriffe Daten und Informationen illustrieren lässt, sind Daten niemals neutral. Sie sind abhängig von den Perzeptionen der die Daten erhebenden und wahrnehmenden Personen sowie von ihrem Kontext.[229]

a) Zur Definition von Daten und Informationen

Der Begriff „Daten" wird im datenschutzrechtlichen Kontext nicht etwa in seiner Bedeutung als Plural des Latinismus „Datum" verwendet, sondern

---

224 Vgl. auch *Albers*, in: GVwR, Bd. II, 2. Aufl., München 2012, § 22, Rn. 7 ff.; *Hoffmann-Riem*, Innovation und Recht – Recht und Innovation, Tübingen 2016, S. 303.

225 „Daten" im Duden Online-Wörterbuch (URL: https://www.duden.de/rechtschreibung/Daten).

226 „Datum" im Duden Online-Wörterbuch (URL: https://www.duden.de/rechtschreibung/Datum); s.a. *Rudolf*, HbGR, § 90, Rn. 11 (Daten als Abbild sozialer Realität); kritisch: *Broemel/Trute*, Berliner Debatte Initial 27 (2016), 50 (51: „[...] als wären Daten Repräsentationen der Wirklichkeit.") u. *Trute*, Rechtliche Herausforderungen der Digitalisierung, in: Bär, Christian/Grädler, Thomas/Mayr, Robert (Hrsg.), Digitalisierung im Spannungsfeld von Politik, Wirtschaft, Wissenschaft und Recht, Bd. 2, Berlin 2018, S. 315; bezogen auf Informationen BVerfGE 65, 1 (44); kritisch: *Albers*, in: GVwR, Bd. II, 2. Aufl., München 2012, § 22, Rn. 12.

227 „Fakt" im Duden Online-Wörterbuch (URL: https://www.duden.de/rechtschreibung/Fakt).

228 So rezipiert etwa bei *Bull*, Sinn und Unsinn des Datenschutzrechts, Tübingen 2015, S. 29: „Die Daten selbst sind rechtlich neutral"; vgl. auch *Bauman/Lyon*, Daten, Drohnen, Disziplin, 3. Aufl., Frankfurt am Main 2014, S. 19 m.w.N.

229 *Bächle*, Digitales Wissen, Daten und Überwachung zur Einführung, Hamburg 2016, S. 123 ff.

als Pluraletantum, nämlich als Eindeutschung des englischen Begriffs „data“.[230] Ersteres ist etymologisch auf das lateinische Verb „dare“ (dt.: geben) zurückzuführen und bezeichnet demnach etwas Gegebenes, also eine Tatsache.[231] Verwendet wird es außerdem als Bezeichnung einer Zeitangabe.[232] Das englische „data“ ist zwar seinerseits ebenfalls etymologisch auf den lateinischen Plural von „datum“ zurückzuführen, hat sich allerdings in seiner Bedeutung davon entfernt und beschreibt nunmehr „(Zahlen-)Werte, die auf Messungen oder Beobachtungen beruhen“ oder, insbesondere für den datenschutzrechtlichen Kontext, „(elektronisch) gespeicherte Zeichen“.[233] Daten sind also Zeichen.[234] Sie setzen darum einen Kode voraus der sie zum Signifikanten eines Signifikats macht.[235] Ihnen ist damit eine Bedeutung zugeschrieben, die durch den Kode bestimmt ist.[236] Einen Sinngehalt können sie hingegen erst durch ihre Wahrnehmung und eine damit einhergehende Interpretationsleistung erlangen.[237]

Der Begriff „Information“ ist noch mehrdeutiger als der Begriff „Daten“ und wird in unterschiedlichen akademischen Disziplinen verschiedenartig verhandelt.[238] Die Eigenart von Informationen liegt darin, dass sie in

---

230 *Bächle*, Digitales Wissen, Daten und Überwachung zur Einführung, Hamburg 2016, S. 121.

231 „Datum“ im Duden Online-Wörterbuch (URL: https://www.duden.de/rechtschreibung/Datum); *Vismann*, Akten. Medientechnik und Recht, 2. Aufl., Frankfurt am Main 2001, S. 208.

232 S. „Datum“ im Duden Online-Wörterbuch (URL: https://www.duden.de/rechtschreibung/Datum).

233 *Bächle*, Digitales Wissen, Daten und Überwachung zur Einführung, Hamburg 2016, S. 121; *Albers*, in: GVwR, Bd. II, 2. Aufl., München 2012, § 22, Rn. 11.

234 *Hoffmann-Riem*, Innovation und Recht – Recht und Innovation, Tübingen 2016, S. 304; *Albers*, Informationelle Selbstbestimmung, Baden-Baden 2005, S. 89. Auch Zahlenwerte sind Zeichen, s. z.B. *Vesting*, in: GVwR, § 20, Rn. 14-17.

235 *Eco*, Zeichen. Einführung in einen Begriff und seine Geschichte, 17. Aufl., Frankfurt am Main 2016, S. 167.

236 *Eco*, Zeichen. Einführung in einen Begriff und seine Geschichte, 17. Aufl., Frankfurt am Main 2016, S. 167.

237 *Eco*, Zeichen. Einführung in einen Begriff und seine Geschichte, 17. Aufl., Frankfurt am Main 2016, S. 25 ff., 167, v.a. 185; *Bull*, Sinn und Unsinn des Datenschutzes, Tübingen 2015, S. 9 f.; *Marsch*, Das europäische Datenschutzgrundrecht, Tübingen 2018, S. 100; *Hoffmann-Riem*, Innovation und Recht – Recht und Innovation, Tübingen 2016, S. 304; *Albers*, Informationelle Selbstbestimmung, Baden-Baden 2005, S. 90.

238 Siehe zu unterschiedlichen Anknüpfungspunkten etwa *Floridi*, Information, A very short introduction, Oxford 2010, pp. 1 f., 20 (siehe dort insbes. die Grafik mit Bedeutungsübersicht); *Bächle*, Digitales Wissen, Daten und Überwachung

Kenntnis setzen.[239] Das, was eine Information also zu einer Information macht, ist die inhärente Neuigkeit.[240] In der Neuigkeit dessen, wovon Kenntnis erlangt wird, liegt auch die Gefahr, auf die das Datenschutzrecht reagiert und die seine Schutzrichtung bestimmt: Die Einzelne soll davor geschützt werden, dass andere von Angaben über ihre Person Kenntnis erlangen, ohne dass sie die Kenntnisnahme autorisiert hat und von der Kenntnisnahme weiß.[241]

Darüber hinaus sind Informationen nicht dinglich, also nicht perzeptibel.[242] Sie entstehen erst im Moment der Kenntnisnahme von den bis dahin nur potenziellen Informationsträgern, den Zeichen, durch den Empfänger.[243] Der Empfänger nimmt die Zeichen wahr und in dem Moment erschließt er aus den Zeichen einen Sinn.[244] Bedeutet der Sinn eine Verän-

---

zur Einführung, Hamburg 2016, S. 126 ff.; *Vesting*, in: GVwR, § 20, Rn. 18 ff.; *Vesting*, Zur Entwicklung einer „Informationsordnung", in: Peter Badura/Horst Dreier (Hrsg.), FS 50 Jahre Bundesverfassungsgericht, Bd. II, Tübingen 2001, S. 219; *Rüpke*, in: Giselher Rüpke/Kai v. Lewinski/Jens Eckhardt, Datenschutzrecht. Grundlagen und europarechtliche Neugestaltung, München 2018, § 3, Rn. 15 ff.

239 Siehe die Bedeutungsübersicht unter dem Stichwort „Information" im Duden Online-Wörterbuch (URL: https://www.duden.de/rechtschreibung/Information).

240 *Vesting*, in: GVwR, § 20, Rn. 18, 20; *Vesting*, Zur Entwicklung einer „Informationsordnung", in: Peter Badura/Horst Dreier (Hrsg.), FS 50 Jahre Bundesverfassungsgericht, Bd. II, Tübingen 2001, S. 220, 222; a.A. *Albers*, in: GVwR, Bd. II, 2. Aufl., München 2012, § 22, Rn. 12.

241 Vgl. *Eifert*, Autonomie und Sozialität, in: Christian Bumke/Anne Röthel (Hrsg.), Autonomie im Recht, Tübingen 2017, S. 379; *Rössler*, Der Wert des Privaten, Frankfurt am Main 2001, S. 201.

242 *Vesting*, in: GVwR, § 20, Rn. 20; *Vesting*, Zur Entwicklung einer „Informationsordnung", in: Peter Badura/Horst Dreier (Hrsg.), FS 50 Jahre Bundesverfassungsgericht, Bd. II, Tübingen 2001, S. 219.

243 *Vesting*, in: GVwR, § 20, Rn. 20; *Vesting*, Zur Entwicklung einer „Informationsordnung", in: Peter Badura/Horst Dreier (Hrsg.), FS 50 Jahre Bundesverfassungsgericht, Bd. II, Tübingen 2001, S. 221; *Rüpke*, in: Giselher Rüpke/Kai v. Lewinski/Jens Eckhardt, Datenschutzrecht. Grundlagen und europarechtliche Neugestaltung, München 2018, § 3, Rn. 29; *Albers*, in: GVwR, Bd. II, 2. Aufl., München 2012, § 22, Rn. 12. – In demselben Moment vergehen sie auch wieder, weil die sie ausmachende Neuigkeit verloren geht. Sie sind „Zerfallsprodukt einer Kommunikation", s. *Vesting*, Zur Entwicklung einer „Informationsordnung", in: Peter Badura/Horst Dreier (Hrsg.), FS 50 Jahre Bundesverfassungsgericht, Bd. II, Tübingen 2001, S. 221.

244 *Rüpke*, in: Giselher Rüpke/Kai v. Lewinski/Jens Eckhardt, Datenschutzrecht. Grundlagen und europarechtliche Neugestaltung, München 2018, § 3, Rn. 29; *Bull*, Sinn und Unsinn des Datenschutzes, Tübingen 2015, S. 9.

derung seines Wissensstandes, dann entsteht in diesem Moment eine Information.[245] Mit dem Datenschutzrecht korrespondiert daher ein *differenztheoretischer Informationsbegriff*.[246] Die Kenntnisnahme von Daten stellt einen ersten Unterschied dar, der im Falle der Neuigkeit des aus den Daten erschlossenen Sinngehalts einen Unterschied im Wissenstand des Kenntnisnehmenden bedingt und damit eine Information darstellt. Mit *Gregory Bateson* soll unter einer Information darum ein Unterschied verstanden werden, der einen Unterschied macht.[247] Das Datenschutzrecht soll vor der einer Information inhärenten Veränderung des Wissensstands über eine Person schützen. Zumal der Wissensstand nicht offensichtlich ist, ist das gewählte Mittel zum Schutz die Regulierung der Kenntnisnahme von potenziellen Informationsträgern.

b) Zur Neutralität von Daten und Datenverarbeitung

Die mathematische Methodik und die scheinbare Faktizität von Daten suggerieren, bei der Datenverarbeitung handele es sich um einen neutralen Vorgang. Diese Neutralität ist jedoch eine Suggestion. Vielmehr ist der gesamte Datenverarbeitungsprozess durch Vorannahmen und Perspektiven geprägt.

aa) Eingabewerte

Schon die Eingabewerte, die Daten, sind nicht neutral. Daten sind wie oben gesehen Zeichen, sie bezeichnen etwas. Bereits darin kommt eine bestimmte Perspektive des Bezeichnenden zum Ausdruck, denn dieser bestimmt, was bezeichnet wird und was nicht.[248] Was keine Bezeichnung

---

245 *Vesting*, in: GVwR, § 20, Rn. 20, insbes. Fn. 44.

246 Begriff übernommen von *Vesting*, in: GVwR, § 20, Rn. 18; ebenso *Albers*, Informationelle Selbstbestimmung, Baden-Baden 2005, S. 90 f.

247 *Bateson*, Ökologie des Geistes, Frankfurt am Main 1981, S. 488, zit. n. *Vesting*, in: GVwR, § 20, Rn. 18.

248 Vgl. *Bächle*, Digitales Wissen, Daten und Überwachung zur Einführung, Hamburg 2016, S. 122; auch *Eco*, Zeichen. Einführung in einen Begriff, 17. Aufl., Frankfurt am Main 2016, S. 167 ff., 170 (Kode); *Reichert*, Facebooks Big Data, in: Ramón Reichert (Hrsg.), Big-Data. Analysen zum digitalen Wandel von Wissen, Macht und Ökonomie, Bielefeld 2014, S. 447. Gleiches gilt für Computersyste-

hat, kann (gesellschaftlich) auch nicht existieren.[249] Kommunikation ist gesellschaftliche Konstruktion von Realität[250] und Kommunikation findet statt durch den Austausch von Zeichen, die durch die Informationssubjekte Bedeutung erhalten.[251] Bis vor wenigen Jahren sind Gesellschaft und Recht beispielsweise davon ausgegangen, die Dichotomie von Mann und Frau sei objektiv und die Bezeichnung eines Geschlechtes könne darum nur „männlich" oder „weiblich" lauten. Jede Datenerhebung fand deswegen in diesen Kategorien statt. In diesem Punkt hat das Recht dazugelernt,[252] aber es wäre verfehlt anzunehmen, die nun praktizierte Einteilung „m/w/d" sei neutral oder objektiv. Auch eine Erhebung über die Anzahl der blauen Häuser in einer Stadt wirkt im ersten Moment objektiv. Doch um zu bestimmen, welche Häuser „blau" sind, muss der Farbe „Blau" im Farbspektrum zunächst ein Farbwert zugewiesen werden und es muss bestimmt werden, wie sich dieser Wert von anderen Farbwerten abgrenzt.[253] Die Bestimmung dessen, was blau ist, ist demnach ein kultureller Prozess, der eine Entscheidung verlangt. Weitere Produkte gesellschaftlicher Zuschreibung mit großer sozialer Relevanz sind die Begriffe Behinderung oder Wahnsinn.[254] Die Bezeichnungen suggerieren einen kategorischen Unterschied zwischen Menschen, obwohl die Zuschreibung auf einer willkürlichen Fassung bestimmter teils gradueller Unterschiede zwischen Individuen unter die Bezeichnungen basiert. Schließlich ist die Konnotation der Bezeichnungen zu beachten. Das Wissen eines Menschen geht weit über das hinaus, was er verbalisieren kann.[255] Jeder Begriff ist mit „implizi-

---

me, die nur bestimmte Eingaben „verstehen", vgl. *Simitis*, 135 U. Pa. L. Rev. (1987), 707 (723 Fn. 76).

249 *Agamben*, Homo sacer. Die souveräne Macht und das nackte Leben, Frankfurt am Main 2002, S. 31: „Die Sprache ist der Souverän, der in einem permanenten Ausnahmezustand erklärt, daß [sic!] es kein Außerhalb der Sprache gibt, daß [sic!] Sprache stets jenseits ihrer selbst ist."

250 *Hoffmann-Riem*, Der Staat 42 (2003), 193 (203).

251 Vgl. *Bull*, Sinn und Unsinn des Datenschutzes, Tübingen 2015, S. 10; *Eco*, Zeichen. Einführung in einen Begriff, 17. Aufl., Frankfurt am Main 2016, S. 167.

252 Vgl. BVerfGE 147, 1.

253 Vgl. *Bächle*, Digitales Wissen, Daten und Überwachung zur Einführung, Hamburg 2016, S. 125.

254 Vgl. *Foucault*, Wahnsinn und Gesellschaft, 21. Aufl., Frankfurt am Main 2015; instruktiv auch *Goffman*, Stigma, 24. Aufl., Frankfurt am Main 2018.

255 Vgl. *Tischbirek*, Wissen als Diskriminierungsfrage, in: Laura Münkler (Hrsg.), Dimensionen des Wissens im Recht, Tübingen 2019, S. 72.

tem Wissen“[256] verknüpft, das bei seiner Nennung mitgedacht wird. Wenn beispielsweise eine Erhebung über die Anzahl der in Deutschland tätigen Managerinnen stattfinden soll, werden die Wenigsten darunter eine Erhebung über die Gesamtzahl der Managerinnen und Manager verstehen, während bei einer Erhebung über die Anzahl der Manager alle Managerinnen unproblematisch „mitgemeint“ sind. Daten sind im Ergebnis „stets epistemische Konstrukte, die in überindividuell, kulturell und sozial hergestellten und dadurch sehr wirkmächtigen Klassifikationssystemen erstellt werden.“[257] Darum gilt: „>Rohdaten< ist ein Oxymoron.“[258]

bb) Technik

Auch die zur Datenverarbeitung eingesetzte Technik ist nicht neutral, sondern geprägt durch den sozialen Kontext und die Vorstellungen ihrer Entwicklerinnen.[259] Sie ist das Produkt sozialer Gestaltung.[260] Dies zeigt sich insbesondere an lernenden Systemen (z.B. *deep learning*). Diese Systeme erwerben ihre Methodik und gegebenenfalls Entscheidungsmuster beispielsweise aus Datenmaterial vorangegangener menschlicher Entscheidungen

---

256 S. zum Begriff *Tischbirek*, Wissen als Diskriminierungsfrage, in: Laura Münkler (Hrsg.), Dimensionen des Wissens im Recht, Tübingen 2019, S. 72 m. Hinweis auf *Polanyi*, Implizites Wissen, Frankfurt 1985.

257 *Bächle*, Digitales Wissen, Daten und Überwachung zur Einführung, Hamburg 2016, S. 111; vgl. auch *Broemel/Trute*, Berliner Debatte Initial 27 (2016), 50 (51); *Trute*, Rechtliche Herausforderungen der Digitalisierung, in: Bär, Christian/Grädler, Thomas/Mayr, Robert (Hrsg.), Digitalisierung im Spannungsfeld von Politik, Wirtschaft, Wissenschaft und Recht, Bd. 2, Berlin 2018, S. 315, 322.

258 *Bowker*, Memory Practices in the Sciences, Cambridge 2005 zit. n. *Bächle*, Digitales Wissen, Daten und Überwachung zur Einführung, Hamburg 2016, S. 120; dennoch findet der Begriff Anwendung, s. *Boehme-Neßler*, UFITA 2015, 19 (32).

259 Vgl. *Martini*, Blackbox Algorithmus, Berlin 2019, S. 47 ff.; *Hoffmann-Riem*, AöR 142 (2017), 1 (29); *Dwork/Mulligan*, 66 Stan. L. Rev. (2013), 35 (35); *Mayer-Schönberger*, APuZ 11-12/2015, 14 (15); *Trute*, Rechtliche Herausforderungen der Digitalisierung, in: Bär, Christian/Grädler, Thomas/Mayr, Robert (Hrsg.), Digitalisierung im Spannungsfeld von Politik, Wirtschaft, Wissenschaft und Recht, Bd. 2, Berlin 2018, S. 322; vgl. auch den Beitrag *Lobo*, Daten, die das Leben kosten, in: Frank Schirrmacher (Hrsg.), Technologischer Totalitarismus. Eine Debatte, Frankfurt am Main 2015, S. 107 ff., insbes. S. 110 f.; *Bauman/Lyon*, Daten, Drohnen, Disziplin, 3. Aufl., Frankfurt am Main 2014, S. 120 f.

260 *Hoffmann-Riem*, AöR 142 (2017), 1 (29); *Wischmeyer*, AöR 143 (2018), 1 (20 f.).

und Denkprozesse.[261] Dadurch übernehmen sie die menschlichen Vorurteile und Denkweisen und ihnen ist ein Diskriminierungsrisiko immanent.[262] Als Beispiel lässt sich eine Künstliche Intelligenz (KI) anführen, die zukünftig Einstellungsentscheidungen für eine Firma treffen soll. Um diese Entscheidungen treffen zu können, lernt die Künstliche Intelligenz die vorangegangenen Entscheidungen, um die Parameter zu filtern, die für die Entscheidungen ausschlaggebend waren. Wurden zuvor überwiegend männliche Kandidaten eingestellt, übernimmt die KI dieses Muster. Wurden zuvor überwiegend Westeuropäer eingestellt, übernimmt die KI dieses Muster und zwar unabhängig davon, ob die vorangegangenen Entscheidungen bewusst an diese Kriterien geknüpft wurden.[263] Dadurch perpetuiert die KI subjektive Weltsichten und Vorurteile zu manifesten Sozialstrukturen, während die Suggestion der neutralen und rationalen Technik diese Wirkung verdeckt.

cc) Interpretationsleistung

Schließlich ist die Wahrnehmung von Daten nicht neutral. Jede Wahrnehmung von Zeichen bedeutet die Zuordnung eines Sinngehalts nach Maßgabe des eigenen Sinnhorizonts. Auf diese Weise werden aus Daten Informationen als Veränderungen des Wissensstands einer Person (s. oben a)). Die Zuordnung eines Sinngehalts ist eine Interpretationsleistung, bei der das Weltbild des Rezipienten den Sinngehalt mitbestimmt.[264] Auch die Wahrnehmung von Daten ist damit ein subjektiver Vorgang. Es gilt schließlich: Wissen ist nicht neutral, sondern wird von Macht hervorgebracht und gestaltet Machtbeziehungen.[265]

---

261 S. etwa *Wischmeyer*, AöR 143 (2018), 1 (3, 10 ff.); *Martini*, Blackbox Algorithmus, Berlin 2019, S. 47 f.

262 S. etwa *Martini*, Blackbox Algorithmus, Berlin 2019, S. 47 ff.; *Wischmeyer*, AöR 143 (2018), 1 (26 ff.); vgl. auch *Dreyer*, Predictive Analytics aus der Perspektive der Menschenwürde und Autonomie, in: Wolfgang Hoffmann-Riem (Hrsg.), Big Data – Regulative Herausforderungen, Baden-Baden 2018, S. 135, 138 f.

263 Zu diesem Beispiel vgl. *Wolfangel*, Die Macht der Algorithmen, Aufbrüche. Das Bildungsmagazin 1/2018, S. 8; vgl. auch *Martini*, Blackbox Algorithmus, Berlin 2019, S. 51 mit einem ähnlich gelagerten Fall.

264 *Albers*, Informationelle Selbstbestimmung, Baden-Baden 2005, S. 92.

265 *Foucault*, Überwachen und Strafen. Die Geburt des Gefängnisses, 19. Aufl., Frankfurt am Main 2014, S. 25; vgl. auch *Gnägi*, Ancilla Iuris 2018, 1 (3) unter Bezugnahme auf *Foucault*; vgl. auch *Nassehi*, Kursbuch 177 (2014), 27 (38);

2. Datenschutz

Auch der Begriff Datenschutz ist unklar und seine Deutung und Verwendung unterschiedlich.[266] Insbesondere wird verschieden beurteilt, *was* geschützt wird. Es gilt darum, zumindest für den eigenen Diskursbeitrag festzustellen, welches Begriffsverständnis der eigenen Arbeit zugrunde liegt.

Zunächst ist da die Suggestion, die im Begriff selbst angelegt ist, es ginge beim Datenschutz tatsächlich um den Schutz von Daten.[267] Dass Datenschutz kein Selbstzweck ist, mag denjenigen, die sich mit dem Begriff auseinandersetzen, zwar präsent sein, nicht jeder Diskurs wird aber begriffskritisch geführt.[268] Das europäische Grundrecht auf den Schutz personenbezogener Daten (Art. 8 GRC, Art. 16 Abs. 1 AEUV) verstärkt dies im Begriff angelegte Missverständnis (s. auch B.I.1.).[269] Darum ist festzuhalten: Datenschutz ist kein Selbstzweck. Datenschutz ist Mittel zum Zweck.[270]

Weiter ist aber unklar, welchem Zweck Datenschutz dient. Die Angebote an Schutzgütern sind vielfältig.[271] Die Schutzzwecknormierungen in den deutschen und europäischen Legislativakten sind uneinheitlich und uneindeutig (ausführlich dazu s. B.I.). Sie reichen von der informationel-

---

Zuboff, Die neuen Massenausforschungswaffen, in: Frank Schirrmacher (Hrsg.), Technologischer Totalitarismus. Eine Debatte, Frankfurt am Main 2015, S. 46.

266 Vgl. nur *Lewinski*, Die Matrix des Datenschutzes, Tübingen 2014, S. 1, 3, der die Unschärfe des Begriffs zum Anlass seiner Monographie nimmt.

267 Zur missverständlichen Begriffsprägung s. bereits oben A.II.4. und Simitis/*Simitis*, BDSG, Einl. Rn. 3 f.; *Lewinski*, Die Matrix des Datenschutzes, Tübingen 2014, S. 3 f.; Simitis/Hornung/Spiecker gen. Döhmann/*dies.*, Datenschutzrecht, Einl. Rn. 2 ff.

268 Vgl. *Bull*, Informationelle Selbstbestimmung – Vision oder Illusion?, 2. Aufl., Tübingen 2011, S. 3. So geht z.B. *Golland*, Datenverarbeitung in sozialen Netzwerken, Frankfurt am Main 2018, S. 48 *expressis verbis* davon aus, Datenschutz sei ein Selbstzweck: „Regelungsobjekt und Schutzgut des Datenschutzes sind personenbezogene Daten."

269 Vgl. dazu *Rouvroy/Poullet*, The Right to Informational Self-Determination and the Value of Self-Development: Reassessing the Importance of Privacy for Democracy, in: Serge Gutwirth et al. (eds.), Reinventing Data Protection?, Dordrecht 2009, p. 50.

270 *Rouvroy/Poullet*, The Right to Informational Self-Determination and the Value of Self-Development: Reassessing the Importance of Privacy for Democracy, in: Serge Gutwirth et al. (eds.), Reinventing Data Protection?, Dordrecht 2009, p. 50.

271 *Veil*, NVwZ 2018, 686 (690) formuliert darum treffend: „Das Schutzgut ist eines der großen Mysterien des Datenschutzrechts."

len Selbstbestimmung (so etwa § 1 LDSG SH[272]), der Privatsphäre (z.B. Art. 1 Abs. 1 ePrivacyRL[273]), dem Persönlichkeitsrecht (so etwa § 1 Abs. 1 DSG LSA[274]), den Grundrechten und Grundfreiheiten natürlicher Personen, insbesondere deren Recht auf Schutz personenbezogener Daten (Art. 1 Abs. 2 DSGVO) hin zum freien Warenverkehr (Art. 1 Abs. 3 DSGVO). In der Rechtswissenschaft hat das Volkszählungsurteil des BVerfGs zu einer Engführung der Perspektive auf das Grundrecht auf informationelle Selbstbestimmung geführt (s. A.II.6.), sodass dieses überwiegend als das zentrale Schutzgut des Datenschutzrechts angesehen wird.[275] In Literatur und Rechtsprechung finden daneben die oben genannten und darüber hinaus die Autonomie, die Menschenwürde und vereinzelt die Demokratie[276] Erwähnung.[277] Hier wird zu zeigen sein, dass Datenschutz dem Schutz all dieser Individualrechtsgüter und darüber hinaus dem Erhalt der demokratischen Gesellschaft dient (s. B.II.-IV.). Der Schutz der informationellen Selbstbestimmung, der Privatheit und des Allgemeinen Persönlichkeitsrechts sind aber wiederum nur Mittel zum Zweck des Schutzes der Autonomie des Individuums, von der die demokratische Gesellschaft lebt. Datenschutz soll hier darum als Recht zum Schutze der Autonomie des Individuums und zum Schutze der Demokratie verstanden werden.

---

272 Schleswig-Holsteinisches Gesetz zum Schutz personenbezogener Daten (Landesdatenschutzgesetz - LDSG).

273 Richtlinie 2002/58/EG des Europäischen Parlaments und des Rates vom 12. Juli 2002 über die Verarbeitung personenbezogener Daten und den Schutz der Privatsphäre in der elektronischen Kommunikation (Datenschutzrichtlinie für elektronische Kommunikation), ABl. 2002 L 201/37 i.d.F. der Richtlinie 2009/136/EG des Europäischen Parlaments und des Rates vom 25. November 2009 zur Änderung der Richtlinie 2002/22/EG über den Universaldienst und Nutzerrechte bei elektronischen Kommunikationsnetzen und -diensten, der Richtlinie 2002/58/EG über die Verarbeitung personenbezogener Daten und den Schutz der Privatsphäre in der elektronischen Kommunikation und der Verordnung (EG) Nr. 2006/2004 über die Zusammenarbeit im Verbraucherschutz, ABl. 2009 L 337/11.

274 Gesetz zum Schutz personenbezogener Daten der Bürger (Datenschutzgesetz Sachsen-Anhalt - DSG LSA).

275 Vgl. auch *Bull*, Informationelle Selbstbestimmung – Vision oder Illusion?, 2. Aufl., Tübingen 2011, S. 3.

276 S. die Nachweise unter A.I.

277 Eine Übersicht findet sich etwa bei *Lewinski*, Die Matrix des Datenschutzes, Tübingen 2014, S. 17-63.

B. Demokratietheoretische Grundlegung des Datenschutzrechts

> *„Most scholars emphasize the individual is better off if privacy exists. I maintain that the society is better off as well when privacy exists. I maintain that privacy serves not just individual interests but also common, public and collective purposes."*
> *(Priscilla M. Regan)*[278]

Datenschutzrecht lässt sich nicht nur individualistisch, sondern auch demokratietheoretisch begründen. Anders gewendet: Datenschutz(recht) dient nicht nur dem Schutz individueller Interessen, sondern darüber hinaus – auch – dem Schutz der Demokratie. Dieser Zusammenhang soll im Folgenden aufgezeigt werden. Zunächst werden dafür die Schutzgüter des Datenschutzrechts *de lege lata* identifiziert, um dann den Zusammenhang dieser Schutzgüter mit der Demokratie herauszuarbeiten. So sind die primären Schutzgüter des überkommenen Datenschutzrechts, die informationelle Selbstbestimmung, die freie Persönlichkeitsentwicklung und -entfaltung sowie die Privatsphäre der Einzelnen, „sozio-strukturelle Imperative"[279] der Demokratie. Datenschutzrecht wird dadurch zu einer wesentlichen Funktionsbedingung der Demokratie. Dieser Teil bildet den Schwerpunkt der folgenden Betrachtung. Daraufhin wird die Funktion des Datenschutzrechts als Schutz vor der Abschreckung von politischer Partizipation betrachtet. Das Kapitel schließt mit einer Retrospektive auf das Datenschutzrecht als Institut zur Sicherung der Gewaltenteilung.

---

278 *Regan*, Legislating Privacy, Technology, Social Values and Public Policy, New York 1995, p. 321, hier zitiert nach *Rouvroy/Poullet*, The Right to Informational Self-Determination and the Value of Self-Development: Reassessing the Importance of Privacy for Democracy, in: Serge Gutwirth et al. (eds.), Reinventing Data Protection?, Dordrecht 2009, p. 60.

279 Rouvroy/Poullet, The Right to Informational Self-Determination and the Value of Self-Development: Reassessing the Importance of Privacy for Democracy, in: Serge Gutwirth et al. (eds.), Reinventing Data Protection?, Dordrecht 2009, pp. 55, 57.

I. Schutzgüter des Datenschutzrechts *de lege lata*

Das geltende deutsche und europäische Datenschutzrecht ist durch eine Vielzahl von Rahmen- und Spezialgesetzen beschwert.[280] Daneben ist es grundrechtlich determiniert. Zuletzt hat das Inkrafttreten der Europäischen Datenschutzgrundverordnung (DSGVO)[281] die Strukturen etwas geordnet und harmonisiert. Als EU-Sekundärrecht in Form einer Verordnung ist sie nun gemäß Art. 288 Abs. 2 AEUV in allen Mitgliedstaaten unmittelbar geltendes Recht und geht den nationalen Rechtsakten vor.[282] Diese Darstellung folgt dem Rangverhältnis zwischen EU-Recht und nationalem Recht und beginnt mit dem EU-Recht. Dabei wird zwischen expliziten, d.h. ausdrücklich benannten, und impliziten, i.e. durch Auslegung ermittelbaren, Schutzgütern unterschieden.

1. Recht der Europäischen Union

Seit ihrem Inkrafttreten am 25.5.2018 (s. Art. 99 Abs. 2 DSGVO) ist die Europäische Datenschutzgrundverordnung das zentrale Regulierungsinstrument im Datenschutzrecht der Europäischen Union. Daneben gelten einige sekundäre Rechtsakte mit datenschutzrechtlichem Bezug fort, allen voran die ePrivacy-Richtlinie.[283] Bezüglich der Schutzgüter des EU-Daten-

---

280 Siehe schon *Zimmermann*, Iurratio 2017, 53 (53); kritisch auch *Bull*, Informationelle Selbstbestimmung – Vision oder Illusion?, 2. Aufl., Tübingen 2011, S. 48; ebenfalls kritisch *Lewinski*, Zur Geschichte von Privatsphäre und Datenschutz – eine rechtshistorische Perspektive, in: Jan-Hinrik Schmidt/Thilo Weichert (Hrsg.), Datenschutz. Grundlagen, Entwicklungen und Kontroversen, Bonn 2012, S. 29 f.; vgl. auch *Hornung*, Erosion traditioneller Prinzipien des Datenschutzrechts durch Big Data, in: Wolfgang Hoffmann-Riem (Hrsg.), *Big Data* – Regulative Herausforderungen, S. 82; *Golland*, Datenverarbeitung in sozialen Netzwerken, Frankfurt am Main 2018, S. 35 f.

281 Verordnung (EU) 2016/679 des Europäischen Parlaments und des Rates vom 27. April 2016 zum Schutz natürlicher Personen bei der Verarbeitung personenbezogener Daten, zum freien Datenverkehr und zur Aufhebung der Richtlinie 95/46/EG, ABl. 2016 L 119/1, ber. ABl. 2016 L 314/72 u. ABl. 2018 L 127/2.

282 Zum Anwendungsvorrang des EU-Rechts s. Calliess/Ruffert/*Ruffert*, AEUV Art. 1 Rn. 16; speziell zu Verordnungen s. *ders.*, ebd., Art. 288, Rn. 20.

283 Richtlinie 2002/58/EG des Europäischen Parlaments und des Rates vom 12. Juli 2002 über die Verarbeitung personenbezogener Daten und den Schutz der Privatsphäre in der elektronischen Kommunikation (Datenschutzrichtlinie für elektronische Kommunikation), ABl. 2002 L 201/37 i.d.F. der Richtlinie 2009/136/EG des Europäischen Parlaments und des Rates vom 25. November

schutzrechts haben diese Rechtsakte aber keine eigenständige Bedeutung, sodass sie hier nicht gesondert dargestellt werden müssen.[284] Das gilt auch für die geplante ePrivacyVO[285].[286]

Gemäß Art. 1 Abs. 1 DSGVO dient die Datenschutzgrundverordnung dem *Schutz natürlicher Personen* bei der Verarbeitung personenbezogener Daten und *regelt* den freien Verkehr solcher Daten.[287] Die DSGVO dient damit sowohl dem Schutz individueller Interessen als auch dem Schutz zumindest eines kollektiven Interesses.

a) Der Schutz natürlicher Personen

In Art. 1 Abs. 2 DSGVO werden die Grundrechte und Grundfreiheiten und – insbesondere – das Grundrecht auf den Schutz personenbezogener Daten als konkrete individuelle Schutzgüter identifiziert. Die offene Formulierung und der generelle Hinweis auf die Grundrechte und Grundfreiheiten deutet darauf hin, dass die DSGVO nicht nur im Lichte eines einzelnen Grundrechts gelesen werden soll, wie es etwa für das BDSG a.F.

2009 zur Änderung der Richtlinie 2002/22/EG über den Universaldienst und Nutzerrechte bei elektronischen Kommunikationsnetzen und -diensten, der Richtlinie 2002/58/EG über die Verarbeitung personenbezogener Daten und den Schutz der Privatsphäre in der elektronischen Kommunikation und der Verordnung (EG) Nr. 2006/2004 über die Zusammenarbeit im Verbraucherschutz, ABl. 2009 L 337/11.

284 Die ePrivacy-Richtlinie ist, als Detaillierung und Ergänzung der Datenschutzrichtlinie (RL 95/46/EG, s.u.), konzentriert auf den Schutz der Privatsphäre, siehe Art. 1 Abs. 1 u. 2 ePrivacy-Richtlinie. Weil die Ziele der DSRL und damit auch die Privatsphäre aber im Rahmen der DSGVO weiterhin Geltung haben (vgl. ErwG 9 S. 1 DSGVO), erübrigt sich eine zusätzliche Darstellung der ePrivacy-Richtlinie.

285 Europäische Kommission, Vorschlag für eine Verordnung des Europäischen Parlaments und des Rates über die Achtung des Privatlebens und den Schutz personenbezogener Daten in der elektronischen Kommunikation und zur Aufhebung der Richtlinie2002/58/EG (Verordnung über Privatsphäre und elektronische Kommunikation), Brüssel, den 10.1.2017, COM(2017), 10 final.

286 Die ePrivacyVO ist als Ergänzung und Präzisierung der DSGVO im Bereich der elektronischen Kommunikation anvisiert, siehe Art. 1 Abs. 3 ePrivacyVO-E. Auch hier liegt der Schwerpunkt auf dem Schutz der Privatsphäre, Art. 1 Abs. 1 u. 2 u. insbes. ErwG 1 u. 2. ePrivacyVO-E.

287 Nicht etwa dem *Schutz personenbezogener Daten*, so aber Simitis/Hornung/Spiecker/*Hornung/Spiecker gen. Döhmann*, DSGVO Art. 1 Rn. 3.

lange der Fall war,[288] sondern das Datenschutzrecht Bedeutung für die Verwirklichung verschiedener Grundrechte und Grundfreiheiten hat.[289] Herausgehoben ist aber *expressis verbis* das Datenschutzgrundrecht. ErwG 1 S. 2 DSGVO stellt klar, dass es dabei um die in Art. 8 GRC und Art. 16 Abs. 1 AEUV normierten Grundrechte geht.[290] Art. 16 Abs. 1 AEUV eröffnet neben Art. 8 GRC keinen erweiterten Gewährleistungsbereich.[291] Deswegen können sie in der folgenden Darstellung gemeinsam behandelt werden. Beide Normen sind Teil des EU-Primärrechts, wie Art. 6 Abs. 1 Uabs. 1 HS 2 EUV unmissverständlich klarstellt.

Gemäß ErwG 9 S. 1 DSGVO besitzen außerdem die Ziele der EG-Datenschutzrichtlinie[292] (im Folgenden: DSRL) nach wie vor Gültigkeit. Art. 1 Abs. 1 DSRL war ebenfalls offen formuliert und identifizierte den Schutz der Grundrechte und Grundfreiheiten als Zweck des Datenschutzes, hob allerdings den Schutz der Privatsphäre als zentrales Schutzgut hervor. Damit referierte die Norm auf Art. 8 EMRK und die allgemeinen Grundsätze des Gemeinschaftsrechts, wie aus ErwG 10 DSRL ersichtlich ist. Seit Inkrafttreten der GRC ist das Privatleben außerdem gesondert in Art. 7 GRC geschützt. Nach dieser historisch orientierten Lesart haben diese beiden Normen ebenfalls eine besondere Stellung in der DSGVO, in der die Privatsphäre allerdings nicht speziell erwähnt ist.[293] Die Grundrechte der EMRK sind gemäß Art. 6 Abs. 3 EUV als allgemeine Grundsätze Teil des

---

288 S. oben A.II.7.

289 Simitis/Hornung/Spiecker/*Hornung/Spiecker gen. Döhmann*, DSGVO Art. 1 Rn. 36, 40; *Marsch*, Das europäische Datenschutzgrundrecht, Tübingen 2018, S. 92: aufgrund von Einschüchterungseffekten seien alle Verhaltensfreiheiten betroffen.

290 Zum Teil wird die Grundrechtsqualität des Art. 16 Abs. 1 AEUV in Frage gestellt. Es handele sich vielmehr um eine „zwar grundrechtsartig formulierte, gleichwohl aber **objektiv-rechtliche Querschnittsverpflichtung** der Unionsorgane auf den Datenschutz", siehe Streinz/*Schröder*, AEUV Art. 16 Rn. 6 (Hervorhebung im Original). Gegen diese Auffassung spricht, dass die Vorgängernorm, Art. 286 EGV, nicht als individuelles Recht formuliert war und die neue Formulierung damit eine bewusste Neuerung darstellt. Für die hiesige Argumentation ist dieser aber Diskurs ohne Belang.

291 Calliess/Ruffert/*Kingreen*, AEUV Art. 16 Rn. 3; *Marsch*, Das europäische Datenschutzgrundrecht, Tübingen 2018, S. 63 ff., insbes. 70; a.A. Streinz/*Schröder*, AEUV Art. 16 Rn. 5.

292 Richtlinie 95/46/EG des Europäischen Parlaments und des Rates vom 24. Oktober 1995 zum Schutz natürlicher Personen bei der Verarbeitung personenbezogener Daten und zum freien Datenverkehr, ABl. Nr. L 281/31.

293 Simitis/Hornung/Spiecker/*Hornung/Spiecker gen. Döhmann*, DSGVO Art. 1 Rn. 3.

EU-Rechts.[294] Für das Verständnis der Schutzgüter ist von Bedeutung, dass ausschließlich die englische und die französische Fassung der Konvention rechtlich verbindlich sind.[295]

(1) Datenschutzgrundrecht

Das Datenschutzgrundrecht aus Art. 8 GRC und Art. 16 Abs. 1 AEUV garantiert für jede Person den Schutz der sie betreffenden personenbezogenen Daten. Der Wortlaut der Artikel legt den Schluss nahe, die personenbezogenen Daten selbst seien (als spezielle Ausprägung der Privatsphäre) das Schutzgut des Grundrechts.[296] Eine andere Lesart identifiziert das Schutzgut in der informationellen Selbstbestimmung des Einzelnen.[297]

Der ersten Ansicht ist insoweit beizupflichten, als dass das EU-Recht autonom auszulegen ist[298] und nicht schlicht Konstruktionen des deutschen Rechts in die EU-Grundrechte hineingelesen werden dürfen.[299] Die erste Ansicht führt inhaltlich aber zu der Konsequenz, dass der Schutz der privaten Daten zum Selbstzweck verkommt. Datenschutz ist jedoch niemals ein

---

294 Sie werden vom EuGH zwar nur als Rechtserkenntnisquelle (nicht Rechtsquelle) betrachtet, allerdings gleichzeitig als verbindlicher Mindeststandard, s. Streinz/*Streinz*, EUV Art. 6 Rn. 25.

295 Art. 8 Abs. 1 EMRK schützt demnach das individuelle Recht „to respect for his private and family life“ bzw. „au respect de sa vie privée et familiale“.

296 Für diese Lesart *Grabenwarter/Pabel*, EMRK, § 22, Rn. 10 und 11; *Jarass*, GRC, Art. 8, Rn. 5; Streinz/*Streinz*, GRC Art. 8 Rn. 7; Calliess/Ruffert/*Kingreen*, GRC Art. 8 Rn. 9, letztere aber mit dem Hinweis, dass das geschützte Verhalten die „Herrschaft“ über die Daten sei. Kritisch zum Wortlaut der Artikel *Rouvroy/Poullet*, The Right to Informational Self-Determination and the Value of Self-Development: Reassessing the Importance of Privacy for Democracy, in: Serge Gutwirth et al. (eds.), Reinventing Data Protection?, Dordrecht 2009, p. 50.

297 Simitis/Hornung/Spiecker/*Klement*, Datenschutzrecht, DSGVO Art. 7 Rn. 19; *Bernsdorff*, in: Meyer, GRC, Art. 8, Rn. 13; Groeben/Schwarze/*Augsberg*, GRC Art. 8 Rn. 6; BeckOK InfoMedienR/*Gersdorf*, EU-GRCharta Art. 8 Rn. 4; wohl auch *Drackert*, Die Risiken der Verarbeitung personenbezogener Daten, Berlin 2014, S. 98 f.; a.A. *Grabenwarter/Pabel*, EMRK, § 22, Rn. 10 und 11, die im Recht auf informationelle Selbstbestimmung ein unabhängiges und eigenständiges Grundrecht sehen. Die informationelle Selbstbestimmung sei demnach: Schutz der Autonomie des Einzelnen bei der Entfaltung seiner Persönlichkeit in unterschiedlichen sozialen Zusammenhängen in der Informationsgesellschaft.

298 Vgl. *Herdegen*, Europarecht, 20. Aufl., München 2018, § 8, Rn. 84.

299 Vgl. *Marsch*, Das europäische Datenschutzgrundrecht, Tübingen 2018, S. 81.

Selbstzweck, denn Daten sind als bloße Objekte für sich genommen nicht schutzwürdig.[300]

Die Erläuterungen zur Charta der Grundrechte verweisen auf Art. 8 EMRK.[301] Zudem wandte der EuGH in datenschutzrechtlich relevanten Entscheidungen bisher grundsätzlich die Art. 7 und 8 GRC parallel an.[302] Diese Referenzen machen jedenfalls deutlich, dass das Datenschutzgrundrecht in engem Zusammenhang mit dem Recht auf Achtung des Privatlebens steht.[303] Den obigen Disput vermögen sie aber nicht aufzulösen, weil das Privatleben in Art. 8 EMRK und Art. 7 GRC weit ausgelegt wird und auch die Selbstbestimmung des Individuums schützt.[304] Also muss die Referenz auf das Privatleben nicht bedeuten, dass ein „status quo privater Daten"[305] geschützt wird. Denkbar ist aber eine Auslegung des Datenschutzgrundrechts als ein Recht auf informationelle Privatheit, vergleichbar dem Konzept der *„informational privacy"* in anderen Rechtsordnungen. Auch diese Lesart würde aber auf ein Recht auf Zugangskontrolle zu den personenbezogenen Daten hinauslaufen und wäre damit ein Recht auf informationelle Selbstbestimmung.[306] Die besseren Argumente sprechen darum für die Interpretation des Datenschutzgrundrechts als informationelles Selbstbestimmungsrecht. Als ein solches beinhaltet es das Recht, umfassend selbst zu bestimmen, welche personenbezogenen Daten wann und von wem erhoben, gespeichert oder verarbeitet werden.[307]

Darüber hinaus verdient der Vorschlag von *Nikolaus Marsch* Beachtung, Art. 8 GRC als mehrdimensionales Grundrecht zu begreifen, dessen Kern

---

300 S. oben A.VI.2.; vgl. auch *Marsch*, Das europäische Datenschutzgrundrecht, Tübingen 2018, S. 87; *Nettesheim*, EnzEuR, § 9 Privatleben und Privatsphäre, Rn. 61.

301 Erläuterungen zur Charta der Grundrechte, ABl. 2007, C 303/21.

302 Streinz/*Streinz*, GRC Art. 8 Rn. 7 mit umfangreichen Nachweisen; siehe außerdem Paal/Pauly/*Ernst*, DSGVO, Art. 1, Rn. 6; Simitis/Hornung/Spiecker gen. Döhmann/*dies.*, Datenschutzrecht, Einl. Rn. 167.

303 Dazu mit Blick auf die Entstehungsgeschichte *Marsch*, Das europäische Datenschutzgrundrecht, Tübingen 2018, S. 73.

304 KK-StPO/*Lohse/Jakobs*, MRK Art. 8 Rn. 2.

305 Vgl. Simitis/Hornung/Spiecker/*Klement*, Datenschutzrecht, DSGVO Art. 7 Rn. 19.

306 Vgl. *Rouvroy/Poullet*, The Right to Informational Self-Determination and the Value of Self-Development: Reassessing the Importance of Privacy for Democracy, in: Serge Gutwirth et al. (eds.), Reinventing Data Protection?, Dordrecht 2009, p. 69.

307 Simitis/Hornung/Spiecker/*Klement*, Datenschutzrecht, DSGVO Art. 7 Rn. 19; *Bernsdorff*, in: Meyer, GRC, Art. 8, Rn. 13; Groeben/Schwarze/*Augsberg*, GRC Art. 8 Rn. 6.

ein Recht auf grundrechtsadäquate Gesetzgebung darstellt (Ausgestaltungsdimension), das aber außerdem eine abwehrrechtliche Dimension (i.V.m. Art. 7 GRC), eine Leistungsdimension und eine Schutzpflichten- und Drittwirkungsdimension beinhaltet.[308] Die *Schutzkonzeption*[309] sei dann eine Verflechtung aus drei Schutzebenen, der freiheitsakzessorischen, der instrumentellen und der objektiv-institutionellen Ebene, die sich kontextuell und fallbezogen aktualisierten.[310] Ein solches Verständnis des Datenschutzgrundrechts ermöglichte etwa auch den Einbezug kollektiver Interessen wie der Demokratie in den Datenschutz.[311] Es ist allerdings vom Wortlaut des Datenschutzgrund*rechts* weit entfernt und entspricht weder der überwiegenden Rezeption in der Wissenschaft noch eindeutig der Rechtsprechung des EuGH, sodass es nicht als *lex lata* eingeordnet werden kann. *De lege lata* ist das Datenschutzgrundrecht ein Recht auf informationelle Selbstbestimmung.

(2) Achtung des Privat- und Familienlebens

Art. 7 GRC und Art. 8 Abs. 1 EMRK sind in ihrem Wortlaut fast inhaltsgleich.[312] Auch ist die Auslegung des jüngeren Art. 7 GRC stark an der an der Interpretation von Art. 8 EMRK orientiert.[313] Die beiden Normen können bezüglich ihres Schutzgutes darum ohne weiteres gemeinsam behandelt werden. Das „Privatleben" ist ein interpretationsoffener Begriff, der sich einer endgültigen Definition entzieht.[314] Umfasst sein sollen „alle Bereiche des Lebens, die andere nicht betreffen".[315] Als Schutzgüter gehan-

---

308 *Marsch*, Das europäische Datenschutzgrundrecht, Tübingen 2018, S. 127 ff.

309 Zur Ablehnung der alternativen Bezeichnung „Schutzgut" siehe *Marsch*, Das europäische Datenschutzgrundrecht, Tübingen 2018, S. 98 f.

310 *Marsch*, Das europäische Datenschutzgrundrecht, Tübingen 2018, S. 107 ff., 121 f.

311 *Marsch*, Das europäische Datenschutzgrundrecht, Tübingen 2018, S. 119 f.

312 Art. 8 Abs. 1 EMRK bezieht sich nur auf die „Korrespondenz" während Art. 7 GRC mit dem Schutz der „Kommunikation" weiter gefasst ist. In den englischen Sprachfassungen ergibt sich außerdem der Unterschied, dass die jüngere der beiden Vorschriften, Art. 7 GRC, gendergerecht formuliert ist.

313 *Bernsdorff*, in: Meyer, GRC, Art. 7 Rn. 1; Streinz/*Streinz*, GRC Art. 7 Rn. 1.

314 KK-StPO/*Lohse/Jakobs*, MRK Art. 8 Rn. 2; Satzger/Schluckebier/Widmaier/*Satzger*, STPO, Art. 8 EMRK, Rn. 10.

315 *Bernsdorff*, in: Meyer, GRC, Art. 7 Rn. 19.

delt werden die Privatsphäre/Privatheit,[316] die freie Entfaltung und Entwicklung der Persönlichkeit[317] sowie die Selbstbestimmung und Autonomie des Menschen.[318]

b) Freier Datenverkehr

Art. 1 Abs. 1 DSGVO besagt, dass die DSGVO *Vorschriften […] zum freien Datenverkehr enthält*. Damit ist zunächst nur die *Regelung* des freien Datenverkehrs angesprochen. Eine Schutzgutqualität folgt semantisch nicht unmittelbar aus dieser Norm, sie lässt sich aber aus Art. 1 Abs. 3 DSGVO schließen, der besagt, dass der *freie Datenverkehr in der Union* aus Gründen des Schutzes natürlicher Personen bei der Verarbeitung personenbezogener Daten *weder eingeschränkt noch verboten* werden darf.[319] Diese Auslegung bestätigen die Systematik, insbesondere die DSGVO-ErwG 2 S. 2 („wirtschaftlicher Fortschritt“), 9 S. 2, 10 S. 1 und 13 S. 1 (Beseitigung von Hindernissen), und die Historie, insbesondere Art. 1 Abs. 2 i.V.m. ErwG 2 DSRL.[320] Die Bestimmung des freien Datenverkehrs zum Schutzgut des Datenschutzrechts referiert auf das Binnenmarktziel der EU (Art. 3 Abs. 3 Uabs. 1 S. 1 EUV).[321] Zugleich kann sie in Verbindung mit den genannten Erwägungsgründen als Eingeständnis gelesen werden, dass eine Nichtteilnahme der EU an der datenbasierten Digitalökonomie zu Isolation und Bedeutungslosigkeit führen würde. Die Gesellschaft ist auf den wirtschaftlichen Fortschritt angewiesen (s.o. A.IV.). Es ist darum nicht die Aufgabe des Datenschutzrechts, den Freiheitsraum des Einzelnen abzuschotten, sondern einen Ausgleich zwischen der Notwendigkeit der Teilnahme an

---

316 *Bernsdorff*, in: Meyer, GRC, Art. 7 Rn. 1; *Grabenwarter/Pabel*, EMRK, § 22, Rn. 1; HK-EMRK/*Meyer-Ladewig/Nettesheim*, EMRK Art. 8 Rn. 31; selten werden die beiden unterschieden, so aber *Jarass*, GRC, Art. 7 Rn. 13.

317 *Grabenwarter/Pabel*, EMRK, § 22, Rn. 6; HK-EMRK/*Meyer-Ladewig/Nettesheim*, EMRK Art. 8 Rn. 7; *Nettesheim*, EnzEuR, § 9 Privatleben und Privatsphäre, Rn. 61.

318 HK-EMRK/*Meyer-Ladewig/Nettesheim*, EMRK Art. 8 Rn. 7; *Jarass*, GRC, Art. 7 Rn. 14; *Nettesheim*, EnzEuR, § 9 Privatleben und Privatsphäre, Rn. 61.

319 i.E. Simitis/Hornung/Spiecker/*Hornung/Spiecker gen. Döhmann*, Datenschutzrecht, DSGVO Art. 1 Rn. 1, 5; Gola/*Pötters*, DS-GVO, Art. 1, Rn. 5.

320 Die Ziele der DSRL besitzen nach wie vor Gültigkeit, siehe ErwG 9 S. 1 DSGVO.

321 Vgl. Simitis/Hornung/Spiecker/*Hornung/Spiecker gen. Döhmann*, Datenschutzrecht, DSGVO Art. 1 Rn. 41; *Klement*, JZ 2017, 161 (164).

der wirtschaftlichen Entwicklung einerseits und dem Erfordernis der Sicherung von Autonomie (und Demokratie) andererseits zu schaffen.[322]

In ErwG 4 S. 1 DSGVO wird ein weiteres kollektives Gut erwähnt. Danach *sollte* die Verarbeitung personenbezogener Daten *im Dienste der Menschheit* stehen. In ErwG 2 DSRL hieß es noch die Datenverarbeitungssysteme *stehen im Dienste des Menschen*. Damit hat sich zweierlei verändert: Erstens ist der Satz nicht mehr im Indikativ sondern nunmehr im Konjunktiv formuliert und zweitens ist das designierte Schutzgut nicht mehr der *Mensch*, sondern die *Menschheit*. Im Folgesatz ist die *gesellschaftliche Funktion* des Rechts zum Schutz der personenbezogenen Daten erwähnt. Insbesondere in Verbindung damit könnte der Schluss gezogen werden, der neue ErwG 4 S. 1 DSGVO referiere auf die Demokratie oder das Funktionieren der Gesamtgesellschaft, denen das Datenschutzrecht vermittelt durch den Einzelnen diene. Der Kontext, nach dem das Recht des Einzelnen aber mit anderen Grundrechten abzuwägen und nicht uneingeschränkt gewährleistet sei, macht deutlich, dass es um die Menschheit als Gegengewicht zum Individualinteresse geht. Damit ist dieses diffuse Kollektivinteresse wohl eher als Schutz der datenverarbeitenden Industrie zu verstehen.[323] Ihm kann neben dem freien Warenverkehr darum keine eigenständige Bedeutung zukommen. Erst recht kommt ihm in dieser Unbestimmtheit keine originäre Schutzgutqualität zu.

c) Ergebnis: Schutzgüter des EU-Datenschutzrechts

Die DSGVO dient somit dem Schutz individueller und kollektiver Interessen. Individualrechtliche Schutzgüter sind explizit das Datenschutzgrundrecht aus Art. 16 Abs. 1 AEUV und Art. 8 GRC, i.e. die informationelle Selbstbestimmung, sowie implizit das Privatleben, grundrechtlich geschützt in Art. 7 GRC und Art. 8 EMRK. Aus Letzterem ergeben sich die Schutzgüter Privatsphäre/Privatheit, Persönlichkeitsentwicklung und -entfaltung, Selbstbestimmung und Autonomie. Kollektives Schutzgut ist explizit der freie Datenverkehr. Kernanliegen der DSGVO ist aber der Schutz

---

322 S.o. A.II.3., A.IV.; vgl. außerdem Simitis/Hornung/Spiecker/*Hornung/Spiecker gen. Döhmann*, Datenschutzrecht, DSGVO Art. 1 Rn. 27 u. 42: Die „angebliche Wirtschaftsfeindlichkeit des Datenschutzrechts [ist] eine verkürzte Darstellung".

323 Paal/Pauly/*Ernst*, DSGVO, Art. 1, Rn. 9 f.

der Individualinteressen, diese haben darum prinzipiell, aber nicht absolut, Vorrang.[324]

2. Deutsches Recht

Datenschutzrecht ist im deutschen Recht eine Querschnittsmaterie, die Berührungspunkte mit verschiedenen Bundes- und Landeskompetenzen aufweist, sodass sich die datenschutzrechtlichen Regelungen horizontal und vertikal verteilen. Darüber hinaus bestehen verfassungsrechtliche Determinationen.[325]

a) Gesetzesrecht

Neben bereichsspezifischen Regelungen bestehen in Form des Bundesdatenschutzgesetzes (BDSG) und der Datenschutzgesetze der Bundesländer Rahmengesetze. Mittlerweile haben der Bundesgesetzgeber und alle Landesgesetzgeber ihre Rahmengesetze an die Datenschutzgrundverordnung angepasst. Einige der Rahmengesetze enthalten darum keine Zweckbestimmung mehr,[326] die meisten bestimmen die „Anpassung an die DSGVO bzw. deren Ergänzung" zum Zweck des Gesetzes.[327] Die einzigen beiden Ausnahmen bilden das Schleswig-Holsteinische Landesdaten-

---

324 Simitis/Hornung/Spiecker/*Hornung/Spiecker gen. Döhmann*, DSGVO Art. 1 Rn. 26; vgl. auch Paal/Pauly/*Ernst*, Art. 1, Rn. 10.

325 Übersichtlich dargestellt bei *Tinnefeld*, Grundfragen, in: Tinnefeld/Buchner et al., Einführung in das Datenschutzrecht. Datenschutz und Informationsfreiheit in europäischer Sicht, 6. Aufl., Berlin/Boston 2018, S. 101 ff., 124 ff.

326 So das Bundesdatenschutzgesetz (BDSG), Hessische Datenschutz- und Informationsfreiheitsgesetz (HDSIG), das Bayerische Datenschutzgesetz (BayDSG) und das Niedersächsische Datenschutzgesetz (NDSG).

327 Siehe § 1 DSG NRW (Datenschutzgesetz Nordrhein-Westfalen), § 1 LDSG BaWü (Landesdatenschutzgesetz Baden-Württemberg), § 1 SächsDSDG (Sächsisches Datenschutzdurchführungsgesetz), § 1 Abs. 1 ThürDSG (Thüringer Datenschutzgesetz), § 1 Abs. 1 LDSG RhP (Landesdatenschutzgesetz Rheinland-Pfalz), § 1 Abs. 1 SaarlDSG (Saarländisches Datenschutzgesetz), § 1 Abs. 1 DSG-M-V (Datenschutzgesetz für das Land Mecklenburg-Vorpommern), § 1 Abs. 1 BbgDSG (Brandenburgisches Datenschutzgesetz), § 1 BremDSGVOAG (Bremisches Ausführungsgesetz zur EU-Datenschutz-Grundverordnung), § 1 HmbDSG (Hamburgisches Datenschutzgesetz), § 1 Abs. 1 BlnDSG (Gesetz zum Schutz personenbezogener Daten in der Berliner Verwaltung).

schutzgesetz,[328] das in § 1 S. 1 LDSG die informationelle Selbstbestimmung als Schutzgut designiert, und das Datenschutzgesetz Sachsen-Anhalt,[329] das in § 1 Abs. 1 DSG LSA das Persönlichkeitsrecht des Einzelnen zum Schutzgut bestimmt.

Das Datenschutzgesetz Sachsen-Anhalt entspricht damit § 1 Abs. 1 BDSG a.F. Das aktuelle BDSG ist das erste seiner Art, das keine explizite Normierung seiner Schutzgüter enthält. Das erste BDSG (1977) sprach noch relativ unkonkret von den „schutzwürdigen Belangen der Betroffenen“ (§ 1 Abs. 1), aber im BDSG 1990 wurde daraus bis zur aktuellen Gesetzesänderung das Persönlichkeitsrecht des Einzelnen (s. A.II.5 u. 7.).

Auch das Schleswig-Holsteinische Datenschutzgesetz hat Korrespondenzen in der Vergangenheit. § 1 Abs. 1 Nr. 1 HDSG a.F.[330] erklärte das *Recht des Einzelnen, selbst über die Preisgabe und Verwendung seiner Daten zu bestimmen* und damit ebenfalls die informationelle Selbstbestimmung zum Schutzgut. Bis zur aktuellen Gesetzesänderung hielt § 1 Abs. 1 Nr. 2 HDSG a.F. zudem an seiner zweiten Zwecksetzung, der Bewahrung der Gewaltenteilung, die schon mit dem ersten HDSG 1970 verfolgt wurde, fest.[331]

Darüber hinaus enthalten das Telemediengesetz (TMG) und das Telekommunikationsgesetz (TKG) spezielle Regelungen zum Datenschutz im Bereich der Telemedien bzw. der Telekommunikation, also auch des Internets.[332] Dem TMG lässt sich kein spezielles Schutzgut entnehmen. § 91 Abs. 1 S. 1 TKG spricht relativ unbestimmt vom „Schutz personenbezogener Daten der Teilnehmer und Nutzer von Telekommunikation“. In Verbindung mit der Rahmengesetzgebung und den verfassungsrechtlichen Vorgaben ergibt sich daraus das Recht auf informationelle Selbstbestimmung.[333]

---

328 Schleswig-Holsteinisches Gesetz zum Schutz personenbezogener Daten. – Insofern ist der Befund bei *Schmitz*, Kapitel 2. Grundlagen des Datenschutzrechts, in: Flemming Moos/Jens Schefzig/Marian Arning (Hrsg.), Die neue Datenschutzgrundverordnung, Berlin/Boston 2018, Rn. 34 nicht richtig.

329 Gesetz zum Schutz personenbezogener Daten der Bürger.

330 Hessisches Datenschutzgesetz i.d.F. vom 7.1.1999, GVBl. I, 1999, S. 98. – Diese Zwecksetzung enthielt das 1. HDSG 1970 allerdings noch nicht, dazu bereits oben unter A.II.4.

331 Zu dieser Zwecksetzung bereits oben A.II.4.

332 Zur Anwendbarkeit auf soziale Netzwerke *Golland*, Datenverarbeitung in sozialen Netzwerken, Frankfurt am Main 2018, S. 36 ff.

333 Vgl. Spindler/Schuster/*Eckhardt*, TKG § 91 Rn. 1.

b) Verfassungsrecht

Im deutschen Verfassungsrecht wurde das Recht auf informationelle Selbstbestimmung im Volkszählungsurteil des Bundesverfassungsgerichts aus dem ebenfalls richterrechtlich[334] ausdifferenzierten allgemeinen Persönlichkeitsrecht aus Art. 2 Abs. 1 i.V.m. 1 Abs. 1 GG abgeleitet.[335] Seit dem bildet es den Kern des deutschen Datenschutzrechts. Es ist darum überaschend, dass es sich so spärlich in den Legislativakten findet und insbesondere nie als Zweckbestimmung in das BDSG aufgenommen wurde. Art. 2 Abs. 1 und 1 Abs. 1 GG bilden gleichsam den Anknüpfungspunkt für den grundrechtlichen Schutz von Privatsphäre und Autonomie des Individuums.[336]

3. Ergebnis: Schutzgüter *de lege lata*

Designierte Schutzgüter des deutschen und des EU-Datenschutzrechts sind dementsprechend vor allem Individualinteressen, nämlich die informationelle Selbstbestimmung, die freie Entfaltung der Persönlichkeit, die Privatsphäre und die Autonomie der einzelnen Menschen. Die informationelle Selbstbestimmung kann dabei als „Zentralbegriff des modernen Datenschutzes“ herausgehoben werden.[337] Die DSGVO dient darüber hinaus dem Schutz des Kollektivinteresses freier Datenverkehr. Zwar muss dieses Kollektivinteresse nicht zwingend mit den genannten Individualinteressen kollidieren.[338] Die Systematik der DSGVO zeigt jedoch, insbesondere die Ausgleichsnormen Art. 1 Abs. 1 u. 3 DSGVO i.V.m. ErwG 4 DSGVO, dass von einer Kollision der Interessen ausgegangen wird.[339]

---

334 S. BGHZ 13, 334 (338) und sodann BVerfGE 6, 32; 27, 1.

335 BVerfGE 65, 1 (41 ff., insbes. 43).

336 S. statt aller Stern/*Horn*, Art. 2 Rn. 34 ff.

337 So ausdrücklich bei *Schmitz*, Kapitel 2. Grundlagen des Datenschutzrechts, in: Flemming Moos/Jens Schefzig/Marian Arning (Hrsg.), Die neue Datenschutzgrundverordnung, Berlin/Boston 2018, Rn. 33.

338 Simitis/Hornung/Spiecker/*Hornung/Spiecker gen. Döhmann*, Datenschutzrecht, DSGVO Art. 1 Rn. 1, 21.

339 Vgl. auch oben A.II.8.

II. Datenschutz als Funktionsbedingung der Demokratie

Die Legitimität demokratischer Entscheidungen wird nicht durch ihre Finalität, sondern durch den Entscheidungsprozess gewährleistet, in dem sie zustande kommen. Dieser setzt erstens Entscheidungsmöglichkeiten und zweitens die Partizipation des die Staatsgewalt innehabenden Volkes voraus. Zu den essenziellen Funktionsbedingungen einer Demokratie gehören damit die Existenz unterschiedlicher Ansichten zu politischen Fragestellungen (Meinungsvielfalt) und deren freie Entwicklung und Äußerung (s. A.V.). Diese Funktionsbedingungen sind aber nur realisierbar, wenn die dem demokratischen Gemeinwesen zugehörigen Individuen in der freien (Fort-)Entwicklung ihrer Persönlichkeit und in ihrer Privatheit geschützt sind. Die Privatheit der Einzelnen ist darum ein „sozio-struktureller Imperativ“ der Demokratie.[340] Ein demokratisches Gemeinwesen ist angewiesen auf die ihm zugehörigen Individuen sowohl als politisch engagierte Bürger („Citoyen“) als auch als Privatmenschen („bourgeois“). Sie sind darum in beiden Funktionen grundrechtlich geschützt.[341] Informationelle Selbstbestimmung und Datenschutz werden so zu strukturellen Voraussetzungen der Demokratie.[342]

Um Meinungsvielfalt, Meinungskampf und die Lernfähigkeit der Gesellschaft zu erhalten, ist eine Demokratie neben der bloßen Existenz von politischen Meinungen angewiesen auf von der Mehrheitsmeinung abweichende politische Auffassungen (1.), deren Entwicklung und Äußerung eine Persönlichkeit voraussetzt, die imstande ist, dem Konformitätsdruck

---

340 *Rouvroy/Poullet*, The Right to Informational Self-Determination and the Value of Self-Development: Reassessing the Importance of Privacy for Democracy, in: Serge Gutwirth et al. (eds.), Reinventing Data Protection?, Dordrecht 2009, pp. 55, 57; vgl. auch *Rössler*, Privatheit und Autonomie: zum individuellen und gesellschaftlichen Wert des Privaten, in: Sandra Seubert/Peter Niesen (Hrsg.), Die Grenzen des Privaten, Baden-Baden 2010, S. 41 f.

341 *Podlech*, Das Recht auf Privatheit, in: Joachim Perels (Hrsg.), Grundrechte als Fundament der Demokratie, Frankfurt 1979, S. 53; *Klein*, Die Grundrechte im demokratischen Staat, Stuttgart u.a. 1974, S. 41, der aber „bürgerliche und politische Freiheit“ unterscheidet.

342 Vgl. *Boehme-Neßler*, UFITA 2015, 655 (666); *Boehme-Neßler*, DVBl. 2015, 1282 (1287); *Rehbinder*, Ist Privatsphäre wichtig? Die Sicht der Psychologie, in: Volker Boehme-Neßler/Manfred Rehbinder (Hrsg.), Big Data: Ende des Datenschutzes?, Bern 2017, S. 11 f.; *Winter*, Demokratietheoretische Implikationen des Rechts auf informationelle Selbstbestimmung, in: Michael Friedewald et al. (Hrsg.), Informationelle Selbstbestimmung im digitalen Wandel, Wiesbaden 2017, S. 37.

der in einer Gesellschaft dominanten Meinungen zu widerstehen – eine autonome Persönlichkeit (2.). Die menschliche Persönlichkeit entwickelt sich jedoch fortlaufend in Interaktion mit ihrer Umwelt und ist darum notwendig heteronom (3.). Darum können sich autonome Persönlichkeiten nur entwickeln, wenn auch die Möglichkeit zur Selbstreflexion im Privaten gegeben ist (4.). Aufgrund der sozialen Gebundenheit des Menschen bedeutet Privatheit aber nicht die Isolation oder Abschottung des Individuums, sondern muss als „soziale Eigenschaft“[343] verstanden werden und beschreibt demnach nicht einen starren, unantastbaren, sondern einen dynamischen Bereich, der nur bestimmte soziale Zwänge[344] kategorisch ausschließt (5.). Die Dynamik wird mit *Beate Rössler* bestimmt durch eine „Zugangskontrolle zum Selbst“[345] die räumlich, aber auch informationell gedacht werden kann – als informationelle Selbstbestimmung also (6.).[346] Es ergibt sich also dieser Bedingungszusammenhang: Die informationelle Selbstbestimmung bestimmt den – dynamisch veränderlichen – Bereich des Privaten. Privatheit minimiert die Beeinflussbarkeit der menschlichen Persönlichkeit und garantiert so die – weitest gehende – Autonomie des Individuums, auf die die Demokratie angewiesen ist. Die informationelle Selbstbestimmung stellt sich so dar als eine wesentliche Funktionsbedingung der Demokratie (7). Anzumerken ist jedoch, dass die Zugangskontrolle als natürlicher Prozess grundsätzlich emotional gesteuert ist und automatisiert abläuft und nicht aus bewussten Entscheidungen besteht. Darüber hinaus kann sie nur funktionieren, wenn bestimmte äußerliche Zwänge bereits kategorisch ausgeschlossen sind. Der Schutz der informationellen Selbstbestimmung vermittels ihrer selbst ist darum ein Irrtum (s. D.I.). Es ist die Aufgabe eines wirksamen Datenschutzrechts, die informationelle Selbstbestimmung als Prozess zu ermöglichen (8.).

---

343 AK-GG-*Podlech*, Art. 2 Abs. 1, Rn. 53; s. auch *Podlech*, Das Recht auf Privatheit, in: Joachim Perels (Hrsg.), Grundrechte als Fundament der Demokratie, Frankfurt 1979, S. 51: „Privatheit ist eine Eigenschaft des Umgangs mit anderen.“

344 Vgl. *Luhmann*, Grundrechte als Institution, Berlin 1965, S. 66: „Freiheit von sozial manifesten Außenursachen“.

345 Vgl. *Rössler*, Der Wert des Privaten, S. 23 f.; *Rössler*, Privatheit und Autonomie: zum individuellen und gesellschaftlichen Wert des Privaten, in: Sandra Seubert/ Peter Niesen (Hrsg.), Die Grenzen des Privaten, Baden-Baden 2010, S. 44 f.

346 Vgl. *Rössler*, Privatheit und Autonomie: zum individuellen und gesellschaftlichen Wert des Privaten, in: Sandra Seubert/Peter Niesen (Hrsg.), Die Grenzen des Privaten, Baden-Baden 2010, S. 49: „Das Funktionieren informationeller Selbstbestimmung, der Schutz informationeller Privatheit [...]“.

1. Notwendige Devianz

Wie oben gesehen ist die Entscheidung über die richtige gesellschaftliche Fortentwicklung prognostisch nicht zu treffen. Demokratische Entscheidungen erlangen ihre Legitimität deswegen nicht durch ihre Finalität, sondern durch den Entscheidungsprozess, in dem sie getroffen werden (s. A.V.). Dieser Prozess der demokratischen Entscheidungsfindung setzt in erster Linie Entscheidungsalternativen, d.h. die Existenz unterschiedlicher Meinungen zu einer Fragestellung voraus (A.V.).[347] Weichen die vertretenen Auffassungen nicht voneinander ab, kann kein Diskurs stattfinden, in dem das Für und Wider verschiedener Lösungswege abgewogen würde.[348] Meinungskampf verlangt somit Devianz.

Eine besondere Bedeutung kommt im demokratischen Meinungskampf den Auffassungen zu, die in herausragendem Maße vom Meinungsspektrum der Mehrheit, oder besser vom bekannten Meinungsspektrum abweichen. Diese devianten Ideen ermöglichen es, überkommene diskursprägende Denkmuster zu hinterfragen. Dadurch wird erstens der demokratische Diskurs belebt und die überkommenen Auffassungen zur Begründung gedrängt. Zweitens können so Fehler und Dysfunktionalitäten im gesellschaftlichen und politischen System identifiziert und auf diese Weise die Lernfähigkeit der Gesellschaft erhalten werden.[349] Ungewöhnliche und irritierende Ideen, die die Mehrheitsmeinung herausfordern, sind damit die Voraussetzung für gesellschaftliche Innovation.[350] Demokratie verlangt die Revidierbarkeit politischer Entscheidungen und deviante Meinungen

---

347 Vgl. auch *Boehme-Neßler*, UFITA 2015, 655 (663); *Boehme-Neßler*, Die Macht der Algorithmen – Anmerkungen zum Einfluss von *Big Data* auf die Demokratie, in: Volker Boehme-Neßler/Manfred Rehbinder (Hrsg.), Big Data: Ende des Datenschutzes?, Bern 2017, S. 120.

348 *Boehme-Neßler*, UFITA 2015, 655 (664).

349 *Podlech*, Das Recht auf Privatheit, in: Joachim Perels (Hrsg.), Grundrechte als Fundament der Demokratie, Frankfurt am Main 1979, S. 53; vgl. auch *Sandfuchs*, Privatheit wider Willen, Tübingen 2015, S. 48, 49, 52; *Spiecker gen. Döhmann*, VVDStRL 77 (2018), 9 (22 Fn. 49); *Sunstein*, Why societies need dissent, Cambridge (Mass.) 2005, pp. 210 f.; vgl. auch *Hesse*, Grundzüge des Verfassungsrechts der Bundesrepublik Deutschland, 16. Aufl., Heidelberg 1988, Rn. 7.

350 *Boehme-Neßler*, Die Macht der Algorithmen. Anmerkungen zum Einfluss von *Big Data* auf die Demokratie, in: Volker Boehme-Neßler/Manfred Rehbinder (Hrsg.), Big Data: Ende des Datenschutzes?, Bern 2017, S. 120; *Boehme-Neßler*, 6 IDPL 2016, 222 (223); *Boehme-Neßler*, DVBl. 2015, 1282 (1286) will dies sogar empirisch belegen können.

zeigen die Notwendigkeit zur Revision auf. Demokratie verlangt somit Devianz.[351]

2. Konformitätsdruck und autonome Persönlichkeit

Menschen neigen jedoch zu Konformität und Anpassung.[352] Bereits 1895 stellte *Gustave Le Bon* in seiner *Psychologie der Massen*[353] fest: In der Masse weicht die bewusste einer unbewussten Persönlichkeit, die die Gedanken und Gefühle der Masse reproduziert.[354] Auch wenn *Le Bon* in mehrerlei Hinsicht kritisch zu lesen ist[355] und sich seine damaligen Überlegungen auf die Masse in Form des Mobs und der physischen Menschenansammlung beschränken, kann das Grundprinzip dieser Aussage auf die Gesellschaft verallgemeinert werden.

Zunächst ist der einzelne Mensch in den allermeisten Fällen bereits von Geburt an in einer bestimmten sozialen Gruppe sozialisiert. Er lernt und inkorporiert somit von Geburt an bestimmte Verhaltens- und Denkmuster, die erst herausgefordert werden müssen, damit sie bewusst werden und reflektiert werden können.[356] Des Weiteren ist das Individuum in der Gruppe schon um der bloßen Gruppenzugehörigkeit willen geneigt, die in

---

351 *Rouvroy/Poullet*, The Right to Informational Self-Determination and the Value of Self-Development: Reassessing the Importance of Privacy for Democracy, in: Serge Gutwirth et al. (eds.), Reinventing Data Protection?, Dordrecht 2009, p. 46; *Boehme-Neßler*, UFITA 2015, 655 (663 f.).

352 *Butler/McManus*, Psychology. A very short Introduction, 2nd ed., Oxford 2014, p. 118; *Boehme-Neßler*, DVBl. 2015, 1282 (1286); *Boehme-Neßler*, UFITA 2015, 655 (664); *Boehme-Neßler*, Die Macht der Algorithmen – Anmerkungen zum Einfluss von *Big Data* auf die Demokratie, in: Volker Boehme-Neßler/Manfred Rehbinder (Hrsg.), Big Data: Ende des Datenschutzes?, Bern 2017, S. 120; *Sunstein*, Why societies need dissent, Cambridge (Mass.) 2005, pp. 1 ff.; *Thaler/Sunstein*, Nudge, 13. Aufl., Berlin 2018, S. 83 ff.; vgl. auch bereits *Simmel*, Soziologie. Untersuchungen über die Formen der Vergesellschaftung. Gesamtausgabe Bd. 2, Frankfurt 1992 (1908), S. 629 („in-corpore Dummheit“).

353 Orig.: *Le Bon*, Psychologie des Foules, Paris 1895.

354 *Le Bon*, Psychologie der Massen, 15. Aufl., Stuttgart 1982, S. 17; vgl. auch *Freud*, Massenpsychologie und Ich-Analyse. Die Zukunft einer Illusion, 7. Aufl., Frankfurt am Main 2005, S. 39.

355 S. z.B. *Henrichs*, Gustave Le Bon. Psychologie der Massen, ZEIT Nr. 42/1983 (URL: https://www.zeit.de/1983/42/psychologie-der-massen/komplettansicht).

356 Vgl. *Kaufmann*, Wenn ICH ein anderer ist, Konstanz 2010, S. 32; auch *Adorno*, Erziehung zur Mündigkeit, Frankfurt am Main 1971, S. 141; *Vesting/Korioth/Augsberg*, Einleitung, in: Thomas Vesting/Stefan Korioth/Ino Augsberg (Hrsg.),

der Gruppe dominanten Verhaltensmuster zu reproduzieren.[357] So wie jedes Wort zwingend bereits seine Negation in sich trägt,[358] beinhaltet jede Zugehörigkeit bereits die Möglichkeit der Ausgrenzung. Identifikation funktioniert nur durch Abgrenzung.[359] Es ist nicht möglich, ein Fan des FC St. Pauli zu sein, wenn es niemanden gibt, der nicht Fan des FC St. Pauli ist. Selbst „Alles" setzt „Nichts" voraus.[360] Jede Person, die von der identifikationsstiftenden Norm abweicht, muss somit immer mit der Möglichkeit ihrer Ausgrenzung rechnen und passt sich deswegen an.[361] Schließlich übt die Gesellschaft in Form von sozialen Normen, sittlichen und moralischen Vorstellungen, aber auch dominanten Denkmustern und Auffassungen teils absichtsvoll und teils unbeabsichtigt einen Konformi-

---

Grundrechte als Phänomene kollektiver Ordnung, Tübingen 2014, S. 6 f. m.w.N.

357 Vgl. *Butler/McManus*, Psychology. A very short Introduction, 2nd. ed., Oxford 2014, p. 119 (*compliance*); vgl. *Hotter*, Privatsphäre. Der Wandel eines liberalen Rechts im Zeitalter des Internets, Frankfurt/New York 2011, S. 94 f. Bei *Bauman/Lyon*, Blätter für deutsche und internationale Politik 10/2013, 51 (55) u. *Bauman/Lyon*, Daten, Drohnen, Disziplin, 3. Aufl., Frankfurt am Main 2014, S. 37 wird Ausgrenzung etwa als „Hauptquelle von Ängsten" ausgemacht. Sie gelte „als schlimmste Bedrohung der existenziellen Sicherheit" in der heutigen, durch soziale Netzwerke und Selbstdarstellung geprägten Gesellschaft.

358 Allein die Existenz einer Bezeichnung zeigt, dass es etwas gibt, wovon das Bezeichnete abgegrenzt werden soll (=seine Negation). Anderenfalls gäbe es keine Notwendigkeit der Einführung der Bezeichnung. Vgl. auch *Agamben*, Homo sacer. Die souveräne Macht und das nackte Leben, Frankfurt am Main 2002, S. 30 f. in Bezug auf die Sprache und das Nichtsprachliche, das Recht und das Nichtrechtliche, Regel und Ausnahme.

359 Vgl. auch *Grimm*, Das Öffentliche Recht vor der Frage nach seiner Identität, Tübingen 2012, S. 1: „Identitätsfragen sind Abgrenzungsfragen. Keine Identität ohne ein Gegenüber, ein Anderes."

360 Vgl. *Lacan*, Struktur. Andersheit. Subjektkonstitution, 2. Aufl., Berlin 2016, S. 27: „In einem Universum des Diskurses kann nichts das Ganze umfassen […]."

361 An dieser Stelle bestehen Parallelen zu den sog. Abschreckungseffekten (s. B.III.). Die Angst vor Ausgrenzung wird beispielsweise auch mit der Nutzung sozialer Netzwerke in Verbindung gebracht, s. *Bauman/Lyon*, Blätter für deutsche und internationale Politik 10/2013, 51 (55 f.). Vgl. auch *Britz*, Freie Entfaltung durch Selbstdarstellung. Eine Rekonstruktion des allgemeinen Persönlichkeitsrechts aus Art. 2 I GG, Tübingen 2007, S. 14: „Lebensentwürfe, für die man keine Anerkennung erhält, lassen sich dauerhaft allenfalls sehr mühsam aufrechterhalten."

täts- und Anpassungsdruck auf die Einzelne aus.[362] „*Individuum und Gesellschaft bilden* [somit] *über den Habitus eine Einheit*“[363] und die Demokratie verlangt, diese Einheit aufzubrechen.

Überdies neigen Menschen zur Kommodität.[364] Dies äußert sich etwa in dem in der Verhaltensökonomik beobachteten *status quo bias*. Dieser bezeichnet das Bevorzugen des Status quo gegenüber Veränderungen.[365] Demnach bleiben Menschen lieber der Situation verhaftet, an die sie sich gewöhnt haben und verzichten auf Veränderungen, selbst, wenn diese vorteilhafter sind.[366] Aus dieser Beobachtung ergibt sich ein als *default effect* beschriebenes Phänomen. Damit wird das Bevorzugen derjenigen Optionen, die keine aktive Entscheidung voraussetzen, beschrieben.[367] Dieser Effekt wird bereits für verschiedene Regulierungs- und Geschäftsmodelle ausgenutzt, die unter dem Begriff *Nudging* diskutiert werden.[368]

Die Bandbreite der unter diesem Begriff versammelten Modelle ist sehr weit. Eines ist das *Setting of default options*, das in Form des *privacy by default* nun auch Einzug in das Datenschutzrecht erhalten hat (vgl. Art. 25 Abs. 2 DSGVO).[369] Kerngedanke ist, dass die Voreinstellungen für Datenverarbeitungsvorgänge stets datenschutzfreundlich justiert sein sollen. Zu den bekanntesten Beispielen zählt auch das sogenannte *opt-out*-Modell für

---

362 S. nur *Sunstein*, Why societies need dissent, Cambridge (Mass.) 2005, pp. 1 ff. *et passim*; *Gerg*, Nudging, Tübingen 2019, S. 20 f.; *Thaler/Sunstein*, Nudge, 13. Aufl., Berlin 2018, S. 91 ff.; vgl. auch *Adorno*, Erziehung zur Mündigkeit, Frankfurt am Main 1971, S. 144, 147 (dort: „überwältigende Kraft des Bestehenden“); *Hotter*, Privatsphäre. Der Wandel eines liberalen Rechts im Zeitalter des Internets, Frankfurt/New York 2011, S. 94 f. („soziale Determination individuellen Verhaltens“); *Rouvroy/Poullet*, The Right to Informational Self-Determination and the Value of Self-Development: Reassessing the Importance of Privacy for Democracy, in: Serge Gutwirth et al. (eds.), Reinventing Data Protection?, Dordrecht 2009, p. 46.

363 *Kaufmann*, Wenn ICH ein anderer ist, Konstanz 2010, S. 28, der den Begriff *habitus* für *soziale Reproduktion* und den Begriff *Gewohnheit* für *inkorporierte Schemata* verwendet (S. 28 f.).

364 *Baddeley*, Behavioural Economics. A very short Introduction, Oxford 2017, pp. 45 ff.; vgl. auch *Krönke*, Der Staat 55 (2016), 319 (320 f.); *Sandfuchs*, Privatheit wider Willen?, Tübingen 2015, S. 110.

365 *Baddeley*, Behavioural Economics. A very short Introduction, Oxford 2017, pp. 45 ff. (auch: *familiarity bias*); s. auch *Boehme-Neßler*, UFITA 2015, 19 (53).

366 *Thaler/Sunstein*, Nudge, 13. Aufl., Berlin 2018, S. 55 ff.

367 *Baddeley*, Behavioural Economics. A very short Introduction, Oxford 2017, p. 46; *Boehme-Neßler*, UFITA 2015, 19 (53); vgl. auch *Thaler/Sunstein*, Nudge, 13. Aufl., Berlin 2018, S. 56 f.

368 *Baddeley*, Behavioural Economics, Oxford 2017, pp. 117 ff.

369 Vgl. dazu vor Inkrafttreten der DSGVO *Boehme-Neßler*, UFITA 2015, 19 (54 ff.).

die Organspende. In dieser Regulierungsvariante ist jeder Mensch grundsätzlich zur postmortalen Organspende verpflichtet, es sei denn, er hat zu Lebzeiten einer Organspende widersprochen, zum Beispiel in Form eines Organspendeausweises. Dieses Modell gilt derzeit zum Beispiel in Frankreich. Die Alternative, das sogenannte *opt-in*-Modell, findet derzeit in Deutschland Anwendung. Danach ist niemand zur Organspende verpflichtet, es sei denn, sie willigt ausdrücklich ein.[370] Für beide Modelle ist nachgewiesen, dass die Menschen, die eine aktive Entscheidung für oder gegen die Organspende treffen, in der Unterzahl sind.[371]

Die Modelle verbindet, dass nur ein geringer Aufwand erforderlich wäre, um den durch die Modelle vorgezeichneten Wegen nicht zu folgen. Trotzdem zeigt die Empirie, dass nur wenige Menschen diesen Aufwand auf sich nehmen.[372] Neben dem Konformitätsdruck der Massen verlangt die Demokratie somit die Bequemlichkeit des Einzelnen zu überwinden.

Die Demokratie verlangt dem Individuum also dreierlei Eigenschaften ab: Erstens die Fähigkeit zur Entwicklung originärer Ideen, die die überkommenen Denkmuster infrage stellen. Zweitens und drittens, als Voraussetzung dessen, die Fähigkeiten, dem Konformitätsdruck der Masse zu widerstehen und die eigene Bequemlichkeit zu überwinden. Diese Eigenschaften sind dem Menschen nicht von Natur aus gegeben, sondern es ist wie oben gesehen das Gegenteil der Fall.[373] Demokratie verlangt also Persönlichkeiten, die sich nicht bestimmen lassen, sondern sich selbst bestim-

---

370 Zu beiden Modellen und weiteren Alternativen s. Bundeszentrale für gesundheitliche Aufklärung, Die Entscheidungslösung in Deutschland und gesetzliche Regelungen in anderen europäischen Ländern (URL: https://www.organspende-info.de/gesetzliche-grundlagen/entscheidungsloesung.html); s. außerdem *Krönke*, Der Staat (55) 2016, 319 (321).

371 *Krönke*, Der Staat (55) 2016, 319 (321).

372 *Birnhack/Elkin-Coren*, 17 Mich. Telecomm. L. Rev. (2011), 337 (340); *Sandfuchs*, Privatheit wider Willen?, S. 110 m.w.N.; *Krönke*, Der Staat (55) 2016, 319 (321); *Boehme-Neßler*, UFITA 2015, 19 (53 f.).

373 Die Eigenschaften können aber, wie zu zeigen sein wird, von jedem Menschen (jederzeit) entwickelt werden. Es gibt darum viel Literatur zum Thema „Erziehung zur Demokratie“, s. *Boehme-Neßler*, Die Macht der Algorithmen – Anmerkungen zum Einfluss von *Big Data* auf die Demokratie, in: Volker Boehme-Neßler/Manfred Rehbinder (Hrsg.), Big Data: Ende des Datenschutzes?, Bern 2017, S. 120 m.w.N., v.a. die FN 67, 68; *Rouvroy/Poullet*, The Right to Informational Self-Determination and the Value of Self-Development: Reassessing the Importance of Privacy for Democracy, in: Serge Gutwirth et al. (eds.), Reinventing Data Protection?, Dordrecht 2009, pp. 59 f.

men. Die Demokratie verlangt also besondere Persönlichkeiten, nämlich autonome Persönlichkeiten.[374]

3. Persönlichkeit als Interaktionsprozess

Die Persönlichkeit des Menschen verändert sich allerdings fortlaufend und zwar notwendig heteronom.

a) Verfassungsbegriff: Persönlichkeit

Die Persönlichkeit als Verfassungsbegriff ist Produkt der Anerkenntnis des Menschen als Selbstzweck im Nachklang der Philosophie der Aufklärung[375] und der Aufarbeitung des NS-Unrechts in der frühen Bundesrepublik.[376] Sie ist geprägt von der Überzeugung, dass sittliche Vollendung des Einzelnen nur Ergebnis der Selbstbestimmung des Einzelnen sein kann und auch nur das Individuum der eigenen Entfaltung Sinn zu verleihen

---

374 *Boehme-Neßler*, Die Macht der Algorithmen – Anmerkungen zum Einfluss von *Big Data* auf die Demokratie, in: Volker Boehme-Neßler/Manfred Rehbinder (Hrsg.), Big Data: Ende des Datenschutzes?, Bern 2017, S. 120; *Boehme-Neßler*, DVBl. 2015, 1282 (1286); *Boehme-Neßler*, UFITA 2015, 655 (664) spricht von *demokratischen Persönlichkeiten*; siehe auch *Adorno*, Erziehung zur Mündigkeit, Frankfurt am Main 1971, S. 133; *Schmolz*, Privatheit im Internet: Von Möglichkeiten und Gefahren digitaler Informations- und Kommunikationstechnologien, in: Dennis Gräf/Stefan Halft/Verena Schmöller (Hrsg.), Privatheit. Formen und Funktionen, Passau 2011, S. 178; *Böckenförde*, in: HbStR, Bd. II, 3. Aufl., § 24, Rn. 36; *Rossen-Stadtfeld*, Medien, in: Thomas Vesting/Stefan Korioth (Hrsg.), Der Eigenwert des Verfassungsrechts, Tübingen 2011, S. 97; angedeutet bereits bei *Westin*, Privacy and Freedom, London 1970, p. 34; vgl. i.E. auch *Rössler*, Der Wert des Privaten, Frankfurt am Main 2001, S. 218. Nach *Le Bon*, Psychologie der Massen, 15. Aufl., Stuttgart 1982, S. 17 und *Freud*, Massenpsychologie und Ich-Analyse. Die Zukunft einer Illusion, 7. Aufl., Frankfurt am Main 2005, S. 39 braucht es zur Überwindung des Konformitätsdrucks „Persönlichkeiten mit sozialem Mut".

375 Vgl. *Kube*, in: HbStR, Bd. VII, 3. Aufl., § 148, Rn. 2, 8 ff.; *Horn*, in: HbStR, Bd. VII, 3. Aufl., § 149, Rn. 9. Der Begriff lässt sich außerdem auf den älteren Begriff der Person zurückführen, s. *Kube*, aaO.

376 Vgl. *Dürig*, JR 1952, 259 (259); *Schmitt Glaeser*, in: HbStR, Bd. VI, Heidelberg 1989, § 129, Rn. 7; *Hufen*, Grundrechte. Staatsrecht II, München 2018, § 10, Rn. 2, 4, § 11, Rn. 1.

imstande ist.[377] Zwar zeitigte dieses Menschenbild in der Naturrechtslehre des 18. und 19. Jahrhunderts durchaus seine Wirkung,[378] jedoch wurde es von der positivistisch geprägten Rechtspraxis nicht aufgegriffen, bis es im Nationalsozialismus von 1933-1945 seine grauenhafte Negation erfuhr.[379] Die schreckliche Erfahrung des nationalsozialistischen Deutschland hatte bewiesen, dass die Anerkenntnis der Wahrheit von den in ihrer Würde gleichen und freien Menschen nicht selbstverständlich ist.[380]

Unter diesem Eindruck entstand das Grundgesetz und mit ihm die Gewährleistung der freien Entfaltung der Persönlichkeit in Art. 2 Abs. 1 GG.[381] Allerdings sollte das Grundgesetz keine unbeschränkte Zuwendung zum Individualismus der Aufklärung bedeuten. Zielvorstellung war vielmehr die Abkehr und -wehr vom Kollektivismus des Nationalsozialismus auf der einen Seite, aber gleichzeitig die Ablehnung des isolierten Individuums der Aufklärung auf der anderen Seite.[382]

Die menschliche Persönlichkeit fand sich im Verfassungsentwurf von Herrenchiemsee (HCHE)[383] zunächst in engem Zusammenhang mit der Würde des Menschen. So lautete Art. 1 Abs. 2 S. 1 HCHE: „Die Würde der menschlichen Persönlichkeit ist unantastbar." Mitunter an dieser Formulierung lässt sich die ideengeschichtliche Herkunft des verfassungsrechtlichen Persönlichkeitsbegriffs ablesen. Es geht um den Menschen als Wert

---

377 *Kube*, in: HbStR, Bd. VII, 3. Aufl., § 148, Rn. 8 ff.; vgl. *Dürig*, JR 1952, 259 (259): „Der Mensch soll sich zu dem entfalten können, was nach Art. 1 sein Wesen ausmacht."; vgl. auch *Britz*, Verfassungsrechtlicher Schutz der freien Persönlichkeitsentfaltung, in: Christian Bumke/Anne Röthel (Hrsg.), Autonomie im Recht, Tübingen 2017, S. 355.

378 *Kube*, in: HbStR, Bd. VII, 3. Aufl., § 148, Rn. 9 ff.

379 *Kube*, in: HbStR, Bd. VII, 3. Aufl., § 148, Rn. 12 ff., 17; vgl. auch *Rudolf*, HbGR, § 90, Rn. 6. So finden sich in den Grundrechtskatalogen der deutschen Verfassungen vom 11.8.1919 (Weimarer Reichsverfassung) und 28.3.1849 (Paulskirchenverfassung) keine Garantien des Menschen als Eigenwert (Würde, Persönlichkeit), sondern nur zu speziellen Ausprägungen der Persönlichkeit, wie z.B. der Glaubensfreiheit (s. Art. V § 144 PKV; Art. 135 WRV).

380 Vgl. etwa *Stolleis*, Geschichte des öffentlichen Rechts in Deutschland, Dritter Band 1914-1945, München 1999, S. 402 ff.; *Lorenz*, in: HbStR, Bd. VI. Freiheitsrechte, Heidelberg 1989, § 128, Rn. 2; *Abendroth*, Über den Zusammenhang von Grundrechtssystem und Demokratie, in: Joachim Perels (Hrsg.), Grundrechte als Fundament der Demokratie, Frankfurt am Main 1979, S. 252.

381 *Kube*, in: HbStR, Bd. VII, 3. Aufl., § 148, Rn. 18; vgl. auch *Benda*, in: HbVR, § 6, Rn. 16 ff.

382 *Dürig*, Sonderdruck, Art. 1 I Rn. 46 f. („mittlere Linie des Personalismus").

383 Bericht über den Verfassungskonvent auf Herrenchiemsee vom 10. bis 23. August 1948, München 1948, S. 61-85.

an sich, dessen Achtung keiner Begründung oder besonderen Eigenschaften bedarf und dessen Freiheit zu garantieren des Staates Zweck ist.[384] In der Konsequenz wurde das allgemeine Persönlichkeitsrecht vom BVerfG aus Art. 2 Abs. 1 *in Verbindung mit 1 Abs. 1 GG* hergeleitet.[385] Das Individuum ist demnach in der Lage und berechtigt, selbst über seinen Lebensentwurf und die Art und Weise der Ausübung seiner Grundrechte zu entscheiden.[386] *Entfaltung* der Persönlichkeit bedeutet nach diesem Verständnis eine authentische Lebensweise, die das Innere des Individuums spiegelt.[387] „Der Mensch soll sich zu dem entfalten können, was nach Art. 1 sein Wesen ausmacht."[388]

b) Persönlichkeits*entfaltung*

Die Formulierung des normativen Grundsatzes in Art. 2 Abs. 1 GG „die freie Entfaltung der Persönlichkeit" suggeriert weiter das Vorhandensein einer Entität „Persönlichkeit", die sich nur „entfalten" müsste. Diese Vorstellung prägt auch die Alltagssprache, nach der die Persönlichkeit des Menschen, die „Gesamtheit der persönlichen (charakteristischen, individuellen) Eigenschaften eines Menschen"[389] bezeichnet.

Das BVerfG geht außerdem vom Menschen als einem sozialen Wesen aus.[390] Allerdings wird dieses Axiom dann für eine Dichotomie zwischen

---

384 *Benda*, in: HbVR, § 6, Rn. 4, 9, 12; *Hufen*, Grundrechte. Staatsrecht II, München 2018, § 11, Rn. 1 f., § 10, Rn. 4; vgl. auch BVerfGE 12, 45 (51); *Isensee*, in: HbStR, Bd. II, 3. Aufl., § 15, Rn. 173: Der Staat als „Instrument der Bürgerfreiheit".

385 Vgl. BVerfGE 6, 32 (41); 27, 1 (6 f.).

386 Vgl. *Volkmann*, Grundzüge einer Verfassungslehre der Bundesrepublik Deutschland, Tübingen 2013, S. 223.

387 „[...] die ‚tätliche Realisierung' dessen zu ermöglichen, was er ist [...]", s. *Britz*, Freie Entfaltung durch Selbstdarstellung. Eine Rekonstruktion des allgemeinen Persönlichkeitsrechts aus Art. 2 I GG, Tübingen 2007, S. 7; *Britz*, Verfassungsrechtlicher Schutz der freien Persönlichkeitsentfaltung, in: Christian Bumke/Anne Röthel (Hrsg.), Autonomie im Recht, Tübingen 2017, S. 355; *Britz*, NVwZ 2019, 672 (673); vgl. außerdem *Horn*, in: HbStR, Bd. VII, 3. Aufl., § 149, Rn. 11; *Rossen-Stadtfeld*, Medien, in: Thomas Vesting/Stefan Korioth (Hrsg.), Der Eigenwert des Verfassungsrechts, Tübingen 2011, S. 95.

388 *Dürig*, JR 1952, 259 (259).

389 „Persönlichkeit" im Duden Online-Wörterbuch (URL: https://www.duden.de/rechtschreibung/Persoenlichkeit).

390 So heißt es in BVerfGE 4, 7 (15 f.) und wird seit dem in ständiger Rechtsprechung zitiert, s. u.a. BVerfGE 27, 1 (7); 65, 1 (44); 109, 133 (151); 125, 260 (369): „Das Menschenbild des Grundgesetzes ist nicht das eines isolierten souveränen

dem Einzelnen und der Gesellschaft zugrunde gelegt und die Einschränkbarkeit der Freiheit des Einzelnen durch dessen soziale Gebundenheit begründet.[391] Gesellschaftliche Interessen fungieren demnach ausschließlich als Rechtfertigungsgründe für die Einschränkung der Grundrechte des Einzelnen.[392] Die Rechtsprechung geht also vom „einzelnen, auf sich gestellten Individuum“ aus und der Mitmensch ist nur „Grenze und Begrenzung der eigenen rechtlichen Freiheit“.[393] Die Privatheit ist nach diesem Verständnis ein Ort, an dem sich der Einzelne von der Gesellschaft anderer erholen kann. Das Allgemeine Persönlichkeitsrecht als verfassungsrechtlicher Anker der Privatheit begründet darum ein „Recht auf Einsamkeit“, nämlich darauf, in Ruhe gelassen zu werden.[394]

Demgegenüber ist der Mensch aber auch insoweit ein soziales Wesen, als dass er anderer Menschen zur Persönlichkeitsentfaltung bedarf. Die Entfaltung der Persönlichkeit ist ein notwendig kommunikativer und interaktiver Vorgang und sie vollzieht sich deswegen im Wesentlichen in der

---

Individuums; das Grundgesetz hat vielmehr die Spannung Individuum - Gemeinschaft im Sinne der Gemeinschaftsbezogenheit und Gemeinschaftsgebundenheit der Person entschieden, ohne dabei deren Eigenwert anzutasten.“ Dazu bemerkte bereits *Helmut Ridder*, Die soziale Ordnung des Grundgesetzes, Opladen 1975, S. 74: „Die Wortwahl ist verräterisch. Das Individuum steht in einer ‚Spannung‘ zur ‚Gemeinschaft‘; ‚Gesellschaft‘ dagegen gibt es nicht. *Ferdinand Tönnies* hätte seine Freude daran gehabt: der Bruch mit der Realität wird nicht geheilt sondern ‚solidarisch‘ zugedeckt.“ (Hervorhebungen im Orig.).

391 BVerfGE 33, 367 (376 f.); 109, 133 (151); 125, 260 (369) – Ausdruck dessen ist etwa die Sphärentheorie, s. kritisch AK-GG-*Podlech*, Art. 2 Abs. 1 GG, Rn. 38, 53; *Vesting*, HbPR, 2. Aufl., § 6, Rn. 8. Diese Dichotomie findet sich entsprechend auch in der Verfassungsrechtswissenschaft s. etwa *Benda*, in: HbVR, § 6, Rn. 5 f.; *Hufen*, Schutz der Persönlichkeit und informationelle Selbstbestimmung, in: Peter Badura/Horst Dreier (Hrsg.), FS 50 Jahre Bundesverfassungsgericht, Bd. II, Tübingen 2001, S. 107.

392 Vgl. BVerfGE 33, 367 (377); *Benda*, in: HbVR, § 6, Rn. 5 f.; kritisch AK-GG-*Podlech*, Art. 2 Abs. 1 GG, Rn. 53; vgl. auch *Vesting/Korioth/Augsberg*, Einleitung, in: Thomas Vesting/Stefan Korioth/Ino Augsberg (Hrsg.), Grundrechte als Phänomene kollektiver Ordnung, Tübingen 2014, S. 1.

393 *Böckenförde*, Recht, Staat, Freiheit, Frankfurt am Main 1991, S. 58 f.

394 BVerfGE 27, 1 (6); 44, 197 (203); *Benda*, in: HbVR, § 6, Rn. 25 ff.; *Hufen*, Schutz der Persönlichkeit und informationelle Selbstbestimmung, in: Peter Badura/Horst Dreier (Hrsg.), FS 50 Jahre Bundesverfassungsgericht, Bd. II, Tübingen 2001, S. 108. Auch für *Simitis*, Argumente für ein Datenschutzgesetz. Zugleich eine Einleitung, in: *Miller*, Der Einbruch in die Privatsphäre. Datenbanken und Dossiers, Neuwied u.a. 1973, S. XIV ist die Privatsphäre gleichbedeutend mit Isolierung; auch *Boehme-Neßler*, DVBl. 2015, 1282 (1284).

sozialen Interaktion.[395] Prägendes Element der Persönlichkeits*entfaltung* nicht bloß *in*, sondern *durch* die Gesellschaft ist die Selbst-Darstellung des Einzelnen in der sozialen Interaktion.[396] Ausgehend von der Persönlichkeit als Einheit und als Referenz auf seine ideengeschichtlichen Wurzeln soll diese möglichst authentisch nach außen getragen werden.[397] Personale und soziale Identität sollen eins sein.[398] Das setzt die beständige Reflexion der eigenen Person als Selbstfindungsmaßnahme voraus.[399] Zunächst muss das Selbst entworfen werden, damit es sodann nach außen dargestellt werden kann.[400] Dafür bedarf es des Rückzugs aus der Gesellschaft in die Privatheit.[401] „Denn erst die Abschirmung der Privatheit ermöglicht die Entwicklung, das Festigen und Wiedergewinnen personeller Identität und da-

---

395 *Podlech*, Das Recht auf Privatheit, in: Joachim Perels (Hrsg.), Grundrechte als Fundament der Demokratie, Frankfurt 1979, S. 51; AK-GG-*Podlech*, Art. 2 Abs. 1 GG, Rn. 38; *Mallmann*, Zielfunktionen des Datenschutzes, Frankfurt am Main 1977, S. 67 f.; *Suhr*, Entfaltung der Menschen durch die Menschen. Zur Grundrechtsdogmatik der Persönlichkeitsentfaltung, der Ausübungsgemeinschaften und des Eigentums, Berlin 1976, S. 80 ff., 84 ff.; *Vesting*, HbPR, 2. Aufl., § 6, Rn. 9; vgl. allgemeiner *Abendroth*, Über den Zusammenhang von Grundrechtssystem und Demokratie, in: Joachim Perels (Hrsg.), Grundrechte als Fundament der Demokratie, Frankfurt am Main 1979, S. 255: „Jedes Grundrecht unterliegt übrigens solcher sozialer Bindung, weil das individualisierbare Rechtssubjekt [...] nur *in* Gesellschaft und Staat existieren kann, nicht aber in voller Vereinzelung und Abstraktion von deren Existenz." Vgl. auch eindrücklich *Goffman*, Stigma, 24. Aufl., Frankfurt am Main 2018, S. 22: „Da es das heilsame feed-back des täglichen sozialen Umgangs mit anderen entbehrt, kann das isolierte Ich argwöhnisch, depressiv, feindselig, ängstlich und verworren werden."

396 Vgl. *Mallmann*, Zielfunktionen des Datenschutzes, Frankfurt am Main 1977, S. 68; *Suhr*, Entfaltung der Menschen durch die Menschen, Berlin 1976, S. 85; *Albers*, Informationelle Selbstbestimmung, Baden-Baden 2005, S. 400 ff.

397 S.o. a); auch *Horn*, in: HbStR, Bd. VII, 3. Aufl., § 149, Rn. 10.

398 *Horn*, in: HbStR, Bd. VII, 3. Aufl., § 149, Rn. 10; zur Begrifflichkeit s. auch *Goffman*, Stigma, 24. Aufl., Frankfurt am Main 2018, S. 9 f.

399 *Horn*, in: HbStR, Bd. VII, 3. Aufl., § 149, Rn. 10.

400 Vgl. *Britz*, Freie Entfaltung durch Selbstdarstellung. Eine Rekonstruktion des allgemeinen Persönlichkeitsrechts aus Art. 2 I GG, Tübingen 2007, S. 10 f.; *Britz*, Verfassungsrechtlicher Schutz der freien Persönlichkeitsentfaltung, in: Christian Bumke/Anne Röthel (Hrsg.), Autonomie im Recht, Tübingen 2017, S. 355 f.; *Britz*, NVwZ 2019, 672 (673).

401 *Horn*, in: HbStR, Bd. VII, 3. Aufl., § 149, Rn. 10; vgl. auch *Simitis*, Argumente für ein Datenschutzgesetz. Zugleich eine Einleitung, in: *Miller*, Der Einbruch in die Privatsphäre. Datenbanken und Dossiers, Neuwied u.a. 1973, S. XIV („Freilich, nur in eben jener [...] Isolierung vermag das auf sich selbst gestellte Individuum wirklich über sich und die eigene Position in der Gesellschaft zu reflektieren, Aktion und Reaktion also selbständig zu prüfen.").

mit eine soziale Aktivität, die aus der Eigenartigkeit des Individuums heraus zu jener vielfältig-originellen Mitgestaltung des Gemeinwesens führt, die eine lebendige Demokratie substantiell charakterisiert."[402]

Die Selbst-Darstellung in der gesellschaftlichen Kommunikation ist aber nicht einzig bestimmt durch diese „vorgesellschaftliche" Persönlichkeit. Sie ist orientiert an den gesellschaftlichen Verhaltenserwartungen, die in Rollenmustern oder Benimmregeln Ausdruck finden, und basiert im Wesentlichen auf dem Informationsregime des Einzelnen.[403] Das Verhalten des Individuums beruht auf dem Vertrauen darauf, abschätzen und kontrollieren zu können, was das Gegenüber über es weiß und wie der Interaktionspartner auf das eigene Verhalten reagieren wird.[404] Zu wissen, ob und was das Gegenüber über die eigene Person weiß, ermöglicht Reaktionen einzuschätzen und Handlungsstrategien zu entwickeln, letztlich also Autonomie in der Interaktion mit anderen.[405]

Laufen die Erwartungen und Annahmen über die Reaktionen des Gegenübers ins Leere, ist der Einzelne also nicht in der Lage, die Informationen über die eigene Person zu kontrollieren, wird die soziale Interaktion gestört.[406] Die Selbst-Darstellung wird dann beeinflusst durch die Ungewissheit darüber, was bereits bekannt ist, und wie das Gegenüber an seine

---

402 *Schmitt Glaeser*, in: HbStR, Bd. VI, Heidelberg 1989, § 129, Rn. 2.

403 *Rössler*, Privatheit und Autonomie: zum individuellen und gesellschaftlichen Wert des Privaten, in: Sandra Seubert/Peter Niesen (Hrsg.), Die Grenzen des Privaten, Baden-Baden 2010, S. 45 f.; vgl. auch *Hotter*, Privatsphäre. Der Wandel eines liberalen Rechts im Zeitalter des Internets, Frankfurt/New York 2011, S. 83 f.; *Mallmann*, Zielfunktionen des Datenschutzes, Frankfurt am Main 1977, S. 36 ff.; *Horn*, in: HbStR, Bd. VII, 3. Aufl., § 149, Rn. 11.

404 Vgl. *Rössler*, Privatheit und Autonomie: zum individuellen und gesellschaftlichen Wert des Privaten, in: Sandra Seubert/Peter Niesen (Hrsg.), Die Grenzen des Privaten, Baden-Baden 2010, S. 45 f.; vgl. auch *Hotter*, Privatsphäre. Der Wandel eines liberalen Rechts im Zeitalter des Internets, Frankfurt/New York 2011, S. 32 f.

405 *Roßnagel*, Freiheit durch Systemgestaltung. Strategien des Grundrechtsschutzes in der Informationsgesellschaft, in: Egbert Nickel/Alexander Roßnagel/Bernhard Schlink (Hrsg.), Die Freiheit und die Macht. Wissenschaft im Ernstfall. Festschrift für Adalbert Podlech, S. 231 f.; AK-GG-*Podlech*, Art. 2 Abs. 1 GG, Rn. 45; *Boehme-Neßler*, 6 IDPL 2016, 222 (223, 228); *Boehme-Neßler*, DVBl. 2015, 1282 (1284): „Soziale Beziehungen sind davon geprägt, was man voneinander weiß." Vgl. auch BVerfGE 65, 1 (43).

406 Vgl. *Rössler*, Privatheit und Autonomie: zum individuellen und gesellschaftlichen Wert des Privaten, in: Sandra Seubert/Peter Niesen (Hrsg.), Die Grenzen des Privaten, Baden-Baden 2010, S. 46; *Boehme-Neßler*, DVBl. 2015, 1282 (1284).

Informationen gelangt. Sie ist dann nicht mehr frei.[407] So führt jedenfalls das Wissen, aber auch bereits die Ahnung, beobachtet zu werden („sich beobachtet glauben"), zu Verhaltensanpassungen des Individuums[408] und so führt der Kontrollverlust über das eigene Informationsregime zu einer Störung der authentischen Selbst-Darstellung.[409] Um autonom agieren zu können, ist der Mensch also angewiesen auf die Möglichkeit des Rückzugs aus der Beobachtung, aus der sozialen Interaktion, um die Kontrolle über sein Informationsregime wiederzugewinnen.[410] Im Privaten kann er sich, seinen Lebensentwurf und sein Verhalten reflektieren, ohne dass er unter Beeinflussung steht.[411]

c) Persönlichkeits*entwicklung*

Die Psychologie geht darüber hinaus davon aus, dass sich die Persönlichkeit eines Menschen im Verlaufe seines ganzen Lebens permanent verän-

---

407 Vgl. *Hotter*, Privatsphäre. Der Wandel eines liberalen Rechts im Zeitalter des Internets, Frankfurt/New York 2011, S. 32 f.; *Boehme-Neßler*, 6 IDPL (2016), 222 (224).

408 Vgl. *Rössler*, Privatheit und Autonomie: zum individuellen und gesellschaftlichen Wert des Privaten, in: Sandra Seubert/Peter Niesen (Hrsg.), Die Grenzen des Privaten, Baden-Baden 2010, S. 47; das ist gerade die Hauptwirkung des *Panopticon*, s. *Foucault*, Überwachen und Strafen. Die Geburt des Gefängnisses, 19. Aufl., Frankfurt am Main 2014, S. 258 f.

409 *Rössler*, Privatheit und Autonomie: zum individuellen und gesellschaftlichen Wert des Privaten, in: Sandra Seubert/Peter Niesen (Hrsg.), Die Grenzen des Privaten, Baden-Baden 2010, S. 46; vgl. auch *Hotter*, Privatsphäre. Der Wandel eines liberalen Rechts im Zeitalter des Internets, Frankfurt/New York 2011, S. 32 f.; *Boehme-Neßler*, 6 IDPL (2016), 222 (224).

410 Vgl. *Rössler*, Privatheit und Autonomie: zum individuellen und gesellschaftlichen Wert des Privaten, in: Sandra Seubert/Peter Niesen (Hrsg.), Die Grenzen des Privaten, Baden-Baden 2010, S. 46.

411 Vgl. *Hotter*, Privatsphäre. Der Wandel eines liberalen Rechts im Zeitalter des Internets, Frankfurt/New York 2011, S. 83 f.; *Rössler*, Privatheit und Autonomie: zum individuellen und gesellschaftlichen Wert des Privaten, in: Sandra Seubert/Peter Niesen (Hrsg.), Die Grenzen des Privaten, Baden-Baden 2010, S. 43.

dert.[412] Je nach Kontext[413] bezeichnet sie darum entweder „das **zu jedem Entwicklungszeitpunkt** eines bestimmten menschlichen Individuums **einzigartige** Gesamtsystem a) seiner grundlegenden physischen und psychischen Merkmale, b) seiner charakteristischen Anpassungsweisen in der Auseinandersetzung mit personinternen und personexternen Gegebenheiten sowie c) seines Selbst- und Welterlebens“ oder „die **Entwicklung** des Gesamtsystems der Persönlichkeit eines bestimmten menschlichen Individuums **über die gesamte Lebensspanne**“.[414] Die Persönlichkeit eines Menschen ist darum vielmehr als ein fluider Prozess zu verstehen und weniger als ein Zustand. Art. 2 Abs. 1 GG lässt sich auch im Lichte eines solchen Persönlichkeitsverständnisses verstehen.[415]

Dieser Wandlungsprozess vollzieht sich in der ununterbrochen stattfindenden Interaktion des Individuums mit seiner Umwelt.[416] Den größten Beitrag zur Persönlichkeitsentwicklung leistet dabei die soziale Interakti-

---

412 *Rauthmann*, Persönlichkeitspsychologie. Paradigmen, Strömungen, Theorien, Berlin 2017, S. 482; *Butler/McManus*, Psychology. A very short Introduction, Oxford 2014, pp. 81 ff.; vgl. auch *Rehbinder*, Ist Privatsphäre wichtig? Die Sicht der Psychologie, in: Volker Boehme-Neßler/Manfred Rehbinder (Hrsg.), Big Data: Ende des Datenschutzes?, Bern 2017, S. 11; *Eifert*, Autonomie und Sozialität, in: Christian Bumke/Anne Röthel (Hrsg.), Autonomie im Recht, Tübingen 2017, S. 366 f.; aus der Soziologie: *Kaufmann*, Wenn ICH ein anderer ist, Konstanz 2010, S. 11: „[…] das Individuum [ist] ganz und gar keine stabile, homogene Einheit […], sondern, im Gegenteil, in einem ständigen Wandel begriffen.“

413 Unterschieden werden v.a. eine strukturelle und eine prozessuale Perspektive, s. *Schneewind, Klaus A.*, Persönlichkeit, in: Gerd Wenninger (Hrsg.), Online-Lexikon der Psychologie (Spektrum) (URL: https://www.spektrum.de/lexikon/psychologie/persoenlichkeit/11379).

414 *Schneewind, Klaus A.*, Persönlichkeit, in: Gerd Wenninger (Hrsg.), Online-Lexikon der Psychologie (Spektrum) (URL: https://www.spektrum.de/lexikon/psychologie/persoenlichkeit/11379) (Hervorhebung von mir, SZ); vgl. aus der juristischen Literatur *Britz*, Freie Entfaltung durch Selbstdarstellung. Eine Rekonstruktion des allgemeinen Persönlichkeitsrechts aus Art. 2 I GG, Tübingen 2007, S. 18 f.

415 *Britz*, Freie Entfaltung durch Selbstdarstellung. Eine Rekonstruktion des allgemeinen Persönlichkeitsrechts aus Art. 2 I GG, Tübingen 2007, S. 18 f.: „Entfaltung als konstituierender Vorgang“. Zwar referieren *entwickeln* und *entfalten* zunächst beide auf einen vergleichbaren Vorgang eines zum Vorschein Bringens von etwas bereits Vorhandenem; sie beinhalten aber auch die Veränderung als mögliche Bedeutungskomponente. Im allgemeinen Sprachgebrauch wird die *entfalten* eher mit dem ersteren und *entwickeln* eher mit letzterem konnotiert, vgl. dazu auch *Suhr*, Entfaltung der Menschen durch die Menschen, Berlin 1976, S. 78 f.

416 *Butler/McManus*, Psychology. A very short Introduction, Oxford 2014, pp. 81 ff.; *Schneewind, Klaus A.*, Persönlichkeit, in: Gerd Wenninger (Hrsg.), Online-Lexi-

on[417].[418] *Niklas Luhmann* spricht darum von der „soziale[n] Konstitution [der] individuellen Persönlichkeit“.[419] Die menschliche Persönlichkeit erschafft sich demnach und rekonstituiert sich dann kontinuierlich neu in einem komplexen Wechselspiel aus der Selbstdarstellung des Einzelnen und der Rezeption und Reaktion seiner Mitmenschen.[420] Geprägt ist die soziale Interaktion vor allem durch die Verhaltenserwartungen der Inter-

---

kon der Psychologie (Spektrum) (URL: https://www.spektrum.de/lexikon/psychologie/persoenlichkeit/11379); *Luhmann*, Grundrechte als Institution, Berlin 1965, S. 61; *Britz*, Freie Entfaltung durch Selbstdarstellung. Eine Rekonstruktion des allgemeinen Persönlichkeitsrechts aus Art. 2 I GG, Tübingen 2007, S. 12 („Manipulativ kann fast alles sein. Alles beeinflusst das Individuum auf irgendeine Weise. Dass das Individuum ungerührt von äußeren Einflüssen seiner Wege geht, die es zur authentischen Wahl seiner eigenen Identität führen, ist nicht vorstellbar.“) u. ff., 19 („[…] die Identität einer Person, so wie sie sich im Wechselspiel externer und eigener Einflüsse bildet“); *Britz*, Verfassungsrechtlicher Schutz der freien Persönlichkeitsentfaltung, in: Christian Bumke/Anne Röthel (Hrsg.), Autonomie im Recht, Tübingen 2017, S. 356; beachtlich auch AK-GG-*Podlech*, Art. 1 Abs. 1 GG, Rn. 39: „Die Integrität einer Person, d.h. der durch **gesellschaftliche Machtausübung** ungestörte Zustand, durch Verarbeitung **gesellschaftlicher Einflüsse** nach selbstverantworteten Selektionsmechanismen lernen zu können […].“ (Hervorh. von mir, SZ).

417 Die Persönlichkeitsentwicklung erschöpft sich aber nicht darin. Auch die Persönlichkeit des Eremiten wird im kontinuierlichen Wechselspiel mit seiner Umwelt neu konstituiert.

418 So ist also nicht nur die Persönlichkeits*entfaltung* ein notwendig kommunikativer und interaktiver Vorgang, sondern sogar die Persönlichkeits*entwicklung* ein solcher. S. auch *Mallmann*, Zielfunktionen des Datenschutzes, Frankfurt am Main 1977, S. 47 ff., 53; *Britz*, Freie Entfaltung durch Selbstdarstellung. Eine Rekonstruktion des allgemeinen Persönlichkeitsrechts aus Art. 2 I GG, Tübingen 2007, S. 83; *Britz*, NVwZ 2019, 672 (673 f.); *Rossen-Stadtfeld*, Medien, in: Thomas Vesting/Stefan Korioth (Hrsg.), Der Eigenwert des Verfassungsrechts, Tübingen 2011, S. 100 f.; angedeutet auch bei AK-GG-*Podlech*, Art. 2 Abs. 1 GG, Rn. 38.

419 *Luhmann*, Grundrechte als Institution, Berlin 1965, S. 66.

420 *Luhmann*, Grundrechte als Institution, Berlin 1965, S. 61; *Kauffmann*, Wenn ICH ein anderer ist, Konstanz 2010, S. 19; vgl. auch *Tinnefeld*, Grundfragen, in: Tinnefeld et al., Einführung in das Datenschutzrecht, S. 62 (Individualität gewinne die Persönlichkeit durch Selbstdarstellung und Reaktion); *Podlech*, Das Recht auf Privatheit, in: Joachim Perels (Hrsg.), Grundrechte als Fundament der Demokratie, Frankfurt 1979, S. 57 (Selbstdarstellung in Vergangenheit, Gegenwart und Zukunft notwendig, um Individuum zu werden und zu bleiben); *Eifert*, Autonomie und Sozialität, in: Christian Bumke/Anne Röthel (Hrsg.), Autonomie im Recht, Tübingen 2017, S. 367; vgl. auch *Mallmann*, Zielfunktionen des Datenschutzes, Frankfurt am Main 1977, S. 48 (Prozesshaftigkeit von Identität und Selbst).

aktionspartner.[421] Diese Erwartungen gründen sich auf der einen Seite auf Annahmen über den jeweiligen Interaktionspartner und dessen Wissensstand bezüglich der eigenen Person („Sie kennt mich so gut. Sie wird ja wissen, wie es gemeint ist.") und auf der anderen Seite auf soziale Normen und Konventionen (z.B. „Man lauscht nicht!"[422]) sowie Dogmen (z.B. Rollenmustern).[423] Sowohl die Bestätigung als auch der Bruch mit den Erwartungen sowie Affirmation und Negation der Mitmenschen prägen die Persönlichkeitsentwicklung.[424] Es kann demnach von einer transsubjektiven Dimension der menschlichen Persönlichkeit gesprochen werden.

Der Wandlungsprozess der Persönlichkeit verläuft nicht sprunghaft, sondern ist als subtile Entwicklung vorstellbar, die noch für die kleinsten Einwirkungen sensibel ist.[425] Selbst Mikroentscheidungen prägen somit das künftige Selbst.[426] *„Anhand unterschiedlichster Lebenserfahrungen sammeln wir Tag für Tag neue, häufig winzige Orientierungspunkte an, die unser*

---

421 *Luhmann*, Grundrechte als Institution, Berlin 1965, S. 61; *Rössler*, Privatheit und Autonomie: zum individuellen und gesellschaftlichen Wert des Privaten, in: Sandra Seubert/Peter Niesen (Hrsg.), Die Grenzen des Privaten, Baden-Baden 2010, S. 46; *Rössler*, Der Wert des Privaten, Frankfurt am Main 2001, S. 205; vgl. auch *Tinnefeld*, Grundfragen, in: Tinnefeld et al., Einführung in das Datenschutzrecht, S. 62.

422 Bsp. bei *Rössler*, Privatheit und Autonomie: zum individuellen und gesellschaftlichen Wert des Privaten, in: Sandra Seubert/Peter Niesen (Hrsg.), Die Grenzen des Privaten, Baden-Baden 2010, S. 46.

423 *Rössler*, Privatheit und Autonomie: zum individuellen und gesellschaftlichen Wert des Privaten, in: Sandra Seubert/Peter Niesen (Hrsg.), Die Grenzen des Privaten, Baden-Baden 2010, S. 46; *Rössler*, Der Wert des Privaten, Frankfurt am Main 2001, S. 205, 212 f.; vgl. auch *Tinnefeld*, Grundfragen, in: Tinnefeld et al., Einführung in das Datenschutzrecht, S. 62; gesprochen wird auch von „wirkmächtigen Fremdbildern", s. *Britz*, Freie Entfaltung durch Selbstdarstellung. Eine Rekonstruktion des allgemeinen Persönlichkeitsrechts aus Art. 2 I GG, Tübingen 2007, S. 13 f., 52; vgl. auch *Goffman*, Stigma, 24. Aufl., Frankfurt am Main 2018, S. 9 ff.

424 *Luhmann*, Grundrechte als Institution, Berlin 1965, S. 61. Das Bild der Mitmenschen von einer Person wird dabei maßgeblich von den Brüchen mit ihren Erwartungen geprägt; erfüllte Rollenmuster werden der Einzelperson gar nicht zugerechnet, ihr Bruch hingegen sehr wohl, s. *Luhmann*, Grundrechte als Institution, Berlin 1965, S. 65 f.

425 *Kaufmann*, Wenn ICH ein anderer ist, Konstanz 2010, S. 33; vgl. auch *Britz*, Freie Entfaltung durch Selbstdarstellung. Eine Rekonstruktion des allgemeinen Persönlichkeitsrechts aus Art. 2 I GG, Tübingen 2007, S. 12 ff., 19.

426 *Kaufmann*, Wenn ICH ein anderer ist, Konstanz 2010, S. 33.

Leben und Handeln neu formulieren; die Gegenwart beeinflusst das künftige Selbst.“[427]

Mit dem technischen Fortschritt verändert sich die Bedeutung der sozialen Interaktion, verstanden als zwischenmenschliche Interaktion, gegenüber der Bedeutung anderer Umwelteinflüsse. Erst mit der elektronischen Datenverarbeitung und dann durch das Internet und die datenbasierte Ökonomie rücken Mensch-Maschine-Interaktionen in den Vordergrund und verdrängen die zwischenmenschliche Interaktion.[428] Im Folgenden soll darum soziale Interaktion als Oberbegriff fungieren, der die zwischenmenschliche und die Mensch-Maschine-Interaktion umfasst.

d) Zwischenergebnis

Die Selbstdarstellung des Einzelnen in der sozialen Interaktion prägt somit nicht nur die Persönlichkeits*entfaltung*, sondern sogar die Persönlichkeits*entwicklung*. Die Entwicklung der menschlichen Persönlichkeit erschöpft sich zudem nicht in der Selbstdarstellung. Sie ist vielmehr geprägt vom gesamten Interaktionsprozess und von allen auf das Individuum einwirkenden Faktoren. Die menschliche Persönlichkeit ist demnach notwendig fremdbestimmt.[429]

4. Autonomie durch Reflexion im Privaten

Unter diesen Bedingungen der notwendigen Heteronomie der Persönlichkeitsentwicklung, scheint die Herausbildung einer autonomen Persönlich-

---

427 *Kaufmann*, Wenn ICH ein anderer ist, Konstanz 2010, S. 26.

428 S. nur *Hildebrandt*, Smart Technologies and the End(s) of Law, Cheltenham 2016, pp. 21 ff.

429 Vgl. auch *Britz*, Freie Entfaltung durch Selbstdarstellung. Eine Rekonstruktion des allgemeinen Persönlichkeitsrechts aus Art. 2 I GG, Tübingen 2007, S. 15; *Britz*, Verfassungsrechtlicher Schutz der freien Persönlichkeitsentfaltung, in: Christian Bumke/Anne Röthel (Hrsg.), Autonomie im Recht, Tübingen 2017, S. 357. Eine neue Bedeutung gewinnt unter diesen Voraussetzungen die Einsichtnahme in die Stasi-Akten nach dem StUG zur „Aufklärung des persönlichen Schicksals“, s. dazu *Vismann*, Akten. Medientechnik und Recht, 2. Aufl., Frankfurt am Main 2001, S. 310. Selbst wenn man der Annahme folgt, die Persönlichkeit des Menschen sei nicht entwicklungsoffen, besteht eine Verbindung zwischen Autonomie und Privatheit, die sich dann aber in den Einschüchterungseffekten manifestiert, dazu später.

keit unmöglich. Wenn Autonomie negativ bestimmt wird, als die Freiheit von jeglicher Fremdeinwirkung, ist sie unter diesen Bedingungen tatsächlich eine Utopie.[430] Mit *Immanuel Kant* ist Autonomie der Wille, der sich selbst bestimmt.[431] Gemeint ist damit, dem eigenen Willen eine Maxime aufzugeben, aus der das Wollen im Einzelfall deduziert werden kann.[432] Anders gewendet ist ein autonomes Individuum in der Lage, selbst ein Kriterium zu entwickeln, nach dem es die Wichtigkeit seiner unmittelbaren Bedürfnisse unterscheiden kann.[433] Dafür ist erforderlich, die Situation zu abstrahieren, um sich ihrer Beeinflussung zu entziehen.[434] Eine Selbstbestimmung der Persönlichkeitsentwicklung kann demnach nur dadurch erlangt und behauptet werden, sich der Einwirkungen auf den Entwicklungsprozess der Persönlichkeit gegenwärtig zu werden und zu bleiben. Dazu ist erforderlich, sich der stattfindenden Beeinflussung zu entziehen, um diese gewissermaßen aus der Distanz beobachten und reflektieren zu können.[435] Wenn aber jede Umwelt auf die Persönlichkeit wirkt, ist der Ausschluss aller einwirkenden Faktoren unmöglich. Jede Umwelt wird permanent durch eine neue ersetzt. Möglich ist aber, sich zumindest (weitgehend) der sozialen Interaktion zu entziehen, die wie oben gesehen den Großteil der Persönlichkeitskonstitution ausmacht.[436] Diesen Entzug be-

---

430 *Britz*, Freie Entfaltung durch Selbstdarstellung. Eine Rekonstruktion des allgemeinen Persönlichkeitsrechts aus Art. 2 I GG, Tübingen 2007, S. 15 bezeichnet die Autonomie darum als „graduelles Phänomen".

431 *Kant*, GMS BA 87; vgl. auch *Adorno*, Erziehung zur Mündigkeit, Frankfurt am Main 1971, S. 93; ; mit Bezugnahme auf Kant und unter Abgrenzung zu einem negativen Freiheitsverständnis als Abwesenheit äußerer Zwänge *Hotter*, Privatsphäre. Der Wandel eines liberalen Rechts im Zeitalter des Internets, Frankfurt/New York 2011, S. 29.

432 *Kant*, GMS BA 87 f. Dieser Autonomiebegriff findet sich auch in der Verfassungsrechtswissenschaft, s. *Britz*, Freie Entfaltung durch Selbstdarstellung. Eine Rekonstruktion des allgemeinen Persönlichkeitsrechts aus Art. 2 I GG, Tübingen 2007, S. 9 („Sie selbst setzt die Maßstäbe, denen ihr Handeln folgt"), dort allerdings ohne Bezugnahme auf Kant.

433 Vgl. *Winter*, Demokratietheoretische Implikationen des Rechts auf informationelle Selbstbestimmung, in: Michael Friedewald u.a. (Hrsg.), Informationelle Selbstbestimmung im digitalen Wandel, S. 43.

434 *Kant*, GMS BA 90.

435 Vgl. *Britz*, Freie Entfaltung durch Selbstdarstellung. Eine Rekonstruktion des allgemeinen Persönlichkeitsrechts aus Art. 2 I GG, Tübingen 2007, S. 15 f., 20; *Britz*, Verfassungsrechtlicher Schutz der freien Persönlichkeitsentfaltung, in: Christian Bumke/Anne Röthel (Hrsg.), Autonomie im Recht, Tübingen 2017, S. 357 f.

436 Wobei aber nicht notwendigerweise der lokale Rückzug gemeint ist. Die lokale Privatheit ist nur eine Dimension der Privatheit.

schreibt der Begriff der Privatheit.[437] Ein wenig nebulös wird sie als „mentaler Ort zum Durchatmen“[438] beschrieben, der ermögliche, mit abweichenden Ideen zu experimentieren und sich von sozialen Spannungen zu erholen.[439] „Nur wer privat ist, kann politisch frei sein.“[440], heißt es.[441] Die Privatheit gestatte, „autonom und authentisch“ herauszufinden, „was man will und ‚wer man sein möchte.‘“[442] Ebendies wird aber erst möglich durch die Reflexion der Beeinflussung.

Dieses Bild bestätigt die vielbemühte Gegenprobe. In totalitären Regimen ist die Privatsphäre der Bürger oft eingeschränkt oder aufgehoben.[443] Oft ist allein dies ausreichend zur Aufhebung zivilen Widerstands.

---

437 Vgl. *Hotter*, Privatsphäre. Der Wandel eines liberalen Rechts im Zeitalter des Internets, Frankfurt/New York 2011, S. 30 (Privatsphäre, nicht Privatheit); ein solches Verständnis lässt sich schon bei *Augustinus von Hippo* (354-430 n. Chr.) entdecken, s. *Geuss*, Privatheit. Eine Genealogie, Frankfurt am Main 2013, S. 82, 93 („ein ontologisch privilegierter Rückzugsort in seinem eigenen Denken“).

438 *Boehme-Neßler*, 6 IDPL (2016), 222 (226) m.w.N.

439 *Boehme-Neßler*, 6 IDPL (2016), 222 (226).

440 *Podlech*, Das Recht auf Privatheit, in: Joachim Perels (Hrsg.), Grundrechte als Fundament der Demokratie, Frankfurt am Main 1979, S. 53.

441 Vgl. auch *Simitis*, Argumente für ein Datenschutzgesetz. Zugleich eine Einleitung, in: *Miller*, Der Einbruch in die Privatsphäre. Datenbanken und Dossiers, Neuwied u.a. 1973, S. XIV: „Verweigerung der Privatsphäre ist Verweigerung der Selbstbestimmung ist Verweigerung der Freiheit.“

442 *Rössler*, Der Wert des Privaten, Frankfurt am Main 2001, S. 304; vgl. auch *Boehme-Neßler*, 6 IDPL (2016), 222 (228); *Boehme-Neßler*, DVBl. 2015, 1282 (1285); *Bauman/Lyon*, Blätter für deutsche und internationale Politik 10/2013, 51 (58); *Boehme-Neßler*, Die Macht der Algorithmen. Anmerkungen zum Einfluss von *Big Data* auf die Demokratie, in: Volker Boehme-Neßler/Manfred Rehbinder (Hrsg.), Big Data: Ende des Datenschutzes?, Bern 2017, S. 121.

443 S. schon *Westin*, Privacy and Freedom, London 1970, p. 23; aus der neueren Literatur etwa *Boehme-Neßler*, Die Macht der Algorithmen. Anmerkungen zum Einfluss von *Big Data* auf die Demokratie, in: Volker Boehme-Neßler/Manfred Rehbinder (Hrsg.), Big Data: Ende des Datenschutzes?, Bern 2017, S. 121; *Boehme-Neßler*, DVBl. 2015, 1282 (1287); *Sandfuchs*, Privatheit wider Willen, Tübingen 2015, S. 46.

5. Privatheit als soziale Eigenschaft

Privatheit wird in der Regel als Gegenbegriff zur Öffentlichkeit bestimmt.[444] Was privat ist, soll nicht zugänglich sein.[445] Was genau aber privat ist und was nicht, wird von Kultur zu Kultur, von Zeit zu Zeit und in Nuancen auch von Mensch zu Mensch derselben Kultur unterschiedlich beurteilt.[446] Irgendein Konzept von Privatheit findet sich allerdings in jeder Kultur.[447] Die wissenschaftlichen, Allgemeingültigkeit anstrebenden Definitionsversuche sind mannigfaltig.[448] Im Recht wird das Recht auf Privatheit grundsätzlich als *„right to be let alone"* verstanden (s. A.II.2.).[449] Die soziale Gemeinschaft ist in diesem Verständnis nur als mögliche Ein-

---

444 *Mühlichen*, Privatheit im Zeitalter vernetzter Systeme, Opladen u.a. 2018, S. 21 f.; s. z.B. *Horn*, in: HbStR, Bd. VII, 3. Aufl., § 149, Rn. 6; s.a. *Geuss*, Privatheit. Eine Genealogie, Frankfurt am Main 2013, S. 16 (wobei auf den S. 18 f. noch weitere Gegensätze zu öffentlich genannt sind: „geheim", „arkan"); *Rössler*, Der Wert des Privaten, Frankfurt am Main 2001, S. 11, 18; *Gusy*, KritV 2015, 430 (434 f.).

445 Vgl. *Rössler*, Privatheit und Autonomie: zum individuellen und gesellschaftlichen Wert des Privaten, in: Sandra Seubert/Peter Niesen (Hrsg.), Die Grenzen des Privaten, Baden-Baden 2010, S. 42; *Geuss*, Privatheit. Eine Genealogie, Frankfurt am Main 2013, S. 17 f., 106.; *Horn*, in: HbStR, Bd. VII, 3. Aufl., § 149, Rn. 4.

446 *Rössler*, Privatheit und Autonomie: zum individuellen und gesellschaftlichen Wert des Privaten, in: Sandra Seubert/Peter Niesen (Hrsg.), Die Grenzen des Privaten, Baden-Baden 2010, S. 49 f.; *Horn*, in: HbStR, Bd. VII, 3. Aufl., § 149, Rn. 6 f.; *Boehme-Neßler*, 6 IDPL (2016), 222 (225); *Boehme-Neßler*, DVBl. 2015, 1282 (1285) m.w.N.; *Alexy*, Theorie der Grundrechte, 2. Aufl., Frankfurt am Main 1994, S. 334; *Miller*, Der Einbruch in die Privatsphäre. Datenbanken und Dossiers, Neuwied u.a. 1973, S. 30 f.: „Der Begriff der ‚Privatsphäre' ist schwierig zu definieren, weil er zum Verzweifeln vage und nebelhaft ist und oft für verschiedene Menschen auffallend verschiedene Bedeutungen hat." Privatsphäre ist nicht identisch mit Persönlichkeit, wie es bei *Schmitt Glaeser*, in: HbStR, Bd. VI, Heidelberg 1989, § 129, Rn. 1 u. 2 anklingt.

447 *Boehme-Neßler*, 6 IDPL (2016), 222 (225) m.w.N.; *Boehme-Neßler*, DVBl. 2015, 1282 (1285).

448 Ein Kategorisierungsversuch findet sich bei *Rössler*, Der Wert des Privaten, Frankfurt am Main 2001, S. 16 ff., ab S. 20 werden fünf Kategorien unterschieden: „Natur", „right to be left alone", „Zugang", „Kontrolle", „Zustand"; vgl. auch *Solove*, Understanding Privacy, Cambridge (Mass.) 2008, p. 1 e.g.: "Privacy, however, is a concept in disarray. Nobody can articulate what it means." and pp. 14 ff.

449 S. etwa *Horn*, in: HbStR, Bd. VII, 3. Aufl., § 149, Rn. 14; *Boehme-Neßler*, DVBl. 2015, 1282 (1284). Jdf. in räumlicher Hinsicht BVerfGE 89, 1 (12); 115, 166 (196); 120, 180 (199); vgl. auch *Rössler*, Der Wert des Privaten, Frankfurt am

schränkung der Privatheit denkbar, als Rechtfertigung für Eingriffe in den Bereich der Privatheit.[450] Dieses Verständnis steht im Widerspruch zum Faktischen: Nach den sozialethischen Vorstellungen vieler Kulturen ist die Sexualität der privateste Bereich von allen[451] – nach denselben sozialethischen Vorstellungen (zumindest in religiöser Tradition) ist Sexualität aber gerade nicht allein möglich.[452] Privatheit als isolierten Bereich zu betrachten, trifft darum nicht die soziale Realität. Sie kann nicht die Abwesenheit jeder Art von sozialer Interaktion (und damit Fremdbestimmung) bedeuten.[453] Sie ist nicht das Gegenteil von Gesellschaft. Privatheit ist vielmehr ein dynamisch veränderlicher Bereich: Etwas kann gegenüber bestimmten Menschen oder der Öffentlichkeit privat sein und gegenüber anderen nicht.[454] Privatheit ist damit eine soziale Eigenschaft.[455]

Mit *Beate Rössler* ist etwas privat, wenn eine Person den Zugang zu diesem etwas kontrollieren kann.[456] Zugang soll dabei sowohl konkret-physisch als auch metaphorisch zu verstehen sein und die Kontrollmöglichkeit nicht nur deskriptiv, sondern auch normativ.[457] So ist beispielsweise der Zugang zu einer Wohnung (konkret-physisch) ebenso umfasst wie der Zu-

---

Main 2001, S. 14, 20; Kritisch zu dieser Begriffsbestimmung schon *Mallmann*, Zielfunktionen des Datenschutzes, Frankfurt am Main 1977, S. 67.

450 AK-GG-*Podlech*, Art. 2 Abs. 1, Rn. 53.

451 Vgl. z.B. *Benda*, in: HbVR, § 6, Rn. 25.

452 S. kritisch AK-GG-*Podlech*, Art. 2 Abs. 1, Rn. 38; zudem entbehrt eine so bestimmte Privatheit der Abgrenzung zum negativen Freiheitsrecht, vgl. *Rössler*, Der Wert des Privaten, Frankfurt am Main 2001, S. 20 f.

453 AK-GG-*Podlech*, Art. 2 Abs. 1, Rn. 38, 53; vgl. auch *Gusy*, KritV 2015, 430 (432 f.).

454 *Moll*, Die Zukunft des Rechts auf informationelle Selbstbestimmung aus medienpsychologischer Sicht, in: Michael Friedewald u.a. (Hrsg.), Informationelle Selbstbestimmung im digitalen Wandel, Wiesbaden 2017, S. 49; vgl. auch *Hotter*, Privatsphäre. Der Wandel eines liberalen Rechts im Zeitalter des Internets, Frankfurt/New York 2011, S. 30, 81 f.; *Boehme-Neßler*, 6 IDPL (2016), 222 (225); *Boehme-Neßler*, Die Macht der Algorithmen. Anmerkungen zum Einfluss von *Big Data* auf die Demokratie, in: Volker Boehme-Neßler/Manfred Rehbinder (Hrsg.), Big Data: Ende des Datenschutzes?, Bern 2017, S. 118; *Boehme-Neßler*, DVBl. 2015, 1282 (1285); AK-GG-*Podlech*, Art. 2 Abs. 1, Rn. 53.

455 AK-GG-*Podlech*, Art. 2 Abs. 1, Rn. 53; s. auch *Podlech*, Das Recht auf Privatheit, in: Joachim Perels (Hrsg.), Grundrechte als Fundament der Demokratie, Frankfurt 1979, S. 51; vgl. auch *Gusy*, KritV 2015, 430 (432 f.).

456 *Rössler*, Der Wert des Privaten, Frankfurt am Main 2001, S. 23, 201; *Rössler*, Privatheit und Autonomie: zum individuellen und gesellschaftlichen Wert des Privaten, in: Sandra Seubert/Peter Niesen (Hrsg.), Die Grenzen des Privaten, Baden-Baden 2010, S. 42 f.

457 *Rössler*, Der Wert des Privaten, Frankfurt am Main 2001, S. 23 f.

gang zu Wissen über eine Person (metaphorisch) und die Kontrollmöglichkeit besteht entweder faktisch (deskriptiv) oder sie sollte bestehen (normativ).[458] *Beate Rössler* unterscheidet weiter drei sich überlappende Dimensionen der Privatheit: die lokale Privatheit, die dezisionale Privatheit und die informationelle Privatheit.[459] Die erste beschreibt ontische Bereiche, für die eine Person den Anspruch hat, dass sie vor dem Zutritt anderer geschützt sind. Die zweite beschreibt Verhaltens- und Handlungsweisen, für die eine Person den Anspruch hat, „vor unerwünschtem Zutritt im Sinne von unerwünschtem Hineinreden, von Fremdbestimmen bei Entscheidungen und Handlungen geschützt zu sein".[460] Die dritte beschreibt Wissen („Daten, Informationen") über eine Person, für das der Anspruch besteht, vor dem Zugang geschützt zu sein.[461] „Privat" bleibt damit das Attribut von etwas. Etwas ist privat, weil die Möglichkeit zur Zugangskontrolle besteht oder bestehen sollte. Unbestimmt bleibt damit, was privat ist und was nicht.

6. Informationelle Selbstbestimmung

Diesen Bereich dessen, *was* privat ist, markieren die Menschen einer Gesellschaft in ihrem und durch ihr Zusammenleben. Er lässt sich damit also als konventionell beschreiben.[462] Für die hiesige Argumentation muss also bestimmt werden, welche Privatheitskonvention zum Erhalt einer demokratischen Gesellschaft notwendig ist. Wie oben gesehen erfordert die Entwicklung und Bewahrung einer autonomen Persönlichkeit die Privatheit als Möglichkeit der Reflexion der auf das Individuum wirkenden Einflüsse in der sozialen Interaktion. Im Speziellen geht es um die Kontrolle des

---

458 *Rössler*, Der Wert des Privaten, Frankfurt am Main 2001, S. 24.

459 *Rössler*, Privatheit und Autonomie: zum individuellen und gesellschaftlichen Wert des Privaten, in: Sandra Seubert/Peter Niesen (Hrsg.), Die Grenzen des Privaten, Baden-Baden 2010, S. 43.

460 *Rössler*, Der Wert des Privaten, Frankfurt am Main 2001, S. 25 (Zitat ebd.).

461 *Rössler*, Der Wert des Privaten, Frankfurt am Main 2001, S. 24 f.; *Rössler*, Privatheit und Autonomie: zum individuellen und gesellschaftlichen Wert des Privaten, in: Sandra Seubert/Peter Niesen (Hrsg.), Die Grenzen des Privaten, Baden-Baden 2010, S. 44.

462 *Rössler*, Der Wert des Privaten, Frankfurt am Main 2001, S. 25, 212; *Rössler*, Privatheit und Autonomie: zum individuellen und gesellschaftlichen Wert des Privaten, in: Sandra Seubert/Peter Niesen (Hrsg.), Die Grenzen des Privaten, Baden-Baden 2010, S. 49.

Wissensregimes.[463] Um autonom zu sein, muss das Individuum selbst in jeder Situation, jeder sozialen Interaktion kontrollieren können, welche Sachverhalte wem gegenüber verborgen bleiben und welche offenbart werden.[464] Es geht somit um die Dimension der informationellen Privatheit und das Individuum muss um seiner Autonomie willen die Möglichkeit haben, den Bereich des Privaten selbst zu markieren. Die sich daraus ergebende Entscheidungslinie über die „Zugangskontrolle zum Selbst“[465], die Definition des mit „informationell privat“ attribuierten Bereichs durch das Individuum lässt sich als informationelle Selbstbestimmung beschreiben.[466]

Von dieser informationellen Selbstbestimmung als natürlichem Prozess[467] ist die informationelle Selbstbestimmung *als Recht* dringend zu unterscheiden. Das bloße Recht, die Entscheidung über die Privatheit treffen zu dürfen, sagt noch nichts über die tatsächliche Möglichkeit der informationellen Selbstbestimmung, den Zustand, aus.[468] Diese Differenzierung gewinnt gerade dadurch an Bedeutung, dass die informationelle Selbstbestimmung als Prozess, wie sie hier beschrieben ist, zum Großteil unbewusst stattfindet. In den wenigsten Interaktionen wägt das Individuum rational ab, wie es sich verhält und wie es sich äußert. Der Prozess ist vielmehr emotional gesteuert. Schon *Georg Simmel* stellte fest: „Das gegenseitige Verhalten der Menschen ist häufig nur dadurch begreiflich, daß eine in-

---

463 Vgl. *Rössler*, Der Wert des Privaten, Frankfurt am Main 2001, S. 205 f.

464 AK-GG-*Podlech*, Art. 2 Abs. 1 GG, Rn. 45; *Boehme-Neßler*, DVBl. 2015, 1282 (1285); vgl. auch *Britz*, Verfassungsrechtlicher Schutz der freien Persönlichkeitsentfaltung, in: Christian Bumke/Anne Röthel (Hrsg.), Autonomie im Recht, Tübingen 2017, S. 361 f.; *Rössler*, Der Wert des Privaten, Frankfurt am Main 2001, S. 205 f., 208 f.

465 Vgl. *Rössler*, Der Wert des Privaten, S. 23 f.; *Rössler*, Privatheit und Autonomie: zum individuellen und gesellschaftlichen Wert des Privaten, in: Sandra Seubert/Peter Niesen (Hrsg.), Die Grenzen des Privaten, Baden-Baden 2010, S. 44 f.; *Boehme-Neßler*, 6 IDPL (2016), 222 (225).

466 S. auch *Rössler*, Privatheit und Autonomie: zum individuellen und gesellschaftlichen Wert des Privaten, in: Sandra Seubert/Peter Niesen (Hrsg.), Die Grenzen des Privaten, Baden-Baden 2010, S. 49: „Das Funktionieren informationeller Selbstbestimmung, der Schutz informationeller Privatheit [...].“

467 Instruktiv dazu *Schmale*, DuD 2019, 327 (329): „Bei aller Flexibilität ist es aber gesellschaftlich immer klar, wenn Privatheit in unzulässiger Weise verletzt wird. Jeder weiß das intuitiv, dazu braucht es keine Lehrbücher.“

468 Ähnlich *Broemel/Trute*, Berliner Debatte Initial 27 (2016), 50 (56); *Rouvroy/Poullet*, The Right to Informational Self-Determination and the Value of Self-Development: Reassessing the Importance of Privacy for Democracy, in: Serge Gutwirth et al. (eds.), Reinventing Data Protection?, Dordrecht 2009, p. 59.

nere Anpassung uns diejenigen Gefühle anzüchtet, die für die gegebene Situation, [...] eben die zweckmäßigsten sind [...].“[469] Der Weg, den Prozess der informationellen Selbstbestimmung zu schützen, kann darum nicht sein, dem Einzelnen die rationale Entscheidung über die Preisgabe seiner personenbezogenen Daten aufzuerlegen. Eine staatliche Regulation muss vielmehr eine Umgebung schaffen, in der die informationelle Selbstbestimmung als natürlicher Prozess der sozialen Interaktion störungsfrei funktionieren kann.[470] Hierin liegt das Kernproblem des Datenschutzes im Internet.

7. Funktionsbedingungen der Demokratie

Die informationelle Selbstbestimmung ist also diejenige (zum Großteil) unbewusste Dynamik, die den Grenzverlauf zwischen privaten Informationen und verfügbaren Informationen bestimmt. Der Rückzug in die Privatheit ermöglicht dem einzelnen Menschen die Reflexion der eigenen Heteronomie und somit die Ausbildung und Erhaltung einer – weitgehend – autonomen Persönlichkeit, die für die Funktionsweise eines demokratischen Systems unverzichtbar ist. Die informationelle Selbstbestimmung, die Privatheit und die freie Persönlichkeitsentwicklung sind somit Funktionsbedingungen der Demokratie.[471]

---

469 *Simmel*, Soziologie, Frankfurt 1992, S. 303.

470 Vgl. *Rouvroy/Poullet*, The Right to Informational Self-Determination and the Value of Self-Development: Reassessing the Importance of Privacy for Democracy, in: Serge Gutwirth et al. (eds.), Reinventing Data Protection?, Dordrecht 2009, pp. 59 f. Ähnlich kritisiert auch *Bull*, Informationelle Selbstbestimmung – Vision oder Illusion?, 2. Aufl., Tübingen 2011, S. 45: „Das BVerfG hat im Grunde *Voraussetzungen* der Grundrechtsausübung zum *Inhalt* eines Grundrechts gemacht.“

471 Vgl. auch in Bezug auf ein oder mehrere der genannten Schutzgüter, mit unterschiedlichen Begründungswegen *Boehme-Neßler*, 6 IDPL (2016), 222 (228); *Boehme-Neßler*, UFITA 2015, 655 (666); *Winter*, Demokratietheoretische Implikationen des Rechts auf informationelle Selbstbestimmung, in: Michael Friedewald/Jörn Lamla/Alexander Roßnagel (Hrsg.), Informationelle Selbstbestimmung im digitalen Wandel, Wiesbaden 2017, S. 38; *Rouvroy/Poullet*, The Right to Informational Self-Determination and the Value of Self-Development: Reassessing the Importance of Privacy for Democracy, in: Serge Gutwirth et al. (eds.), Reinventing Data Protection?, Dordrecht 2009, pp. 46, 51, 55; *Rössler*, Privatheit und Autonomie: zum individuellen und gesellschaftlichen Wert des Privaten, in: Sandra Seubert/Peter Niesen (Hrsg.), Die Grenzen des Privaten, Baden-Baden 2010, S. 49 ff.; *Gusy*, KritV 2015, 430 (453 f., 460).

8. Störungen und Datenschutz – Steuerungsfähigkeit des Rechts

Diese Darstellung wirft die Frage auf, wie das Recht diese Funktionsbedingungen bewahren kann, wenn das Individuum den Zugang zum Selbst doch augenscheinlich selbst reguliert und somit selbst für die Entwicklung zur eigenen Autonomie und für deren Bewahrung Sorge trägt. Hier liegt der Anknüpfungspunkt für den Datenschutz. Die Aufgabe des Datenschutzrechts besteht darin, die Selbstregulierung des Zugangs zum Selbst vor Störungen zu bewahren. Das Recht muss demnach für die informationelle Selbstbestimmung die Freiheit von staatlicher Determination und „sozial manifesten Außenursachen"[472] garantieren.[473] Es muss dafür sorgen, dass der Rückzug ins Private tatsächlich möglich ist. So wird Datenschutz zur strukturellen Voraussetzung für die Demokratie.[474]

Diese Aufgabe des Rechts erlangt durch den Bedeutungsverlust der sozialen Interaktion gegenüber der Mensch-Maschine-Interaktion zunehmend an Bedeutung. Sich der Interaktion mit anderen Menschen zu entziehen und Informationen vor diesen zu verbergen, d.h. eine soziale Rolle zu spielen, ist verhältnismäßig leicht, weil Menschen grundsätzlich einschätzen können, welche Art der Information für andere Menschen verarbeitungsfähig ist. Die von Maschinen, beispielsweise algorithmisch, verarbeiteten Informationen unterscheiden sich aber grundlegend von diesen. Dadurch kommt es zu grundlegenden Fehleinschätzungen und in der Konsequenz grundlegenden Störungen der informationellen Selbstbestimmung (dazu auch insbes. C.II.4., D.I.2).[475] Als Beispiel kann ein Facebookpost dienen. Während ein menschliches Gegenüber sich vor allem für den Inhalt des Posts interessieren wird, verarbeitet ein Algorithmus vor allem

---

472 *Luhmann*, Grundrechte als Institution, Berlin 1965, S. 66.

473 Vgl. *Britz*, Freie Entfaltung durch Selbstdarstellung. Eine Rekonstruktion des allgemeinen Persönlichkeitsrechts aus Art. 2 I GG, Tübingen 2007, S. 82: „Der Schutz des allgemeinen Persönlichkeitsrechts zielt mithin auf eine menschliche Eigenleistung. Der Staat als Grundrechtsadressat kann dabei nur unterstützend tätig werden. Er muss Voraussetzungen dafür schaffen, dass das Individuum solchen inneren Freiraum erhalten und erweitern kann." u. 83: „Erst dort, wo die effektive Selbstdarstellung strukturell gefährdet ist, setzt der grundrechtliche Schutz ein."; *Britz*, Verfassungsrechtlicher Schutz der freien Persönlichkeitsentfaltung, in: Christian Bumke/Anne Röthel (Hrsg.), Autonomie im Recht, Tübingen 2017, S. 362 f.; AK-GG-*Podlech*, Art. 2 Abs. 1 GG, Rn. 55.

474 *Boehme-Neßler*, UFITA 2015, 655 (666); *Boehme-Neßler*, 6 IDPL (2016), 222 (228).

475 In eine ähnliche Richtung denkt *Gusy*, KritV 2015, 430 (437).

Metadaten, d.h. Daten über den Post.[476] Das könnten beispielsweise die Länge des Posts oder die Uhrzeit, zu der gepostet wurde, sein. Aus diesen Daten bestimmt der Algorithmus nun, ob die postende Person eher ein „Nachtschwärmer“ oder ein Frühaufsteher ist oder ob sie gern viel schreibt oder sich kurzhält. Die den Post verfassende Person wird aber in aller Regel davon ausgehen, nur das preisgegeben zu haben, was im Post selbst steht.

III. Die Demokratie betreffende Implikationen von Einschüchterungseffekten

Prägendes Leitbild im negativen Sinne für das Datenschutzrecht war wie oben gesehen die Überwachung (s. A.II.3. u. 4.). *Michel Foucault* erblickte in dem architektonischen Entwurf des *Panopticon* von *Jeremy Bentham*[477] den Archetyp vollendeter Überwachung und schließlich das Grundprinzip seiner Disziplinargesellschaft:[478]

> „[A]n der Peripherie ein ringförmiges Gebäude; in der Mitte ein Turm, der von breiten Fenstern durchbrochen ist, welche sich nach der Innenseite des Ringes öffnen; das Ringgebäude ist in Zellen unterteilt, von denen jede durch die gesamte Tiefe des Gebäudes reicht; sie haben jeweils zwei Fenster, eines nach innen, das auf die Fenster des Turms gerichtet ist, und eines nach außen, sodass die Zelle auf beiden Seiten von Licht durchdrungen wird. Es genügt demnach, einen Aufseher im Turm aufzustellen und in jeder Zelle einen Irren, einen Kranken, einen Sträfling, einen Arbeiter oder einen Schüler unterzubringen. Vor dem Gegenlicht lassen sich vom Turm aus die kleinen Gefangenensilhouetten in den Zellen des Ringes genau ausnehmen. Jeder Käfig ist ein kleines Theater, in dem jeder Akteur allein ist, vollkom-

---

476 Vgl. *Hagen*, APuZ 40-41/2018, 29 (32); *Broemel/Trute*, Berliner Debatte Initial 27 (2016), 50 (52).

477 *Bentham*, Panopticon. Or, The Inspection-House (1787), insbes. Letters II, III, abgedruckt in: *Bentham*, The Panopticon Writings, London/New York 1995, pp. 29 ff. Die graphische Darstellung des Entwurfs des Architekten *Willey Reveley* ist online abrufbar unter Wikimedia Commons (URL: https://commons.wikimedia.org/wiki/Category:Panopticons#/media/File:Panopticon.jpg).

478 *Foucault*, Überwachen und Strafen. Die Geburt des Gefängnisses, 19. Aufl., Frankfurt am Main 2014, S. 251 ff. – Zur Aktualität und Überholung dieser Metapher für aktuelle Formen der Überwachung s. *Bauman/Lyon*, Daten, Drohnen, Disziplin, 3. Aufl., Frankfurt am Main 2014, S. 70 ff.

> men individualisiert und ständig sichtbar.“[479] […] „[Jeder] wird gesehen, ohne selber zu sehen; er ist Objekt einer Information, niemals Subjekt einer Kommunikation.“[480]

Vollendete Überwachung bedeutet damit perfekte Sicht bei eigener vollständiger Unsichtbarkeit. Die Aufseherin im *Panopticon* kann jede Insassin genau beobachten, keine Handlung bleibt ihr verborgen. Umgekehrt ist es für die Insassin nicht erkennbar, ob die Aufseherin sie gerade beobachtet oder nicht.[481] Für die Insassin im *Panopticon* ist damit „das Interaktionen eigene Wechselspiel des Sehens und Gesehen-Werdens“[482] aufgelöst.[483] Für sie gibt es nur noch die Aktion, auf die jederzeit eine Reaktion folgen *könnte*. Sie verkommt zum bloßen Objekt einer Information.[484] Entsprechend funktioniert der Teleschirm bei *Orwell*, dessen Dystopie zum negativen Leitbild des deutschen Datenschutzrechts geworden ist (s. A.II.3. u. 4.).

In dieser Unsicherheit über die tatsächliche Durchführung der Beobachtung, liegt die Hauptwirkung der Überwachung. Dadurch, dass die Insassin im *Panopticon* nicht weiß, ob sie gerade beobachtet wird, muss sie jederzeit davon ausgehen, beobachtet zu werden und versucht kein auffälliges Verhalten zu zeigen. Sie diszipliniert sich selbst.[485]

---

479 *Foucault*, Überwachen und Strafen. Die Geburt des Gefängnisses, 19. Aufl., Frankfurt am Main 2014, S. 256 f.

480 *Foucault*, Überwachen und Strafen. Die Geburt des Gefängnisses, 19. Aufl., Frankfurt am Main 2014, S. 257.

481 Vgl. schon *Bentham*, Panopticon Writings, London/New York 1995, p. 43: „seeing without being seen“. Hier bestehen interessante und erschreckende Parallelen zur neueren Drohnentechnik, s. *Bauman/Lyon*, Blätter für deutsche und internationale Politik 10/2013, 51 (51 ff.), insbes. „Gorgon stare“, ebd. (53) und zu neuerer Überwachungstechnologie i.A. *Mau*, Das metrische Wir. Über die Quantifizierung des Sozialen, 2. Aufl., Berlin 2017, S. 232.

482 *Foucault*, Überwachen und Strafen. Die Geburt des Gefängnisses, 19. Aufl., Frankfurt am Main 2014, S. 259.

483 *Bächle*, Digitales Wissen, Daten und Überwachung zur Einführung, Hamburg 2016, S. 162 f.

484 *Foucault*, Überwachen und Strafen. Die Geburt des Gefängnisses, 19. Aufl., Frankfurt am Main 2014, S. 257.

485 *Foucault*, Überwachen und Strafen. Die Geburt des Gefängnisses, 19. Aufl., Frankfurt am Main 2014, S. 258 f.; vgl. *Bächle*, Digitales Wissen, Daten und Überwachung zur Einführung, Hamburg 2016, S. 163; auch *Bauman/Lyon*, Blätter für deutsche und internationale Politik 10/2013, 51 (57); *Slobogin*, 72 Mississippi L. J. (2002), 213 (240); *Zuboff*, Die neuen Massenausforschungswaffen, in: Frank Schirrmacher (Hrsg.), Technologischer Totalitarismus. Eine Debatte, Frankfurt am Main 2015, S. 47.

> „Daraus ergibt sich die Hauptwirkung des Panopticon: die Schaffung eines bewußten und permanenten Sichtbarkeitszustandes beim Gefangenen, der das automatische Funktionieren der Macht sicherstellt. Die Wirkung der Überwachung ‚ist permanent, auch wenn ihre Durchführung sporadisch ist'; die Perfektion der Macht vermag ihre tatsächliche Ausübung überflüssig zu machen […].“ […] „[D]ie Macht [ist] sichtbar, aber uneinsehbar […]“[486]

Es sind diese Selbstdisziplinierungseffekte, die auch als Einschüchterungseffekte oder *chilling effects* bezeichnet werden.[487] Sie sind Folge jeder Form der Überwachung, sei es Beobachtung, Zuhören oder eine andere Form

---

486 *Foucault*, Überwachen und Strafen. Die Geburt des Gefängnisses, 19. Aufl., Frankfurt am Main 2014, S. 258.

487 Zum Teil wird die Existenz von Einschüchterungseffekten mit dem Argument bezweifelt, sie seien bisher empirisch nicht nachgewiesen worden, siehe etwa *Hermstrüwer*, Informationelle Selbstgefährdung, Tübingen 2016, S. 45 ff.; *Drackert*, Die Risiken der Verarbeitung personenbezogener Daten, Berlin 2014, S. 188 ff.; *Winter*, Demokratietheoretische Implikationen des Rechts auf informationelle Selbstbestimmung, in: Michael Friedewald/Jörn Lamla/Alexander Roßnagel (Hrsg.), Informationelle Selbstbestimmung im digitalen Wandel, Wiesbaden 2017, S. 39, der allerdings eine „hohe Plausibilität“ zugesteht; ähnlich *Sandfuchs*, Privatheit wider Willen?, Tübingen 2015, S. 30 ff. Eine solche Argumentation muss allerdings eine historische Perspektive vollkommen ausblenden. Die Regime der DDR und des Nationalsozialismus sind Makrobeispiele für Einschüchterungseffekte.
Zudem wird sich kaum abstreiten lassen, dass Beobachtung – anders ausgedrückt: soziale Kontrolle – einen verhaltensbeeinflussenden Effekt hat, auch wenn der empirische Nachweis schwer zu führen ist. Gerade die Abwesenheit von sozialer Kontrolle wird ja *gegen* die Gewährleistung von Privatheit angeführt, s. nur *Solove*, Understanding Privacy, Cambridge (Mass.) 2009, p. 81.
Hier geht es auch nicht nur um ein „man weiß ja nie“-Argument, wie *Rademacher*, JZ (14) 2019, 702 (705) [vgl. auch *Drackert*, Die Risiken der Verarbeitung personenbezogener Daten, Berlin 2014, S. 189] meint, sondern um Verhaltensanpassungen, die auch unwillkürlich stattfinden, vgl. etwa *Rössler*, Der Wert des Privaten, Frankfurt am Main 2001, S. 207 f., 212; *Zuboff*, Die neuen Massenausforschungswaffen, in: Frank Schirrmacher (Hrsg.), Technologischer Totalitarismus. Eine Debatte, Frankfurt am Main 2015, S. 47. Jede Form des sozialen Beisammenseins führt zur Einhaltung bestimmter sozialer Regeln, die sich verändern, wenn sich die soziale Gruppe verändert. Man verhält sich anders unter Freunden als man sich unter Fremden verhält. Man verhält sich anders unter Beobachtung als man sich unbeobachtet verhält, vgl. etwa *Mau*, Das metrische Wir. Über die Quantifizierung des Sozialen, 2. Aufl., Berlin 2017, S. 231. Deswegen geht sein Argument gegen Einschüchterungseffekte als Missbrauchsvorsorgeargument (s. S. 706) auch fehl.

der Datenerhebung.[488] „Die Gegenwart anderer oder der indirekte kognitive Zugang anderer“ bewirken Verhaltensanpassungen, beispielweise in der Form von Hemmungen.[489] Dabei kommt es nicht auf die tatsächliche Durchführung der Überwachung an, sondern nur auf das Wissen um die Möglichkeit der Überwachung.[490]

Diese Einschüchterungseffekte zeitigen in dreierlei Hinsicht eine Wirkung auf die Demokratie. Erstens können sie die Abschreckung einzelner Menschen von der Mitwirkung an der Demokratie durch Ausübung ihrer Grundrechte bedeuten, zweitens verstärken sie den gesellschaftlichen Konformitätsdruck auf die Einzelne und hindern so die Entwicklung und Äußerung devianter Ideen, auf die die Demokratie angewiesen ist, und drittens liegt in ihnen eine Beeinflussung der sozialen Interaktion, die Rückwirkungen auf die Persönlichkeitsentwicklung des Einzelnen zu einer autonomen Persönlichkeit bedingt.

Empirische Belege lassen sich schließlich in Kameraattrappen entdecken, die denselben Effekt erzielen wie Kameras (s. dazu LG Bonn, Urt. v. 16.11.2004, NJW-RR 2005, 1067; *Breyer*, NVwZ 2008, 824 (825) m.w.N.) oder darin, dass allein Augenplakate ausreichen, um für Verhaltensanpassungen zu sorgen, s. *Becker*, Scharfer Blick. Augenplakate schrecken Egoisten ab, Spiegel Online v. 28.6.2006 (URL: https://www.spiegel.de/wissenschaft/mensch/scharfer-blick-augen-plakate-schrecken-egoisten-ab-a-423887.html). Empirisch nachgewiesen ist überdies der sog. *Spotlight*-Effekt, der die Aversion beschreibt, als Abweichler wahrgenommen zu werden, s. *Thaler/Sunstein*, Nudge, 13. Aufl., Berlin 2018, S. 90.

488 Überwachung ist Wandlungsprozessen unterworfen, vgl. *Foucault*, Überwachen und Strafen. Die Geburt des Gefängnisses, 19. Aufl., Frankfurt am Main 2014. Zur aktuell emergenten Form der „flüchtigen Überwachung“ vgl. *Bauman/Lyon*, Daten, Drohnen, Disziplin, 3. Aufl., Frankfurt am Main 2014, S. 12 ff. *et passim*.

489 *Geuss*, Privatheit. Eine Genealogie, Frankfurt am Main 2013, S. 109 (mit Zitat); vgl. auch *Slobogin*, 72 Mississippi L. J. (2002), 213 (242 ff.); *Zuboff*, Die neuen Massenausforschungswaffen, in: Frank Schirrmacher (Hrsg.), Technologischer Totalitarismus. Eine Debatte, Frankfurt am Main 2015, S. 47; *Rössler*, Privatheit und Autonomie: zum individuellen und gesellschaftlichen Wert des Privaten, in: Sandra Seubert/Peter Niesen (Hrsg.), Die Grenzen des Privaten, Baden-Baden 2010, S. 46 f.; *Rössler*, Der Wert des Privaten, Frankfurt am Main 2001, S. 220 f.

490 S. etwa *Bogard*, Surveillance, its simulation, and hypercontrol in virtual systems, in: Sean P. Hier/Josh Greenberg (eds.), The Surveillance Studies Reader, Maidenhead 2007, p. 95; *Dreyer*, Predictive Analytics aus der Perspektive der Menschenwürde und Autonomie, in: Wolfgang Hoffmann-Riem (Hrsg.), Big Data – Regulative Herausforderungen, Baden-Baden 2018, S. 142; *Rössler*, Der Wert des Privaten, Frankfurt am Main 2001, S. 220 f.; vgl. auch *Sandfuchs*, Privatheit wider Willen?, Tübingen 2015, S. 33 ff.

1. Abschreckung von politischer Partizipation

Wie oben gesehen ist die Demokratie zuvörderst angewiesen auf die Mitwirkung ihrer Bürger an der öffentlichen Willensbildung, am Meinungskampf (A.V.). Um diese Mitwirkung zu gewährleisten garantiert das Grundgesetz unter anderen die Meinungsfreiheit (Art. 5 Abs. 1 S. 1 GG), die Vereinigungsfreiheit (Art. 9 GG) und die Versammlungsfreiheit (Art. 8 GG), die auch als kollektive Meinungsfreiheit bezeichnet wird, als Grundrechte.[491] Korrespondierend sichert die Europäische Union diese Rechte in Art. 11, 12 GRC. Ist nun potenziell damit zu rechnen, dass die Teilnahme an einer Versammlung oder eine öffentliche Meinungsäußerung beobachtet wird, werden sich die Grundrechtsausübenden anders verhalten, als wenn mit Sicherheit nicht von einer Beobachtung auszugehen wäre. Die Möglichkeit der Beobachtung führt zu einer Verhaltensanpassung.[492] Im Extremfall verzichten sie möglicherweise sogar auf die Ausübung ihrer Grundrechte. Das Bundesverfassungsgericht führt dazu aus:

> „Wer damit rechnet, daß etwa die Teilnahme an einer Versammlung oder einer Bürgerinitiative behördlich registriert wird und daß ihm dadurch Risiken entstehen können, wird möglicherweise auf eine Ausübung seiner entsprechenden Grundrechte (Art 8, 9 GG) verzichten. Dies würde nicht nur die individuellen Entfaltungschancen des Einzelnen beeinträchtigen, sondern auch das Gemeinwohl, weil Selbstbestimmung eine elementare Funktionsbedingung eines auf Handlungsfähigkeit und Mitwirkungsfähigkeit seiner Bürger begründeten freiheitlichen demokratischen Gemeinwesens ist.“[493]

Gerade die politische Überzeugung einer Person ist ein besonders sensibles Datum.[494] Das Bekanntwerden derselben könnte für die betreffende Person im Privatbereich, im geschäftlichen oder öffentlichen Bereich leicht negative Auswirkungen haben.[495] Beispiele liefern die Behandlung staatskritischer Demonstranten in der DDR und im nationalsozialistischen

---

491 S. *Hufen*, Staatsrecht II. Grundrechte, 7. Aufl., München 2018, § 30, Rn. 4; vgl. auch BVerfGE 69, 315 (345).

492 BVerfGE 65, 1 (43); 107, 299 (328); 113, 29 (46); 115, 320 (354 f.); 120, 378 (402). *Boehme-Neßler*, 6 IDPL 2016, 222 (228); *Zuboff*, Die neuen Massenausforschungswaffen, in: Frank Schirrmacher (Hrsg.), Technologischer Totalitarismus. Eine Debatte, Frankfurt am Main 2015, S. 47.

493 BVerfGE 65, 1 (43).

494 *Sandfuchs*, Privatheit wider Willen, S. 49.

495 *Sandfuchs*, Privatheit wider Willen, S. 49 f.

Deutschland.[496] Darum werden die politischen Überzeugungen einzelner Menschen von diesen meist als Privatsache behandelt und sind Tabuthemen im Small-Talk. Auf diesem Gedanken beruht der Grundsatz der geheimen Wahl (Art. 38 Abs. 1 GG).[497]

2. Konformitätsdruck

Die Demokratie ist angewiesen auf die Bildung und Äußerung von Meinungen, die vom bekannten Meinungsspektrum abweichen und überraschen. Dem steht aber gegenüber, wie oben gezeigt wurde, dass die Gesellschaft stets einen Konformitätsdruck auf den einzelnen Menschen ausübt. Es ist stets einfacher, sich angepasst zu verhalten, als durch abweichendes Verhalten aufzufallen (s. B.II.2.).[498] Schon um der Gruppenzugehörigkeit willen ist der Einzelne geneigt, sich der Gruppe anzupassen. Ist nun eine Beobachtung möglich, von der die Einzelne nicht weiß, ob und wann sie stattfindet – muss sie also jederzeit damit rechnen, beobachtet zu werden – erhöht sich dieser Konformitätsdruck und die Anstrengung, die notwendig ist, um sich abweichend zu verhalten, steigt.[499] Ein Beispiel könnte das Leseverhalten einer Person sein. Ist eine bestimmte Literatur in der Gesellschaft verpönt (aber nicht verboten), wird die Einzelne davon Abstand nehmen, diese Literatur zu lesen, wenn sie glaubt, bei ihrem Vorhaben be-

---

496 Aktuelle Beispiele liefern außerdem die Maßnahmen gegen Demonstranten durch die *Volksrepublik China* anlässlich der Proteste in *Hongkong* (s. *Böge* (boe), China will Exempel statuieren. Hongkonger Fluggesellschaft soll Mitarbeiter melden, FAZ Nr. 185 v. 12.8.2019, S. 2) und durch die *Russische Föderation* anlässlich der Proteste in *Moskau* (s. *Schmitt*, Trotz aller Warnungen. Bis zu 60.000 Menschen demonstrieren in Moskau, FAZ Nr. 185 v. 12.8.2019, S. 3).

497 Vgl. *Boehme-Neßler*, 6 IDPL 2016, 222 (228); ähnlich *Gusy*, KritV 2015, 430 (446).

498 Vgl. auch *Britz*, Freie Entfaltung durch Selbstdarstellung. Eine Rekonstruktion des allgemeinen Persönlichkeitsrechts aus Art. 2 I GG, Tübingen 2007, S. 14: „Lebensentwürfe, für die man keine Anerkennung erhält, lassen sich dauerhaft allenfalls sehr mühsam aufrechterhalten."

499 Vgl. *Schmolz*, Privatheit im Internet: Von Möglichkeiten und Gefahren digitaler Informations- und Kommunikationstechnologien, in: Dennis Gräf/Stefan Halft/Verena Schmöller (Hrsg.), Privatheit. Formen und Funktionen, Passau 2011, S. 178.

obachtet werden zu können.[500] Ein weiteres Beispiel ist der Verzicht auf bestimmte Suchbegriffe bei der *Google*-Suche.[501]

3. Störung der Persönlichkeitsentwicklung

Endlich bedeuten Einschüchterungseffekte eine Störung der Entwicklung eines Individuums hin zu einer autonomen Persönlichkeit.[502] Die Persönlichkeit entwickelt sich wie oben gesehen fortlaufend geprägt durch die Einflüsse ihrer Umwelt, allen voran durch die soziale Interaktion (s. B.II.3.). Um diese Einflüsse reflektieren zu können, ist das Individuum angewiesen auf die Kontrolle seines Informationsregimes, d.h. auf die eigenständige Definition des Grenzverlaufs zwischen Privatem und Preisgegebenem, wobei der Rezipientenkreis variiert (s. B.II.).

Jede Überwachung bedeutet aber eine zwanghafte Aufhebung der Privatsphäre und damit eine Störung des Informationsregimes des Einzelnen.[503] Für ihn besteht Unsicherheit darüber, wann welche Daten über ihn erhoben werden und welches Fremdbild dadurch beim Beobachter entsteht. Es wird preisgegeben, ohne preisgeben zu wollen. Dadurch wird die Selbstdarstellung in der sozialen Interaktion gestört (s. B.II.3.). Es lässt sich keine Reaktion auf das eigene Verhalten antizipieren und das eigene Verhalten dementsprechend nicht demgemäß ausrichten. Darum passt das Individuum sein Verhalten an die vermutete Norm des Beobachters an, um nicht aufzufallen (s.o.). Das Wissen um eine mögliche Beobachtung durch jemand anderen reicht aus, um nicht mehr für sich selbst, sondern für den anderen zu leben.[504] Diese Verhaltensanpassung ist ein Einschüchterungseffekt.

---

500 *Boehme-Neßler*, 6 IDPL 2016, 222 (228).

501 S. *Zuboff*, Die neuen Massenausforschungswaffen, in: Frank Schirrmacher (Hrsg.), Technologischer Totalitarismus. Eine Debatte, Frankfurt am Main 2015, S. 47.

502 Vgl. auch *Schmolz*, Privatheit im Internet: Von Möglichkeiten und Gefahren digitaler Informations- und Kommunikationstechnologien, in: Dennis Gräf/ Stefan Halft/Verena Schmöller (Hrsg.), Privatheit. Formen und Funktionen, Passau 2011, S. 178.

503 Vgl. *Rössler*, Privatheit und Autonomie: zum individuellen und gesellschaftlichen Wert des Privaten, in: Sandra Seubert/Peter Niesen (Hrsg.), Die Grenzen des Privaten, Baden-Baden 2010, S. 46 f.

504 Vgl. *Rössler*, Privatheit und Autonomie: zum individuellen und gesellschaftlichen Wert des Privaten, in: Sandra Seubert/Peter Niesen (Hrsg.), Die Grenzen des Privaten, Baden-Baden 2010, S. 46 f, 49.

Es ist kein Zufall, dass mit der Entstehung totalitärer Regime oft die Aufhebung oder starke Begrenzung der Privatsphäre einhergeht.[505] Wenn jedes Verhalten potenziell beobachtet wird, hat die Einzelperson keine Möglichkeit, von der sozialen Norm abweichende Überzeugungen zu entwickeln. Sie verhält sich solange angepasst, bis die Normen des Beobachters vollständig inkorporiert sind und nicht mehr hinterfragt werden. Dann ist die Entwicklung hin zu einer uniformen Persönlichkeit abgeschlossen. Ein aktuelles Beispiel, das in seiner Wirkung allerdings weit über Einschüchterungseffekte hinausgeht, bietet das in der Volksrepublik China jüngst eingeführte „*social credit system*". Jeder chinesische Bürger wird konsequent beobachtet und jede Handlung geht in seine soziale Bewertung ein. Die Güte der Bewertung entscheidet schließlich über Berufsmöglichkeiten und den Zugang zu öffentlichen Ämtern.[506]

4. Einschüchterungseffekte durch die Internetökonomie

Nach alledem liegt der Schluss nahe, Einschüchterungseffekte könnten nur durch staatliche Überwachungsmaßnahmen ausgelöst werden, nicht aber durch Datenerhebungen seitens Privater. Es ist für diese Effekte jedoch unerheblich, von wem die Überwachung durchgeführt wird. So schreibt *Foucault*:

> „Diese Anlage ist deswegen so bedeutend, weil sie die Macht automatisiert und entindividualisiert. Das Prinzip der Macht liegt vielmehr in einer […] Apparatur […]. […] Folglich hat es wenig Bedeutung, wer die Macht ausübt. Beinahe jedes beliebige Individuum kann die Maschine in Gang setzen: anstelle des Direktors auch seine Familie, seine Umgebung, seine Besucher, seine Dienstboten sogar."[507]

---

505 S. *Westin*, Privacy and Freedom, London 1970, p. 23; *Boehme-Neßler*, Die Macht der Algorithmen. Anmerkungen zum Einfluss von *Big Data* auf die Demokratie, in: Volker Boehme-Neßler/Manfred Rehbinder (Hrsg.), Big Data: Ende des Datenschutzes?, Bern 2017, S. 121; *Boehme-Neßler*, DVBl. 2015, 1282 (1287); *Boehme-Neßler*, UFITA 2015, 655 (665 f.); *Boehme-Neßler*, 6 IDPL (2016), 222 (228); *Sandfuchs*, Privatheit wider Willen, Tübingen 2015, S. 46.

506 Vgl. zu diesem System etwa *Kühnreich*, Blätter für deutsche und internationale Politik 7/2018, 63.

507 *Foucault*, Überwachen und Strafen. Die Geburt des Gefängnisses, 19. Aufl., Frankfurt am Main 2014, S. 259 f.

Gleichermaßen können die Einschüchterungseffekte durch Datenerhebungen im Internet und durch Konzerne ausgelöst werden.[508] Geht es etwa erstens um politische Meinungsbildung und -äußerung ist für den von der Datenerhebung Betroffenen irrelevant, wer die entsprechenden Daten erhebt. Relevant ist vielmehr, dass sie von dort aus nicht in die falschen Hände geraten und dass die Daten nicht zu schadhaften Zwecken verwendet werden. Beides sind Dinge, die der Betroffene praktisch nicht kontrollieren kann. Geht es zweitens um den Konformitätsdruck auf die Einzelne, wirkt der Normalisierungsdruck der Gesellschaft auch durch die Beobachtung durch Private. Niemand möchte mit abweichendem Verhalten auffallen, wenn nicht abzusehen ist, welche Konsequenzen das haben wird.[509] Soziale Kontrolle wirkt überdies unbewusst. Geht es schließlich drittens um die Persönlichkeitsentwicklung, ergibt sich ebenfalls nichts anderes für die Überwachung durch Private. In Ermangelung der Möglichkeit, eine Reaktion abschätzen zu können, passt sich das Individuum der vermuteten Norm an.[510]

IV. Retrospektiver Exkurs: Datenschutz als Sicherung der Gewaltenteilung

Datenschutzrecht war nicht immer eine Materie, die ausschließlich auf den Schutz des Individuums fokussiert war. So diente das erste HDSG von 1970 nicht nur dem Schutz des Einzelnen, sondern darüber hinaus der Wahrung der Gewaltenteilung, indem einer exekutivischen Informationspräponderanz vorgebeugt werden sollte (s. A.II.4.). Zumal die Gewaltenteilung eines der tragenden Prinzipien freiheitlicher Demokratie ist, hat die Verhinderung von Informationspräponderanz gleichsam eine Garan-

---

508 Vgl. *Martini*, Blackbox Algorithmus, Berlin 2019, S. 50; ebenfalls mit Bezug auf *Foucault Gnägi*, Ancilla Iuris 2018, 1 (33); *Sandfuchs*, Privatheit wider Willen?, Tübingen 2015, S. 35, 49 ff.; vgl. außerdem *Simitis*, 135 U. Pa. L. Rev. (1987), 707 (723, 726).

509 Vgl. auch *Hermstrüwer*, Informationelle Selbstgefährdung, Tübingen 2016, S. 58 ff.

510 Vgl. auch *Zuboff*, Die neuen Massenausforschungswaffen, in: Frank Schirrmacher (Hrsg.), Technologischer Totalitarismus. Eine Debatte, Frankfurt am Main 2015, S. 47; *Simitis*, 135 U. Pa. L. Rev. (1987), 707 (723).

tenfunktion für die Wahrung der Demokratie.[511] Dieses Schutzziel hat in seiner Bedeutung nicht nachgelassen. Durch die Individualisierung des Datenschutzrechts hat es sich allerdings vom Datenschutzrecht abgelöst.[512] Nur noch vereinzelt finden sich auch im Datenschutzrecht noch Regelungen zur Verteilung informationeller Macht zwischen den Staatsgewalten (s. z.B. § 29 HDSIG).

Dennoch können zwei Kerngedanken dieses historischen Vorbilds des heutigen Datenschutzrechts auch für heutige Problemlagen noch fruchtbar gemacht werden. Erstens macht es deutlich, dass Wissensbeziehungen immer auch Machtbeziehungen sind.[513] Datenschutz bedeutet unter diesem Blickwinkel immer auch Schutz vor Machtasymmetrien im Informationswesen.[514] In der Internetökonomie sind Machtasymmetrien zwischen Nutzerinnen und Anbieterinnen zu registrieren.[515] Zweitens zeigt es, dass informationelle Machtbeziehungen direkte Auswirkungen auf die Demokratie haben können. Datenschutz ist damit immer auch Demokratieschutz.[516]

---

511 Simitis/*Simitis*, BDSG, Einl., Rn. 21; Simitis/Hornung/Spiecker gen. Döhmann/*dies.*, Datenschutzrecht, DSGVO Einl. Rn. 22; *Marsch*, Das europäische Datenschutzgrundrecht, Tübingen 2018, S. 95.

512 Vgl. *Lewinski*, Die Matrix des Datenschutzes, Tübingen 2014, S. 55, 63; kritisch zu dieser Entwicklung Simitis/Hornung/Spiecker gen. Döhmann/*dies.*, Datenschutzrecht, DSGVO Einl. Rn. 22 f.

513 *Foucault*, Überwachen und Strafen. Die Geburt des Gefängnisses, 19. Aufl., Frankfurt am Main 2014, S. 25; vgl. auch *Gnägi*, Ancilla Iuris 2018, 1 (3) unter Bezugnahme auf *Foucault*; vgl. auch *Nassehi*, Kursbuch 177 (2014), 27 (38); *Zuboff*, Die neuen Massenausforschungswaffen, in: Frank Schirrmacher (Hrsg.), Technologischer Totalitarismus. Eine Debatte, Frankfurt am Main 2015, S. 46.

514 *Lewinski*, Zur Geschichte von Privatsphäre und Datenschutz – eine rechtshistorische Perspektive, in: Jan-Hinrik Schmidt/Thilo Weichert (Hrsg.), Datenschutz. Grundlagen, Entwicklungen und Kontroversen, Bonn 2012, S. 32.

515 *Hoffmann-Riem*, AöR 142 (2017), 1 (22); *Hagen*, APuZ 40-41/2018, 29 (30); *Gnägi*, Ancilla Iuris 2018, 1 (20 ff. *et passim*).

516 S. auch *Marsch*, Das europäische Datenschutzgrundrecht, Tübingen 2018, S. 95.

C. Internetökonomie & Demokratie

> *"Unsere Mission: Die Informationen dieser Welt organisieren und allgemein zugänglich und nutzbar machen."*
> *(Google)*[517]

Daten waren schon immer Wirtschaftsgüter. So hat es etwa immer zu den Tugenden eines guten Handeltreibenden gehört, seine Kunden zu kennen.[518] Spätestens mit der modernen Wirtschaft wurden sie zur Handelsware.[519] Mit den immer weitergehenden Möglichkeiten ihrer Verarbeitung und damit einhergehend ihrer wirtschaftlichen Nutzbarmachung steigt ihr wirtschaftlicher Wert. Mittlerweile basiert der Großteil der Internetökonomie auf der Verarbeitung von personenbezogenen und anonymen Daten.[520] Die Emergenz dieser Datenökonomie wird als fundamentale neue Wirtschaftsepoche, vergleichbar mit dem Umbruch der Agrar- zur Industriegesellschaft, gedeutet.[521] Die im Internet verfügbare Datenmenge wird inzwischen in Zettabyte, das entspricht pro Einheit 1.024 Exabyte oder

---

517 *Google*, Präsentation (URL: https://about.google/intl/de/).

518 Vgl. auch *Hoberg*, Die Individualisierung des Informationsangebots im E-Commerce. Möglichkeiten und Grenzen der Generierung strategischer Wettbewerbsvorteile, Wiesbaden 2018, S. 71.

519 S. etwa bereits *Podlech*, Das Recht auf Privatheit, in: Joachim Perels, Grundrechte als Fundament der Demokratie, Frankfurt am Main 1979, S. 57 zu Informationen über soziale Kontakte als Handelsware.

520 S. auch *Thür*, Privatsphäre im Internetzeitalter: Möglichkeiten und Grenzen der Datenschützer, in: Volker Boehme-Neßler/Manfred Rehbinder (Hrsg.), Big Data: Ende des Datenschutzes?, Bern 2017, S. 73. Das wurde bereits Anfang der 2000er so gesehen, siehe schon *Boehme-Neßler*, CyberLaw, München 2001, S. 284, obwohl das World Wide Web zu diesem Zeitpunkt erst ungefähr zehn Jahre alt war, siehe *Warnke*, Theorien des Internet zur Einführung, Hamburg 2011, S. 50 ff.

521 *Spiekermann*, APuZ 24-26/2019, 16 (17); vgl. auch *Zuboff*, Überwachungskapitalismus, Frankfurt am Main/New York 2018, die eine neue Form des Kapitalismus und *Gnägi*, Ancilla Iuris 2018, 1 (3), die eine Ablösung des Humanismus durch eine neue Episteme, den Informationismus, ausmacht. Zur Bedeutung allein der Emergenz von Epochenbezeichnungen vgl. instruktiv *Schmale*, DuD 2019, 327 (328): „Das Auftreten von Epochenbezeichnungen stellt schon für sich genommen eine weitreichende Aussage dar; sie sind Teil der sozialen Konstruktion der Wirklichkeit, sofern sie in den allgemeinen öffentlichen Gebrauch Eingang finden."

ca. einer Milliarde Terabyte, gemessen.[522] Das Aufkommen dieser gewaltigen Datenmengen und ihre Verarbeitung werden auch als *Big Data* bezeichnet (s. C.I.1.).

Diese datenbasierte Internetökonomie generiert originäre Gefährdungen für das demokratische Gemeinwesen. Besonders eindrücklich, aber nur exemplarisch, zeigt sich dies an den drei im Folgenden betrachteten Entwicklungen und Potenzialen. Erstens wirkt sich die Anpassung des Angebots an den individuellen Nutzer (*Personalisierung*)[523] auf die Persönlichkeitsentwicklung des Einzelnen aus. Die Filterung und Bereitstellung der Internetinhalte nach den Interessen der Nutzerin beschränken die Entwicklungsmöglichkeiten ihrer Persönlichkeit. Mit *Zygmunt Bauman* und *Étienne de La Boëtie*[524] ließe sich von einer „(freiwilligen?) Knechtschaft des eigenen Geschmacks" sprechen.[525] Die durch die Filterung monoperspektivischen Eingaben wirken sich auch auf die politische Meinungs- und Willensbildung aus, sodass sich der öffentliche Diskurs zunehmend fragmentiert und sich politische Auffassungen verstetigen. Die ständige Bestärkung durch Gleichgesinnte in den fragmentierten Teilöffentlichkeiten bedingt ein erhöhtes Radikalisierungspotenzial. Entsprechend beeinflusst die Personalisierung die Fähigkeit des Einzelnen zu kritischem Denken, kreativ zu sein und Kompromisse einzugehen. Zweitens bedeutet die digitale Infrastruktur eine Steuerung der Nutzerinnen. Zum einen ist eine personenunabhängige Steuerung möglich, zum anderen ermöglicht die die Personalisierung erlaubende Technologie nicht nur die Anpassung des Angebots an das Nutzerprofil, sondern ebenfalls die subtile Lenkung des Individuums in bestimmte Denk- und Verhaltensweisen (z.B. *Nudging*). Plakativ ließe sich formulieren, das Angebot werde nicht an den Kunden, sondern der Kunde dem Angebot angepasst. Mit den Worten von *Evgeny Morozov* müsste die überkommene Aussage „Ich habe doch nichts zu verbergen!" aktualisiert werden in „Ich habe doch nichts zu wollen!"[526] Drittens er-

---

522 Stand: 2019, s. Seagate, Prognose zum Volumen der jährlich generierten digitalen Datenmenge weltweit in den Jahren 2018 und 2025 (in Zettabyte) Statista (URL: https://de.statista.com/statistik/daten/studie/267974/umfrage/prognose-zum-weltweit-generierten-datenvolumen/); 2015 waren es noch Exabyte: *Boehme-Neßler*, DVBl. 2015, 1282 (1282); *ders.*, UFITA 2015, 19 (21).

523 Auch *Individualisierung* oder *Customization*.

524 *La Boëtie*, Von der freiwilligen Knechtschaft des Menschen, in: Christoph Holzhöfer (Hrsg.), Ohne Herrschaft Leben. Drei Essays, Berlin 2013, S. 9.

525 Vgl. *Bauman/Lyon*, Daten, Drohnen, Disziplin, 3. Aufl., Frankfurt am Main 2014, S. 75 f., 167 vgl. auch 36: „Do-it-yourself-Sklaverei".

526 *Morozov*, APuZ 11-12/2015, 3 (3).

möglicht die massenhafte Verarbeitung anonymer Daten (*Big [Anonymous] Data*) Aussagen über Persönlichkeitstypen und gesamtgesellschaftliche Tendenzen und Entwicklungsmöglichkeiten zu treffen und entkoppelt die der Datenverarbeitung immanenten Gefährdungen somit von der Personenbezogenheit der verarbeiteten Daten.

Inwiefern diese Geschäftsmodelle und Potenziale die Demokratie vor besondere Herausforderungen stellen, wird aufgrund ihrer Vermittlungsposition im Falle der Internetintermediäre (s. C.I.2.) besonders deutlich. Die folgende Darstellung ist darum exemplarisch auf Internetintermediäre konzentriert. *Google* dient dabei als Beispiel für Suchmaschinendienste,[527] *Facebook* als Beispiel für soziale Netzwerke[528] und *Amazon* als eines für Onlineshops.[529] Diese drei sind aufgrund ihrer marktbeherrschenden Stellung[530] besonders geeignet, die Gefährdungen zu illustrieren.

---

527 Ausführlich zur Definition und den Charakteristia von Suchmaschinen *Hartl*, Suchmaschinen, Algorithmen und Meinungsmacht. Eine verfassungs- und einfachrechtliche Betrachtung, Wiesbaden 2017, S. 6 ff.

528 Ausführlich zur Definition und den Charakteristika sozialer Netzwerke *Golland*, Datenverarbeitung in sozialen Netzwerken, Frankfurt am Main 2018, Frankfurt am Main 2019, S. 10 ff.

529 Es gibt natürlich noch weitere Internetintermediäre, s. *Schulz/Dankert*, Die Macht der Informationsintermediäre. Erscheinungsformen, Strukturen und Regelungsoptionen, Bonn 2016, S. 15 ff.

530 Vgl. EU-Kommission, Zusammenfassung des Beschlusses der Kommission vom 27. Juni 2017 in einem Verfahren nach Artikel 102 des Vertrags über die Arbeitsweise der Europäischen Union und Artikel 54 des EWR-Abkommens (Fall AT.39740 — Google Search (Shopping)), ABl. 2018 C 9/11; *Hagen*, APuZ 40-41/2018, 29 (29). Marktanteile: *Google* (94,8 %), *Facebook* (56,3 %), s. die Grafiken bei *Lindner/Petersdorff*, Kampf den Giganten, Frankfurter Allgemeine Woche v. 29.3.2019, S. 18 u. 20; *Amazon* (46 % Anteil am Gesamtumsatz des Online-Handels in Deutschland 2018; amazon.de Marketplace und Eigenhandel), s. Statista-Dossier zu Amazon, S. 9 (URL: https://de.statista.com/statistik/studie/id/7191/dokument/amazon-statista-dossier/).

I. Grundbegriffe

1. Big Data

Aufgrund der Vielzahl der Phänomene, die unter den Begriff *Big Data* gefasst werden, entbehrt er klarer Kontur.[531] *Prima facie* lässt sich das semantische Bedeutungsspektrum des Begriffs aber zumindest in zwei Kategorien fraktionieren. Erstens beschreibt der Ausdruck demnach das Phänomen des Aufkommens riesiger Datenmengen und zweitens die Technologien zur Verarbeitung und Auswertung dieser Datenmengen.[532] Hier soll um des klaren Ausdrucks willen die zweite Bedeutung als *Big Data*-Technologie bezeichnet werden. Charakteristika von *Big Data*(-Technologie) sind neben der Masse der Daten („High Volume") u.a. ihre hohe Varietät („High Variety") und die hohe Geschwindigkeit ihrer Analyse („High Velocity").[533]

Das Phänomen *Big Data* durchzieht heute jeden Lebensbereich und die gesamte Gesellschaft.[534] Beinahe jedes menschliche Verhalten wird datafi-

---

531 *Zuboff*, 30 Journal of Information Technology (2015), 75 (75); vgl. auch *Mayer-Schönberger/Cukier*, Big Data. Die Revolution, die unser Leben verändern wird, 2. Aufl., München 2013, S. 13.

532 „Big Data" im Duden Online-Wörterbuch (URL: https://www.duden.de/rechtschreibung/Big_Data); s. auch *Thouvenin*, Forschung im Spannungsfeld von *Big Data* und Datenschutzrecht: eine Problemskizze, in: Volker Boehme-Neßler/Manfred Rehbinder (Hrsg.), Big Data: Ende des Datenschutzes?, Bern 2017, S. 28; *Tinnefeld*, Prolog, in: Tinnefeld/Buchner et al., Einführung in das Datenschutzrecht. Datenschutz und Informationsfreiheit in europäischer Sicht, 6. Aufl., Berlin/Boston 2018, S. VIII f.

533 *Hoffmann-Riem*, Innovation und Recht – Recht und Innovation. Recht im Ensemble seiner Kontexte, Tübingen 2016, S. 616; *Mayer-Schönberger/Cukier*, Big Data. Die Revolution, die unser Leben verändern wird, München 2013, S. 13 Anm. 5.; *Hornung*, Erosion traditioneller Prinzipien des Datenschutzrechts durch Big Data, in: Wolfgang Hoffmann-Riem (Hrsg.), Big Data – Regulative Herausforderungen, Baden-Baden 2018, S. 81. Teilweise wird – z.T. ironisierend – ein weiteres „V" für „Veracity" (dt.: Wahrhaftigkeit) hinzugefügt, vgl. *Bächle*, Digitales Wissen, Daten und Überwachung zur Einführung, Hamburg 2016, S. 113 f.; *Hoberg*, Die Individualisierung des Informationsangebots im E-Commerce. Möglichkeiten und Grenzen der Generierung strategischer Wettbewerbsvorteile, Wiesbaden 2018, S. 76; auch *Hoffmann-Riem*, AöR 142 (2017), 1 (7).

534 S. auch *Boehme-Neßler/Rehbinder*, Einleitung: *Big Data* ändert alles – auch das Recht, in: Volker Boehme-Neßler/Manfred Rehbinder (Hrsg.), Big Data: Ende des Datenschutzes?, Bern 2017, S. 7.

ziert[535] und zumindest versuchsweise quantifiziert.[536] Nicht zuletzt bedient sich die Internetökonomie *Big Data* und der *Big Data*-Technologie.

Die im Folgenden beschriebenen Möglichkeiten sind allesamt potenziell *Big Data*-Technologie. Zwar ist *Big Data* für die Personalisierung und die Verhaltenssteuerung nicht zwingend notwendig,[537] sie können aber mithilfe von *Big Data* durchgeführt werden und ihre Effektivität steigt proportional zur Menge der verarbeiteten Daten.[538] Sowohl *Google* als auch *Facebook* arbeiten unzweifelhaft mit *Big Data* zum Zwecke der Personalisierung.[539] Die hier vorgestellte dritte Entwicklung, die Analyse und Nutzbarmachung von massenhaft anonymen Daten, ist schließlich nur auf Grundlage von *Big Data*-Technologie möglich.

2. Internetintermediäre & Informationsmacht

Im Internet gibt es keine mit der physischen Suche von Gegenständen vergleichbare Möglichkeit des Auffindens von Internetinhalten. Die Anwahl der Inhalte ist nur möglich, indem die vollständige Adresse des Inhalts (*deep link*) in der Adresszeile des Browsers eingetragen wird. In den seltensten Fällen ist der *deep link* eines Inhalts der Nutzerin bekannt und in keinem Fall kann ein noch unbekannter Inhalt auf diese Weise abgerufen

535 *Mayer-Schönberger/Cukier*, Big Data. Die Revolution, die unser Leben verändern wird, München 2013, S. 95 ff., insbes. S. 101: „Ein Phänomen zu datafizieren bedeutet, es in ein Format zu bringen, sodass es zahlenmäßig erfasst und analysiert werden kann." Der Begriff findet z.B. Verwendung bei *Boehme-Neßler*, Die Macht der Algorithmen – Anmerkungen zum Einfluss von *Big Data* auf die Demokratie, in: Volker Boehme-Neßler/Manfred Rehbinder (Hrsg.), Big Data: Ende des Datenschutzes?, Bern 2017, S. 112 und *Morozov*, APuZ 11-12/2015, 3 (3).

536 Vgl. *Papakyriakopoulos et al.*, Informatik-Spektrum 2017, 327 (327); *Morozov*, APuZ 11-12/2015, 3 (3). Siehe eine Übersicht etwa bei *Caldarola/Schrey*, *Big Data* und Recht. Einführung für die Praxis, München 2019, Rn. 1 ff.

537 Vgl. auch *Bendel*, Big Data, in: Gablers Wirtschaftslexikon (URL: https://wirtschaftslexikon.gabler.de/definition/big-data-54101/version-277155).

538 Vgl. auch *Caldarola/Schrey*, *Big Data* und Recht. Einführung für die Praxis, München 2019, Rn. 6; *Werkmeister/Brandt*, CR 2016, 233 (233); *Koch*, ITRB 2015, 13 (15); vgl. auch *Barwise/Watkins*, The Evolution of Digital Dominance, in: Martin Moore/Damian Tambini (eds.), Digital Dominance. The Power of Google, Amazon, Facebook and Apple, Oxford 2018, p. 28 („quantity drives quality").

539 *Barwise/Watkins*, The Evolution of Digital Dominance, in: Martin Moore/Damian Tambini (eds.), Digital Dominance. The Power of Google, Amazon, Facebook and Apple, Oxford 2018, pp. 35 ff.

werden. Hinzukommt, dass sich die Internetinhalte kontinuierlich dynamisch verändern. Jederzeit können Inhalte von unbeschränkt vielen Computern unkontrolliert und unsortiert hochgeladen oder aus dem Netz genommen werden.[540] Die Einzelne ist darum auf mächtige Navigationsinstrumente angewiesen, die Links auf gesuchte Inhalte bereitstellen.[541] Diese Aufgabe erfüllen die Internetintermediäre.[542] Intermediäre sind somit Vermittler.[543] Soweit sie Informationen vermitteln, z.B. in Form von Nachrichten oder Enzyklopädieeinträgen, können sie auch als Informationsintermediäre bezeichnet werden.[544]

a) Funktionen

Internetintermediäre ermöglichen also das Auffinden von Inhalten (*content*), ohne dass die Eingabe der genauen Internetadresse notwendig würde. Typische Beispiele für Internetintermediäre sind Suchmaschinen, deren bedeutendster Vertreter *Google* ist, und soziale Netzwerke, von denen *Facebook* das größte darstellt.[545] *Amazon* vermittelt Produkte, auch von Drittanbietern, und ist in dieser Funktion ein Intermediär. *Google* gehört

---

540 Vgl. *Paal*, Suchmaschinen, Marktmacht und Meinungsbildung, Baden-Baden 2012, S. 35.

541 Vgl. schon *Hoffmann-Riem*, Der Staat 42 (2003), 193 (218). Die besondere Rolle der Internetintermediäre hat unlängst auch der EuGH erkannt, s. EuGH, EU:C:2014:317, Rn. 80; auch *Zimmermann*, Iurratio 2017, 53 (55).

542 Vgl. *Dörr*, Die Meinungsmacht der Intermediäre: Warum die Länder verpflichtet sind, ein medienübergreifendes „Vielfaltsicherungsrecht" zu schaffen, VerfBlog, 2019/6/14 (DOI: https://doi.org/10.17176/20190615-045823-0); für Suchmaschinen *Paal*, Suchmaschinen, Marktmacht und Meinungsbildung, Baden-Baden 2012, S. 35.

543 Vgl. *Schulz/Dankert*, Informatik-Spektrum 2017, 351 (351).

544 So bei *Schulz/Dankert*, Informationsintermediäre. Erscheinungsformen, Strukturen und Regulierungsoptionen, insbes. S. 15 ff.; siehe auch *Dörr/Schuster*, Suchmaschinen im Spannungsfeld zwischen Nutzung und Regulierung, in: Birgit Stark/Dieter Dörr/Stefan Aufenanger (Hrsg.), Die Googleisierung der Informationssuche. Suchmaschinen zwischen Nutzung und Regulierung, Berlin 2014, S. 262 (263); *Dörr/Natt*, ZUM 2014, 829 (831); *Paal*, Suchmaschinen, Marktmacht und Meinungsbildung, Baden-Baden 2012, S. 19; *Paal/Hennemann*, ZRP 2017, 76 (76).

545 Vgl. auch *Schulz/Dankert*, Informatik-Spektrum 2017, 351 (351).

zu den sog. indexbasierten Suchmaschinen.[546] Die Suchmaschine arbeitet mit sogenannten *Webcrawlern*, Programmen, die das Internet kontinuierlich nach Inhalten durchsuchen und diese in einer Datenbank indexieren.[547] Sucht nun ein Internetnutzer über die Suchmaschine nach einem Stichwort, werden die von den *Webcrawlern* indexierten Seiten, die zur Suchanfrage passen,[548] in der Sucherergebnisliste angezeigt.[549] *Facebook* liefert netzwerkinternen *content* entweder im Rahmen einer netzwerkinternen Suchanfrage oder (ungefragt) im *Newsfeed* des *Facebook*-Nutzers. *Amazon* liefert Produktvorschläge auf Suchanfrage und ohne.

Die zweite Hauptleistung der Internetintermediäre liegt in der Selektion und Sortierung der Internetinhalte, die ein Algorithmus vornimmt.[550] *Facebook* präsentiert nicht alle Beiträge von Freunden und Firmen, denen die Nutzer folgen, im *Newsfeed*, sondern nur eine Auswahl und diese Auswahl ist nach verschiedenen Parametern sortiert.[551] *Google* verfährt genau-

---

546 In Abgrenzung zu redaktionellen Suchmaschinen und Metasuchmaschinen, s. *Paal*, Suchmaschinen, Marktmacht und Meinungsbildung, Baden-Baden 2012, S. 35 f.

547 S. *Google*, Verarbeitung von Informationen in der Google-Suche (URL: https://www.google.com/search/howsearchworks/crawling-indexing/); vgl. zu indexbasierten Suchmaschinen allg. *Paal*, Suchmaschinen, Marktmacht und Meinungsbildung, Baden-Baden 2012, S. 36; *Hartl*, Suchmaschinen, Algorithmen und Meinungsmacht. Eine verfassungs- und einfachrechtliche Betrachtung, Wiesbaden 2017, S. 10 ff. (schon in der Entscheidung, wie der *Crawler* arbeitet, liegt eine Selektion).

548 Wobei die Definitionsmacht darüber, was „passende" Inhalte sind, beim Anbieter liegt, vgl. dazu auch *Dörr/Schuster*, Suchmaschinen im Spannungsfeld zwischen Nutzung und Regulierung, in: Birgit Stark/Dieter Dörr/Stefan Aufenanger (Hrsg.), Die Googleisierung der Informationssuche. Suchmaschinen zwischen Nutzung und Regulierung, Berlin 2014, S. 262 (263), allerdings mit der Einschränkung, die Relevanz könne nur „abstrakt-generell" bestimmt werden. – Dem ist nicht zuzustimmen (SZ).

549 Vgl. *Paal*, Suchmaschinen, Marktmacht und Meinungsbildung, Baden-Baden 2012, S. 36; *Hartl*, Suchmaschinen, Algorithmen und Meinungsmacht. Eine verfassungs- und einfachrechtliche Betrachtung, Wiesbaden 2017, S. 13 ff.

550 Vgl. *Schulz/Dankert*, Informatik-Spektrum 2017, 351 (352); *Kastl*, GRUR 2015, 136 (136); *Dörr*, Die Meinungsmacht der Intermediäre: Warum die Länder verpflichtet sind, ein medienübergreifendes „Vielfaltsicherungsrecht" zu schaffen, VerfBlog, 2019/6/14 (DOI: https://doi.org/10.17176/20190615-045823-0); *Paal/Hennemann*, ZRP 2017, 76 (76).

551 Vgl. *Drexl*, ZUM 2017, 529 (531).

so bei einer Suchanfrage.[552] Beide, Selektion und Sortierung, sind notwendig, damit der Einzelne nicht von der schieren Masse der Internetinhalte und vom Zeitaufwand, aus den Inhalten einen passenden zu filtern, überfordert ist.[553] Auf der anderen Seite fungieren die Internetintermediäre so als *Gatekeeper*: Zugang erhält der Nutzer nur zu den ausgewählten Inhalten.[554] Diese Funktion erhält durch die Anwendungspraxis des Nutzers noch eine besondere Brisanz: Die Selektion der Algorithmen wird unkritisch genutzt und nur zu einem kleinen Teil betrachtet. So wird beispielsweise die Suchergebnisliste einer Suchmaschine in der Mehrzahl nur bis zur ersten Seite und dort nur bis zum vierten Eintrag betrachtet.[555] Inhalte, die nicht indexiert, in der Auswahl nicht enthalten oder weit unten gelistet sind, sind damit praktisch nicht existent für die Wahrnehmung des Nut-

---

552 *Dörr/Schuster*, Suchmaschinen im Spannungsfeld zwischen Nutzung und Regulierung, in: Birgit Stark/Dieter Dörr/Stefan Aufenanger (Hrsg.), Die Googleisierung der Informationssuche. Suchmaschinen zwischen Nutzung und Regulierung, Berlin 2014, S. 262 (263).

553 Vgl. *Dörr/Schuster*, Suchmaschinen im Spannungsfeld zwischen Nutzung und Regulierung, in: Birgit Stark/Dieter Dörr/Stefan Aufenanger (Hrsg.), Die Googleisierung der Informationssuche. Suchmaschinen zwischen Nutzung und Regulierung, Berlin 2014, S. 262 (262); *Dörr*, Die Meinungsmacht der Intermediäre: Warum die Länder verpflichtet sind, ein medienübergreifendes „Vielfaltsicherungsrecht" zu schaffen, VerfBlog, 2019/6/14 (DOI: https://doi.org/10.17176/20190615-045823-0); s. auch schon *Hoffmann-Riem*, Der Staat 42 (2003), 193 (218).

554 *Stark*, „Don't be evil". Die Macht von Google und die Ohnmacht der Nutzer und Regulierer, in: Birgit Stark/Dieter Dörr/Stefan Aufenanger (Hrsg.), Die Googleisierung der Informationssuche. Suchmaschinen zwischen Nutzung und Regulierung, Berlin 2014, S. 1 ff., insbes. 2; vgl. auch *Bächle*, Digitales Wissen, Daten und Überwachung zur Einführung, Hamburg 2016, S. 29; *Paal*, Suchmaschinen, Marktmacht und Meinungsbildung, Baden-Baden 2012, S. 19 f.; *Paal/Hennemann*, ZRP 2017, 76 (76); vgl. auch *Kastl*, GRUR 2015, 136 (136); zur Kritik an der Verwendung dieses Begriffs für Suchmaschinen siehe *Hartl*, Suchmaschinen, Algorithmen und Meinungsmacht. Eine verfassungs- und einfachrechtliche Betrachtung, Wiesbaden 2017, S. 40 ff.

555 *Dörr/Schuster*, Suchmaschinen im Spannungsfeld zwischen Nutzung und Regulierung, in: Birgit Stark/Dieter Dörr/Stefan Aufenanger (Hrsg.), Die Googleisierung der Informationssuche. Suchmaschinen zwischen Nutzung und Regulierung, Berlin 2014, S. 262 (266); *Paal*, Suchmaschinen, Marktmacht und Meinungsbildung, Baden-Baden 2012, S. 29.

zers.[556] Darüber hinaus werden die Ergebnislisten nicht hinterfragt.[557] Kaum jemand wechselt die Suchmaschine, wenn sie nicht das gewünschte Ergebnis liefert und nur wenigen sind überhaupt Alternativen zum Marktführer *Google* bekannt.[558]

Über diese Funktionen der Intermediäre hinaus übernehmen Suchmaschinen zusätzlich mehr und mehr die Funktion von „integrierten Informationsportalen“ und beantworten gestellte Fragen gleich selbst, indem sie eigene Informationen oder aufbereitete Informationen von anderen Webseiten anbieten.[559] Der Aufruf dritter Internetseiten wird damit vollständig obsolet.[560]

b) Zahlen und Meinungsmacht

Für die meisten Internetnutzer sind Internetintermediäre der Zugang zum Großteil der Internetinhalte. So sind z.B. Suchmaschinen für 90 % der Anwenderinnen die wichtigste Anwendung im Internet.[561] Unter den Suchmaschinen ist *Google* in Deutschland mit ebenfalls konstant ca. 90 % (2019

---

556 *Sandfuchs*, Privatheit wider Willen Tübingen 2015, S. 26; *Dörr/Natt*, ZUM 2014, 829 (829 ff., insbes. 831); *Stark*, „Don't be evil“. Die Macht von Google und die Ohnmacht der Nutzer und Regulierer, in: Birgit Stark/Dieter Dörr/Stefan Aufenanger (Hrsg.), Die Googleisierung der Informationssuche. Suchmaschinen zwischen Nutzung und Regulierung, Berlin 2014, S. 1; *Paal*, Suchmaschinen, Marktmacht und Meinungsbildung, Baden-Baden 2012, S. 23.

557 *Stark*, „Don't be evil“. Die Macht von Google und die Ohnmacht der Nutzer und Regulierer, in: Birgit Stark/Dieter Dörr/Stefan Aufenanger (Hrsg.), Die Googleisierung der Informationssuche. Suchmaschinen zwischen Nutzung und Regulierung, Berlin 2014, S. 8.

558 *Stark*, „Don't be evil“. Die Macht von Google und die Ohnmacht der Nutzer und Regulierer, in: Birgit Stark/Dieter Dörr/Stefan Aufenanger (Hrsg.), Die Googleisierung der Informationssuche. Suchmaschinen zwischen Nutzung und Regulierung, Berlin 2014, S. 8, insbes. Fn. 3.

559 *Hoffmann-Riem*, Innovation und Recht – Recht und Innovation. Recht im Ensemble seiner Kontexte, Tübingen 2016, S. 623; *Dörr/Schuster*, Suchmaschinen im Spannungsfeld zwischen Nutzung und Regulierung, in: Birgit Stark/Dieter Dörr/Stefan Aufenanger (Hrsg.), Die Googleisierung der Informationssuche. Suchmaschinen zwischen Nutzung und Regulierung, Berlin 2014, S. 262 (263 f.); *Dörr/Natt*, ZUM 2014, 829 (832).

560 *Hoffmann-Riem*, Innovation und Recht – Recht und Innovation. Recht im Ensemble seiner Kontexte, Tübingen 2016, S. 623.

561 Stand: 2017, *Meyer/Rempe*, K&R 2018, 217 (217); nur 15 % der Nutzerinnen besuchen Internetseiten auf direktem Weg (Stand: 2015), *Kastl*, GRUR 2015, 136 (136) m.w.N.; siehe auch *Dörr/Natt*, ZUM 2014, 829 (829).

sogar 94,8 %)[562] die meistgenutzte.[563] Allein die Emergenz des Verbs „Googeln“ in der Alltagssprache und seine folgende Aufnahme in den Duden illustrieren die Bedeutung dieser Suchmaschine.[564] Die Machtstellung, die mit dieser *Gatekeeper*-Funktion einhergeht, wird besonders deutlich, wenn der Zugang zu Informationen betrachtet wird.[565] So ist zwar das Fernsehen für die meisten Deutschen immer noch die wichtigste Informationsquelle, unter den 18-34-Jährigen ist es allerdings mittlerweile das Internet[566] und unter den 14-29-Jährigen sind es *Google* und *Facebook*.[567] 61 % der *Facebook*-Nutzer der Generation Y nutzt *Facebook* als Informationsquelle zu den Themen Regierung und Politik.[568] 43 % der US-Bürger bezogen im Jahr 2018 Nachrichten auf Facebook und es ist das erklärte Ziel des Unternehmens, mit dem Newsfeed eine „personalisierte Zeitung“ anzubieten.[569] Bereits im Jahr 2010 dienten soziale Netzwerke wie *Facebook* 36 % der Amerikaner unter 30 Jahren als primäre Informationsquelle.[570] In Deutschland nutzen 34,2 % der Gesamtbevölkerung Intermediäre als Informationsquellen.[571] 25,2 % verwenden dazu Suchmaschinen, vor allem *Google*, und 17,8 % soziale Netzwerke.[572] Unter den 18-24-Jährigen in

---

562 S. die Grafik bei *Lindner/Petersdorff*, Kampf den Giganten, Frankfurter Allgemeine Woche v. 29.3.2019, S. 18.

563 *Meyer/Rempe*, K&R 2018, 217 (217); *Hoffmann-Riem*, Innovation und Recht – Recht und Innovation. Recht im Ensemble seiner Kontexte, Tübingen 2016, S. 623; *Kreile/Thalhofer*, ZUM 2014, 629 (630).

564 „Googeln“ im Duden Online-Wörterbuch (URL: https://www.duden.de/rechtschreibung/googeln).

565 Kritisch bereits *Hoffmann-Riem*, Der Staat 42 (2003), 193 (218).

566 *Schmidt/Hölig/Merten/Hasebrink*, Informatik-Spektrum 2017, 358 (358).

567 *Dörr*, Die Meinungsmacht der Intermediäre: Warum die Länder verpflichtet sind, ein medienübergreifendes „Vielfaltsicherungsrecht“ zu schaffen, VerfBlog, 2019/6/14 (DOI: https://doi.org/10.17176/20190615-045823-0).

568 *Diakopoulos/Deussen*, Informatik-Spektrum 2017, 362 (362).

569 S. *Lobe*, Facebook kann Portale in die Bedeutungslosigkeit hinunterpegeln, Süddeutsche Zeitung v. 14.11.2018 (URL: https://www.sueddeutsche.de/medien/facebook-algorithmus-digitalisierung-mark-zuckerberg-1.4207561).

570 *Pariser*, Filter Bubble, München 2012, S. 16.

571 *Dörr*, Die Meinungsmacht der Intermediäre: Warum die Länder verpflichtet sind, ein medienübergreifendes „Vielfaltsicherungsrecht“ zu schaffen, VerfBlog, 2019/6/14 (DOI: https://doi.org/10.17176/20190615-045823-0).

572 *Dörr*, Die Meinungsmacht der Intermediäre: Warum die Länder verpflichtet sind, ein medienübergreifendes „Vielfaltsicherungsrecht“ zu schaffen, VerfBlog, 2019/6/14 (DOI: https://doi.org/10.17176/20190615-045823-0).

Deutschland nutzen 22 % *Facebook* als Informationsquelle.[573] Darüber hinaus werden auch *WhatsApp*, *Youtube* und *Instagram* als Informationsquellen gebraucht.[574]

Diese Zahlen allein lassen keine letztgültige Aussage über die individuelle und gesamtgesellschaftliche Meinungsmacht der Intermediäre zu.[575] Während die Nutzerzahlen für die Meinungsmacht klassischer Medien wie Radio oder Fernsehen eine hohe Aussagekraft haben, spielt die Nutzungspraktik und -kompetenz der Nutzenden bei interaktiven Medien wie den Internetintermediären eine prägende Rolle.[576] Die Beeinflussung, die von den Intermediären ausgeht, ist im Falle der Suchfunktion beispielsweise stark abhängig vom Suchbegriff. Ist der Suchbegriff sehr konkret (z.B. „spiegel.de"), ist die Suchergebnisliste deutlich stärker determiniert als bei einem abstrakten Suchbegriff (z.B. „Neuigkeiten heute").[577] Es lässt sich auf dieser Grundlage jedoch mit Sicherheit sagen, dass die Informationsmacht der Internetintermediäre wächst und schon jetzt antiproportional zum Alter der betrachteten Referenzgruppe zunimmt.[578]

---

573 *Kiel*, ZEIT Online v. 12.6.2019, Instagram löst Facebook als wichtigste Nachrichtenplattform ab (URL: https://www.zeit.de/digital/internet/2019-06/soziale-medien-nachrichten-instagram-facebook-twitter-jugendliche).

574 *Kiel*, ZEIT Online v. 12.6.2019, Instagram löst Facebook als wichtigste Nachrichtenplattform ab (URL: https://www.zeit.de/digital/internet/2019-06/soziale-medien-nachrichten-instagram-facebook-twitter-jugendliche).

575 *Schulz/Dankert*, Informatik-Spektrum 2017, 351 (352 f.); siehe auch *Stark*, „Don't be evil". Die Macht von Google und die Ohnmacht der Nutzer und Regulierer, in: Birgit Stark/Dieter Dörr/Stefan Aufenanger (Hrsg.), Die Googleisierung der Informationssuche. Suchmaschinen zwischen Nutzung und Regulierung, Berlin 2014, S. 5.

576 *Schulz/Dankert*, Informatik-Spektrum 2017, 351 (352 f.); *Stark*, „Don't be evil". Die Macht von Google und die Ohnmacht der Nutzer und Regulierer, in: Birgit Stark/Dieter Dörr/Stefan Aufenanger (Hrsg.), Die Googleisierung der Informationssuche. Suchmaschinen zwischen Nutzung und Regulierung, Berlin 2014, S. 5; vgl. auch *Dörr/Natt*, ZUM 2014, 829 (832 f.).

577 Zu diesem Beispiel siehe *Schulz/Dankert*, Informatik-Spektrum 2017, 351 (353); s. auch *Dörr/Natt*, ZUM 2014, 829 (832 f.).

578 Zu diesem Ergebnis kommt auch das Gutachten von *Neuberger*, Kommunikationswissenschaftliche Analyse der Meinungsbildung, Meinungsmacht und Vielfalt im Internet, in: Frank Lobigs/Christoph Neuberger, Meinungsmacht im Internet und die Digitalstrategien von Medienunternehmen, Leipzig 2018, S. 88.

c) Geschäftsmodelle

Suchmaschinen sind in der Regel werbefinanziert. Das häufigste Modell ist das Keyword-Advertising in Verbindung mit einem *pay-per-click*-System.[579] Das bedeutet, die Anzeige der Werbung der zahlenden Unternehmen ist gekoppelt an bestimmte Suchworte und die Zahlung wird fällig, wenn auf die Werbung geklickt wird.[580] Die Suchmaschinenbetreiber sind darum darauf angewiesen, möglichst hohe Klickzahlen zu erreichen. Dafür verspricht die Personalisierung als Anpassung an den individuellen Nutzer den größten Erfolg.[581] Sind die Suchergebnisse für den Nutzer enttäuschend, weil nicht das Erwartete angezeigt wird, wirkt sich das wiederum negativ auf die Klickzahlen aus und kann zu einem Wechsel des Suchmaschinenanbieters führen.[582] Ein Wechsel ist aber eher ungewöhnlich.[583]

Soziale Netzwerke werden entweder ebenfalls durch Werbung finanziert oder sind kostenpflichtig. Teilweise werden auch beide Modelle miteinander verbunden. Den Regelfall stellt die Werbefinanzierung dar und auch in diesem Fall verspricht die Personalisierung die größte Rendite.[584] Das Geschäftsmodell von Onlinehändlern liegt auf der Hand. Auch hier gilt: Je besser sich der Produktvorschlag am potenziellen Kunden orientiert, desto höher ist die Verkaufswahrscheinlichkeit.

---

579 *Paal*, Suchmaschinen, Marktmacht und Meinungsbildung, Baden-Baden 2012, S. 37.

580 *Paal*, Suchmaschinen, Marktmacht und Meinungsbildung, Baden-Baden 2012, S. 37 unter Nennung von Alternativen.

581 *Paal*, Suchmaschinen, Marktmacht und Meinungsbildung, Baden-Baden 2012, S. 37; s. auch *Hartl*, Suchmaschinen, Algorithmen und Meinungsmacht. Eine verfassungs- und einfachrechtliche Betrachtung, Wiesbaden 2017, S. 18 f.; vgl. auch *Hoffmann-Riem*, Innovation und Recht – Recht und Innovation, Tübingen 2016, S. 622.

582 *Paal*, Suchmaschinen, Marktmacht und Meinungsbildung, Baden-Baden 2012, S. 38 f.; vgl. auch *Hoffmann-Riem*, Innovation und Recht – Recht und Innovation, Tübingen 2016, S. 622 f.

583 *Stark*, „Don't be evil". Die Macht von Google und die Ohnmacht der Nutzer und Regulierer, in: Birgit Stark/Dieter Dörr/Stefan Aufenanger (Hrsg.), Die Googleisierung der Informationssuche. Suchmaschinen zwischen Nutzung und Regulierung, Berlin 2014, S. 8, insbes. Fn. 3.

584 *Golland*, Datenverarbeitung in sozialen Netzwerken, Frankfurt am Main 2018, S. 20 f.; vgl. auch *Drexl*, ZUM 2017, 529 (533).

II. Personalisierung

Prägend für die moderne Wirtschaft und vor allem die Internetökonomie ist also die Personalisierung des Angebots, i.e. die Anpassung des Angebots an die individuellen Bedürfnisse der Nutzer.[585] Das Ziel ist dabei, das Konsuminteresse der potenziellen Kunden zu steigern und so den Konsum und damit den Gewinn zu maximieren.[586] Der Grundgedanke dessen ist nicht neu und keine Errungenschaft des Internets. Es gehörte vielmehr immer zu den Eigenschaften eines erfolgreichen Handeltreibenden, seine Kunden zu kennen.[587]

Die Möglichkeiten des Internets haben die Personalisierung als Geschäftsmodell aber wiederbelebt und effektuiert. So ist es nun etwa das erklärte Ziel des Unternehmens *Amazon* zukünftig die Bedürfnisse seiner Kunden vorauszusehen und Produkte zu liefern, bevor sie bestellt werden.[588] Zudem ist die Personalisierung bei weitem nicht auf Händler beschränkt, sondern durchzieht das gesamte Angebotsspektrum der Internetökonomie. Suchmaschinen personalisieren die Suchergebnisliste; soziale Netzwerke personalisieren den *Newsfeed* und die Vorschläge für Freund-

---

585 *Hoberg*, Die Individualisierung des Informationsangebots im E-Commerce. Möglichkeiten und Grenzen der Generierung strategischer Wettbewerbsvorteile, Wiesbaden 2018, S. 71 (dort aber: Individualisierung); *Hagen*, APuZ 40-41/2018, 29 (30); zum *Behavioural Advertising* siehe *Zeidler/Brüggemann*, CR 2014, 248; siehe auch *Pariser*, Filter Bubble, München 2012, S. 16.

586 *Fischer-Lescano*, Fall 1: Digitales Panoptikum, in: Bertram Lomfeld (Hrsg.), Die Fälle der Gesellschaft, Tübingen 2017, S. 18; siehe auch *Hoberg*, Die Individualisierung des Informationsangebots im E-Commerce. Möglichkeiten und Grenzen der Generierung strategischer Wettbewerbsvorteile, Wiesbaden 2018, S. 72; *Pariser*, Filter Bubble, München 2012, S. 24; vgl. auch *Morozov*, APuZ 11-12/2015, 3 (4).

587 Vgl. *Hoberg*, Die Individualisierung des Informationsangebots im E-Commerce. Möglichkeiten und Grenzen der Generierung strategischer Wettbewerbsvorteile, Wiesbaden 2018, S. 71, der von den „klassischen Kernkompetenzen des stationären Handels“ spricht.

588 *Horchert*, Neues Patent. Amazon will schon vor der Bestellung liefern, Spiegel Online v. 18.1.2014 (http://www.spiegel.de/netzwelt/web/neues-patent-amazon-will-schon-vor-der-bestellung-liefern-a-944252.html); *Bensinger*, Amazon wants to ship your package before you buy it, The Wallstreet Journal v. 17.1.2014 (https://blogs.wsj.com/digits/2014/01/17/amazon-wants-to-ship-your-package-before-you-buy-it/).

schaften und Seiten; Nachrichtenseiten personalisieren die Artikelvorschläge.[589]

1. Datenerhebung

Diese Anpassung des Angebots setzt erstens voraus, die Nutzerinnen zu kennen, das heißt über möglichst viel Wissen über sie zu verfügen. Wissen wird durch Informationen erlangt.[590] Informationen setzen zunächst Daten voraus (s. A.VI.1.). Damit wird die Überwachung, als umfassende Datenaggregation, zum prägenden Prinzip der Ökonomie.[591] Beschreibungen wie *dataveillance*[592] oder *surveillance capitalism*[593] basieren auf dieser Beobachtung. Zweitens setzt die Anpassung eine umfassende Analyse der zusammengestellten Daten zur Erstellung eines Kundenprofils (*profiling*) voraus.[594] Diese Analyse wird durch Algorithmen vorgenommen.

Die Datenerhebung ist aber nicht auf die Internetnutzung beschränkt, sondern findet auch außerhalb des Internets statt. Der Begriff *Internet of Things* beschreibt etwa die immer weiter gehende Vernetzung *smarter* Gegenstände mit dem Internet, die ein Beispielphänomen dieser Entwicklung ist.[595] Die jüngst bekannt gewordene umfassende Speicherung von

---

589 Vgl. *Härting*, Internetrecht, 6. Aufl., Köln 2017, Rn. 215, 239; *Bächle*, Digitales Wissen, Daten und Überwachung zur Einführung, Hamburg 2016, S. 28.

590 Informationen sind Änderungen des Wissensstands, s.o. A.VI.1.a), vgl. auch *Münkler*, Wissen – ein blinder Fleck des Rechts? Aspekte eines Spannungsverhältnisses, in: dies. (Hrsg.), Dimensionen des Wissens im Recht, Tübingen 2019, S. 6 f. Wissen erschöpft sich aber wiederum nicht in der Ansammlung von Informationen, vgl. *Hoffmann-Riem*, Der Staat 2008, 588 (591).

591 Vgl. *Hoberg*, Die Individualisierung des Informationsangebots im E-Commerce. Möglichkeiten und Grenzen der Generierung strategischer Wettbewerbsvorteile, Wiesbaden 2018, S. 72; s. auch *Spiekermann*, APuZ 24-26/2019, 16 (16 f.).

592 S. z.B. *Birnhack/Elkin-Coren*, 17 Mich. Telecomm. L. Rev. (2011), 337 (341); *Bächle*, Digitales Wissen, Daten und Überwachung zur Einführung, Hamburg 2016, S. 171.

593 *Zuboff*, The age of surveillance capitalism, London 2019 (dt. Überwachungskapitalismus, Frankfurt am Main/New York 2018).

594 Vgl. *Hoberg*, Die Individualisierung des Informationsangebots im E-Commerce. Möglichkeiten und Grenzen der Generierung strategischer Wettbewerbsvorteile, Wiesbaden 2018, S. 72; vgl. auch *Hoffmann-Riem*, Rechtliche Rahmenbedingungen für und regulative Herausforderungen durch Big Data, in: ders. (Hrsg.), Big Data – Regulative Herausforderungen, Baden-Baden 2018, S. 44.

595 Vgl. *Hoffmann-Riem*, AöR 142 (2017), 1 (5 f.); s. auch *Boehme-Neßler*, Die Macht der Algorithmen. Anmerkungen zum Einfluss von *Big Data* auf die Demokratie,

Gesprächsdaten durch das *Amazon*-Produkt Alexa illustriert die korrespondierenden Möglichkeiten der Datenerhebung.[596] Online und Offline sind längst keine getrennten, sondern nunmehr verschränkte Bereiche einer konvergenten Welt.[597] Besonders deutlich zeigt sich dies etwa, wenn mithilfe des Internets Daten über Personen generiert werden, die das Internet nicht selbst nutzen. So können Personen zum Beispiel durch die Verknüpfung von auf *Google-Streetview* erkennbaren Gesichtern und Bildern auf Firmenhomepages identifiziert werden.[598] Auf diese Weise werden Daten über eine Person völlig ohne ihr Zutun erhoben.[599] Die hiesige Darstellung konzentriert sich darum nur exemplarisch auf die im Internet mögliche Datenerhebung, um die Vielfalt der technischen Möglichkeiten und die Art der elektronisch verarbeiteten Daten zu illustrieren, zumal dies (noch) der Hauptanknüpfungspunkt für die Internetintermediäre ist.

a) Datenkategorien

Internetnutzung lässt sich rein technisch vollumfänglich protokollieren. Jede Nutzung generiert Daten.[600] Für einen Überblick bietet es sich an, zunächst zwischen explizit preisgegebenen Daten und implizit preisgegebenen Daten über die Internetnutzung zu unterscheiden.[601] In einem zwei-

---

in: Volker Boehme-Neßler/Manfred Rehbinder (Hrsg.), Big Data: Ende des Datenschutzes?, Bern 2017, S. 114 ff.

596 *Cwiertnia,* Meine unheimliche Mitbewohnerin, DIE ZEIT Nr. 14/2018 v. 28.3.2018 (URL: https://www.zeit.de/2018/14/amazon-alexa-sprachassistentin-persoenliche-daten-test); vgl. außerdem *Amazon*, Antwortbrief an US-Senator Christopher A. Coons (URL: https://www.coons.senate.gov/download/amazon-response).

597 Vgl. *Hoffmann-Riem*, AöR 142 (2017), 1 (5 f.); *Hoffmann-Riem*, Innovation und Recht – Recht und Innovation, Tübingen 2016, S. 615.

598 *Grimm*, DuD 2012, 88 (91); vgl. auch *Bauman/Lyon*, Blätter für deutsche und internationale Politik 10/2013, 51 (53 f.).

599 *Grimm*, DuD 2012, 88 (88, 91).

600 *Grimm*, DuD 2012, 88 (88); *Boehme-Neßler*, DuD 2016, 419 (420); *Hoffmann-Riem*, Innovation und Recht – Recht und Innovation. Recht im Ensemble seiner Kontexte, Tübingen 2016, S. 630; *Boehme-Neßler*, Die Macht der Algorithmen. Anmerkungen zum Einfluss von *Big Data* auf die Demokratie, in: Volker Boehme-Neßler/Manfred Rehbinder (Hrsg.), Big Data: Ende des Datenschutzes?, Bern 2017, S. 116.

601 Vgl. *Schmolz*, Privatheit im Internet: Von Möglichkeiten und Gefahren digitaler Informations- und Kommunikationstechnologien, in: Dennis Gräf/Stefan Halft/Verena Schmöller (Hrsg.), Privatheit. Formen und Funktionen, Passau 2011,

ten Schritt lassen sich außerdem Daten und Metadaten differenzieren. Eine dritte Kategorie Daten wird aus den Daten der ersten beiden Gruppen durch die algorithmische Verarbeitung erst produziert.[602]

Explizit preisgegebene Daten sind solche, die durch aktive Eingabe entstehen. Zu Ihnen zählen etwa Daten über die Selbstdarstellung und Kommunikation in sozialen Netzwerken (Nachrichten, *Postings* und *Likes*), die Accountdaten, die die Nutzerin bei Webanwendungen selbst eingibt, Blogeinträge oder Beiträge in Diskussionsforen.[603] Implizit preisgegebene Daten über die Internetnutzung werden durch die bloß konsumierende Internetnutzung generiert. Sie entstehen etwa beim *Scrollen* durch den *Facebook*-Newsfeed oder beim Lesen von Websites.[604] So könnte zum Beispiel erfasst werden, welcher Bildschirmausschnitt wie lange betrachtet wird oder der Browserverlauf.[605] Ein drittes Beispiel sind die Standortdaten, die z.B. über die IP-Adresse der Nutzer ermittelbar sind.[606] Auch anhand dieser zeigt sich die Verschränkung von online und offline.[607] Es soll

---

S. 158. Diese Differenzierung spiegelt die Unterscheidung zwischen Verfahren der expliziten und impliziten Datenerfassung, s. *Hoberg*, Die Individualisierung des Informationsangebots im E-Commerce. Möglichkeiten und Grenzen der Generierung strategischer Wettbewerbsvorteile, Wiesbaden 2018, S. 157.

602 *Broemel/Trute*, Berliner Debatte Initial 2016, 50 (52).

603 *Grimm*, DuD 2012, 88 (88); *Boehme-Neßler*, Die Macht der Algorithmen – Anmerkungen zum Einfluss von *Big Data* auf die Demokratie, in: Volker Boehme-Neßler/Manfred Rehbinder (Hrsg.), Big Data: Ende des Datenschutzes?, Bern 2017, S. 116; *ders.*, DuD 2016, 419 (420 f.); vgl. auch *Hoffmann-Riem*, Innovation und Recht – Recht und Innovation. Recht im Ensemble seiner Kontexte, Tübingen 2016, S. 617.

604 *Grimm*, DuD 2012, 88 (88); *Boehme-Neßler*, Die Macht der Algorithmen. Anmerkungen zum Einfluss von *Big Data* auf die Demokratie, in: Volker Boehme-Neßler/Manfred Rehbinder (Hrsg.), Big Data: Ende des Datenschutzes?, Bern 2017, S. 116.

605 Vgl. *Hoberg*, Die Individualisierung des Informationsangebots im E-Commerce. Möglichkeiten und Grenzen der Generierung strategischer Wettbewerbsvorteile, Wiesbaden 2018, S. 158.

606 Vgl. *Hoberg*, Die Individualisierung des Informationsangebots im E-Commerce. Möglichkeiten und Grenzen der Generierung strategischer Wettbewerbsvorteile, Wiesbaden 2018, S. 157; *Hartl*, Suchmaschinen, Algorithmen und Meinungsmacht. Eine verfassungs- und einfachrechtliche Betrachtung, Wiesbaden 2017, S. 21.

607 *Kühnl*, Persönlichkeitsschutz 2.0. Profilbildung und -nutzung durch soziale Netzwerke am Beispiel von Facebook im Rechtsvergleich zwischen Deutschland und den USA, Berlin/Boston 2016, S. 24.

auch möglich sein, die Emotionen einer surfenden Person über ihre Webcam zu erfassen.[608]

Metadaten sind im Gegensatz zu Inhaltsdaten Informationsträger über den Kontext der Inhaltsdaten und die Inhaltsdaten selbst.[609] Metadaten über ein hochgeladenes Foto bei *Facebook* wären etwa die Aufnahmezeit, der Aufnahmeort sowie Zeit und Ort des Uploads.[610] Zwar werden Metadaten oft für weniger sensitiv gehalten als Inhaltsdaten.[611] Für die Datenverarbeitungstechnologien, um die es hier geht, besteht jedoch kein Unterschied zwischen Inhaltsdaten und Metadaten. Beide sind gleichermaßen zur Verarbeitung geeignet und die Ergebnisse versprechen eine gleichermaßen hohe Aussagekraft.[612]

Aus den Inhaltsdaten der expliziten und impliziten Preisgabe und den Metadaten produziert die algorithmische Verarbeitung wiederum Daten, die sich in abgeleitete und erschlossene Daten gliedern lassen. Abgeleitete Daten sind solche, die sich nach den Regeln der Logik aus den erhobenen Daten erschließen lassen und erschlossene Daten sind solche, die das Ergebnis von Wahrscheinlichkeitsvorhersagen sind.[613] Beide können wiederum zur Grundlage weiterer Verarbeitung gemacht werden.

b) Tracking-Technologien

Zur Erhebung der genannten Daten stehen mannigfaltige Möglichkeiten zur Verfügung und sie werden beständig weiterentwickelt. Die folgende Übersicht kann darum nur einen Ausschnitt abbilden. Für die Erhebung der erstgenannten Gruppe Daten, die vom Nutzer aktiv eingegeben wer-

---

608 *Hoberg*, Die Individualisierung des Informationsangebots im E-Commerce. Möglichkeiten und Grenzen der Generierung strategischer Wettbewerbsvorteile, Wiesbaden 2018, S. 162.

609 *Bächle*, Digitales Wissen, Daten und Überwachung zur Einführung, Hamburg 2016, S. 129.

610 Vgl. *Bächle*, Digitales Wissen, Daten und Überwachung zur Einführung, Hamburg 2016, S. 129.

611 *Bächle*, Digitales Wissen, Daten und Überwachung zur Einführung, Hamburg 2016, S. 129 f.

612 *Bächle*, Digitales Wissen, Daten und Überwachung zur Einführung, Hamburg 2016, S. 132.

613 *Broemel/Trute*, Berliner Debatte Initial 2016, 50 (52).

den, ist naturgemäß keine *Tracking*-Technologie notwendig.[614] Soll aber das Surfverhalten eines Nutzers aufgezeichnet und analysiert werden, bedarf es spezieller Technologie, die vor allem die Wiedererkennung der Nutzerinnen ermöglicht.[615]

Zu den Klassikern zählt mittlerweile die *Cookie*-Technologie.[616] Bei *Cookies*[617] handelt es sich um Dateien, die beim Besuch einer Internetseite vom Server an den Browser der Nutzerin gesendet und auf ihrem Endgerät gespeichert werden.[618] Wird die Internetseite später erneut aufgerufen, wird der *Cookie* zurückgesandt. In der Zwischenzeit hat der *Cookie* detaillierte Daten über das Surfverhalten der Nutzerin gespeichert.[619] Notwendig sind *Cookies* etwa, um den Warenkorb bei Onlinehändlern während des Surfens aktuell zu halten.[620] Eine besondere Relevanz haben sog. *Third-Party-Cookies*, d.h. *Cookies*, die von Dritten auf den Servern der besuchten Seiten hinterlegt sind.[621] Die *Cookie*-Technologie entwickelt sich fortlaufend weiter. Beispielsweise ist es durch *Flash-Cookies* möglich, Besucher auch dann wiederzuerkennen, wenn sie verschiedene Browser verwen-

---

614 *Tracking*-Technologie bezeichnet die Technologie, die verwendet wird, um Daten über die Internetnutzung zu erheben, vgl. *Schmidt/Babilon*, K&R 2016, 86 (86).

615 S. *Hoberg*, Die Individualisierung des Informationsangebots im E-Commerce. Möglichkeiten und Grenzen der Generierung strategischer Wettbewerbsvorteile, Wiesbaden 2018, S. 153 ff.; Tracking geht aber über die Aufzeichnung des Surfverhaltens einer Person hinaus, vgl. z.B. *Zuboff*, Die neuen Massenausforschungswaffen, in: Frank Schirrmacher (Hrsg.), Technologischer Totalitarismus. Eine Debatte, Frankfurt am Main 2015, S. 43.

616 Siehe dazu *Härting*, Internetrecht, 6. Aufl., Köln 2017, Rn. 223 ff.; die Nachweise bei *Schmidt/Babilon*, K&R 2016, 86 (86 Fn. 4); *Zeidler/Brüggemann*, CR 2014, 248 (250 f.); *Hoffmann-Riem*, Innovation und Recht – Recht und Innovation. Recht im Ensemble seiner Kontexte, Tübingen 2016, S. 630 f.

617 Unter dem Begriff *Cookie* versammeln sich sehr viele verschiedene Formen, die zu sehr verschiedenen Zwecken eingesetzt werden, s. z.B. *Zeidler/Brüggemann*, CR 2014, 248 (250 f.).

618 *Köhler/Fetzer*, Recht des Internet, 8. Aufl., Heidelberg 2016, Rn. 963; *Zeidler/Brüggemann*, CR 2014, 248 (250); *Grimm*, DuD 2012, 88 (89).

619 *Köhler/Fetzer*, Recht des Internet, 8. Aufl., Heidelberg 2016, Rn. 963; *Zeidler/Brüggemann*, CR 2014, 248 (250); *Grimm*, DuD 2012, 88 (89); vgl. auch *Hartl*, Suchmaschinen, Algorithmen und Meinungsmacht. Eine verfassungs- und einfachrechtliche Betrachtung, Wiesbaden 2017, S. 19 f.

620 *Köhler/Fetzer*, Recht des Internet, 8. Aufl., Heidelberg 2016, Rn. 963; *Boehme-Neßler*, CyberLaw, S. 285; *Grimm*, DuD 2012, 88 (89).

621 *Zeidler/Brüggemann*, CR 2014, 248 (250).

den.[622] Der Einsatz von *Cookies* lässt sich, zumal sie auf dem Endgerät gespeichert werden, in der Regel leicht dadurch verhindern, dass sie (automatisch) gelöscht werden oder die Installation verhindert wird.[623]

Weitere Möglichkeiten sind *Webbugs* und *Spyware*. Erstere sind Kleinstgrafiken (1x1 Pixel), transparente Grafiken oder Grafiken in der Hintergrundfarbe einer Webseite und somit für den Internetnutzer unsichtbar. Diese Grafiken werden beim Aufruf einer Internetseite eingeblendet, ihre Internetadresse verweist aber auf eine weitere Webseite, auf der vermittels *Cookies* Daten über den Besuch der Internetseite in einer Log-Datei gespeichert werden.[624] Mögliche Daten sind IP-Adresse, der benutzte Browser, die Dauer des Besuchs u.a.[625] *Spyware* sind Programme, die auf dem Computer des Internetnutzers gespeichert werden, beispielsweise unbemerkt beim Download einer anderen Datei, und von dort Daten z.B. über das Surfverhalten übermitteln.[626]

Zu den neueren *Tracking*-Technologien zählt das *(Browser-)Fingerprinting*. Alle *Fingerprinting*-Technologien arbeiten mit der Wiedererkennung der individuellen Einstellungen des von der Internetnutzerin verwendeten Systems.[627] Bei Aufruf einer Internetseite werden dabei Daten über die Einstellungen erhoben, d.h. z.B. der Browsertyp, das Betriebssystem, installierte Plugins, Bildschirmauflösung, Spracheinstellung, Zeitzone, Header-Einstellungen oder Zeitstempel für gesendete TCP-Pakete und aus diesen Daten ein digitaler Fingerabdruck (*Fingerprint*) erstellt.[628] Diese Informationen werden für eine optimierte Webseitendarstellung zumeist ohnehin vom System abrufbar gemacht oder gesendet, sodass zur Erhebung keine

---

622 *Zeidler/Brüggemann*, CR 2014, 248 (250); *Tillmann*, Browser-Fingerprinting: Tracking ohne Spuren zu hinterlassen, Berlin 2013, S. 66 f.

623 Vgl. auch *Schmidt/Babilon*, K&R 2016, 86 (86); Zeidler/Brüggemann, CR 2014, 248 (250), siehe dort die Besonderheiten bei *Flash-Cookies*.

624 „Web-Bug" auf ITWissen.info (URL: https://www.itwissen.info/Web-Bug-web-bug.html); *Grimm*, DuD 2012, 88 (89 f.); vgl. auch *Köhler/Fetzer*, Recht des Internet, 8. Aufl., Heidelberg 2016, Rn. 964.

625 „Web-Bug" auf ITWissen.info (URL: https://www.itwissen.info/Web-Bug-web-bug.html).

626 *Köhler/Fetzer*, Recht des Internet, 8. Aufl., Heidelberg 2016, Rn. 964.

627 *Schmidt/Babilon*, K&R 2016, 86 (86); *Zeidler/Brüggemann*, CR 2014, 248 (252); *Tillmann*, Browser-Fingerprinting: Tracking ohne Spuren zu hinterlassen, Berlin 2013, S. 24 ff.; *Schanze*, Browser-Fingerprint – Was ist das? Wie verhindern?, GIGA v. 5.6.2018 (URL: https://www.giga.de/extra/ratgeber/specials/browser-fingerprint-was-ist-das-wie-verhindern-einfach-erklaert/).

628 *Schmidt/Babilon*, K&R 2016, 86 (86); *Zeidler/Brüggemann*, CR 2014, 248 (252).

Datei auf dem Endgerät des Nutzers hinterlegt werden muss.[629] Für das *Canvas-Fingerprinting* z.B. wird der Browser des Nutzers dazu veranlasst, ein Bild zu erstellen und die für die Darstellung auf dem Bildschirm erforderlichen Informationen werden gespeichert.[630] Neuere *Fingerprinting*-Technologien ermöglichen *Tracking* selbst bei Verwendung unterschiedlicher Browser.[631] Voraussetzung für das *Tracking* vermittels *Fingerprint* ist die „Einzigartigkeit" des verwendeten Systems. Ca. 93 % der *Fingerprints* sind einzigartig.[632]

Bei mobilen Endgeräten ist die Identifikation darüber hinaus zum Beispiel über die Advertising ID möglich. Diese ID wird jedem Android- oder iOS-Nutzer durch das Betriebssystem zugewiesen und ermöglicht die Wiedererkennung bei der App-Nutzung.[633]

Die meisten populären Webseiten nutzen das *Trackingtool Google Analytics*, das die Analyse der Webseitenbesuche ermöglicht.[634] Unter anderem kann der Browserverlauf des Nutzers aufgezeichnet werden, sowie, wie lange der Nutzer auf der Webseite verweilt, welche Bereiche am meisten angeklickt werden und ob Seiteninhalte geteilt werden.[635]

---

629 *Schmidt/Babilon*, K&R 2016, 86 (86); hier knüpft die Unterscheidung von aktivem und passivem Fingerprinting an s. *Tillmann*, Browser-Fingerprinting: Tracking ohne Spuren zu hinterlassen, Berlin 2013, S. 25 ff., 34 ff., 41 ff.

630 *Dieterich*, ZD 2015, 199 (200).

631 *Braun*, Web-Browser-Fingerprinting: Erkennbar auch ohne Cookie, Heise v. 16.1.2017 (URL: https://www.heise.de/newsticker/meldung/Web-Browser-Fingerprinting-Erkennbar-auch-ohne-Cookie-3597078.html).

632 *Zeidler/Brüggemann*, CR 2014, 248 (252); *Tillmann*, Browser-Fingerprinting: Tracking ohne Spuren zu hinterlassen, Berlin 2013, S. 103. Ob das eigene System einzigartig in diesem Sinne ist und damit *Tracking* möglich ist, kann über die Internetseite „amiunique.org", die vom INRIA-Institut (*institut national de recherche dédié aux sciences du numérique*) betrieben wird, herausgefunden werden.

633 *Hoberg*, Die Individualisierung des Informationsangebots im E-Commerce. Möglichkeiten und Grenzen der Generierung strategischer Wettbewerbsvorteile, Wiesbaden 2018, S. 155.

634 *Hoffmann-Riem*, Innovation und Recht – Recht und Innovation. Recht im Ensemble seiner Kontexte, Tübingen 2016, S. 622.

635 Siehe die Darstellung auf *Google Developers* (URL: https://developers.google.com/analytics).

2. Datenverarbeitung

Zweitens setzt die Anpassung des Angebots eine umfassende Analyse der erhobenen Daten voraus. Ziel ist dabei ein möglichst zutreffendes und umfassendes Persönlichkeitsbild zu erstellen, damit das Angebot an dieses Bild angepasst werden kann.[636] Dazu werden Algorithmen eingesetzt, die sich als deskriptiv, prädiktiv oder präskriptiv arbeitend, d.h. die Gegenwart beschreibend, die Zukunft vorhersagend oder sie vorherbestimmend kategorisieren lassen.[637]

a) Profiling

Seit Inkrafttreten der DS-GVO ist *profiling* legal definiert in Art. 4 lit. 4 DS-GVO. Danach ist *profiling* „jede Art der automatisierten Verarbeitung personenbezogener Daten, die darin besteht, dass diese personenbezogenen Daten verwendet werden, um bestimmte persönliche Aspekte, die sich auf eine natürliche Person beziehen, zu bewerten, insbesondere um Aspekte bezüglich Arbeitsleistung, wirtschaftliche Lage, Gesundheit, persönliche Vorlieben, Interessen, Zuverlässigkeit, Verhalten, Aufenthaltsort oder Ortswechsel dieser natürlichen Person zu analysieren oder vorherzusagen".

Die Möglichkeit der Profilbildung und die Sorge vor den aus ihr erwachsenden Gefährdungen begleiten die elektronische Datenverarbeitung aber seit jeher.[638] Unter einem Profil versteht man grundsätzlich einen Datensatz, der umfassend Auskunft über eine Person gibt, so etwa zu ihren persönlichen Interessen und Neigungen, Geschmäckern oder politischen Auffassungen.[639] Diese Informationen werden zusammengestellt, ohne

---

636 *Hoffmann-Riem*, AöR 142 (2017), 1 (12).

637 Vgl. *Hoffmann-Riem*, AöR 142 (2017), 1 (7 f.); *Hoffmann-Riem*, Rechtliche Rahmenbedingungen für und regulative Herausforderungen durch Big Data, in: ders. (Hrsg.), Big Data – Regulative Herausforderungen, Baden-Baden 2018, S. 20 f.

638 BVerfGE 27, 1 (6); 65, 1 (42); EuGH, EU:C:2014:317, Rn. 80; *Podlech*, Das Recht auf Privatheit, in: Joachim Perels (Hrsg.), Grundrechte als Fundament der Demokratie, Frankfurt 1979, S. 56; sowie die Beiträge in Harald Hohmann (Hrsg.), Freiheitssicherung durch Datenschutz, Frankfurt am Main 1987.

639 *Podlech*, Das Recht auf Privatheit, in: Joachim Perels (Hrsg.), Grundrechte als Fundament der Demokratie, Frankfurt 1979, S. 56; vgl. auch *Kühnl*, Persönlichkeitsschutz 2.0. Profilbildung und -nutzung durch soziale Netzwerke am Beispiel von Facebook im Rechtsvergleich zwischen Deutschland und den USA, Berlin/Boston 2016, S. 20 f.

dass dafür eine umfassende Erhebung sensibler Informationen notwendig würde. Unter Rückgriff auf Korrelationsstatistiken können die Profile durch die Relation beliebiger Informationen aus unterschiedlichen Lebensbereichen errechnet werden.[640] Beispielsweise reichen allein soziale Indikatoren aus, um mithilfe ihrer statistischen Korrelationen zu politischen Einstellungen, die politische Gesinnung eines Individuums zu bestimmen.[641] Vor diesem Hintergrund ist es nunmehr ein Gemeinplatz datenschutzrechtlicher Überlegungen, dass es kein belangloses personenbezogenes Datum mehr gibt.[642]

Die Potenziale der Datenverarbeitung mehren sich allerdings fortlaufend und mit Art. 4 lit. 4 DS-GVO ist längst nicht mehr nur die klassische Profilbildung adressiert. Technisch ist es nunmehr möglich, nicht nur den Ist-Zustand einer Persönlichkeit zu bestimmen, sondern darüber hinaus Wahrscheinlichkeiten für zukünftiges Verhalten, Entwicklungsmöglichkeiten und Folge-Identitäten zu berechnen.[643] Zu diesem Zweck werden auf der Grundlage aggregierter personenbezogener Daten zunächst virtuelle Identitätsfiktionen erstellt, „Datendouble"[644] der realen Menschen, und für deren zukünftige Verhaltensoptionen Wahrscheinlichkeiten vorhergesagt, von denen diejenigen mit der größten Wahrscheinlichkeit wiederum die Grundlage für die Berechnung zukünftiger Persönlichkeitsentwicklungen und Folgeidentitäten werden.[645] Die Konstruktion der Persönlichkeitsfiktionen erfolgt dabei durch Kategorisierung nach bestimmten immer weiter spezifizierten Merkmalen (Geschlecht, Hautfarbe, Einkaufsverhal-

---

640 *Podlech*, Das Recht auf Privatheit, in: Joachim Perels (Hrsg.), Grundrechte als Fundament der Demokratie, Frankfurt 1979, S. 56.

641 *Podlech*, Das Recht auf Privatheit, in: Joachim Perels (Hrsg.), Grundrechte als Fundament der Demokratie, Frankfurt 1979, S. 56.

642 BVerfGE 65, 1 (45).

643 *Bächle*, Digitales Wissen, Daten und Überwachung zur Einführung, Hamburg 2016, S. 192 ff.; Vgl. auch *Hoffmann-Riem*, Innovation und Recht – Recht und Innovation. Recht im Ensemble seiner Kontexte, Tübingen 2016, S. 622; *Hagen*, APuZ 40-41/2018, 29 (31); *Zeidler/Brüggemann*, CR 2014, 248 (250); *Koch*, ITRB 2015, 13 (14); *Broemel/Trute*, Berliner Debatte Initial 27 (2016), 50 (55); *Boehme-Neßler*, UFITA 2015, 19 (28); *Weichert*, Big Data – eine Herausforderung für den Datenschutz, in: Heinrich Geiselberger/Tobias Moorstedt (Red.), Big Data. Das neue Versprechen der Allwissenheit, Berlin 2013, S. 134.

644 *Tinnefeld*, Prolog, in: Marie-Theres Tinnefeld et al., Einführung in das Datenschutzrecht. Datenschutz und Informationsfreiheit in europäischer Sicht, 6. Aufl., Berlin/Boston 2018, S. VII; vgl. auch *Bauman/Lyon*, Daten, Drohnen, Disziplin, 3. Aufl., Frankfurt am Main 2014, S. 19 („digitales Double").

645 *Bächle*, Digitales Wissen, Daten und Überwachung zur Einführung, Hamburg 2016, S. 192 ff., 195.

ten etc.) und einer Relationierung dieser Merkmale auf statistischer Grundlage mit bestimmten Eigenschaften (z.B. laktoseintolerant).[646] So werden das Datendouble klassifiziert und die sozialen Kreise immer enger gezogen (auch: „*Clustering*“), bis es schließlich individualisiert (aber nicht notwendig identifiziert) werden kann.[647] Daraufhin werden die „möglichen Handlungen [der jeweiligen vermeintlich einem Subjekt entsprechenden Identitätsfiktion, SZ] als statistische Wahrscheinlichkeiten antizipiert“[648] und so vorhergesagt (*observation before the fact*[649]).[650] Die aus dieser Vorhersage wiederum entstehenden wahrscheinlichen Folgeidentitäten (z.B. zukünftig auch glutenintoleranter Konsument) bilden dann als Identitätsfiktionen das Objekt der weiteren Überwachung.[651]

b) Algorithmus

Ein Algorithmus ist im Grunde eine mathematische Handlungsanweisung zur Lösung eines Problems, die für jede mögliche Eingabe von Informationen eine Ausgabe mit bestimmten Eigenschaften generiert.[652] Die konkrete Funktion der Algorithmen ist unterschiedlich. Es lassen sich beispielsweise die *Priorisierung*, die *Klassifizierung*, die *Zuordnung* und das *Filtern* unterscheiden.[653] Ziel des Algorithmus ist die Hervorbringung einer „logi-

---

646 Vgl. *Hoffmann-Riem*, AöR 142 (2017), 1 (12); *Reichert*, Facebooks Big Data, in: Ramón Reichert (Hrsg.), Big-Data. Analysen zum digitalen Wandel von Wissen, Macht und Ökonomie, Bielefeld 2014, S. 446. Am Beispiel „Microtargeting“ *Papakyriakopoulos et al.*, Informatik-Spektrum 2017, 327 (328).

647 Vgl. *Hoffmann-Riem*, AöR 142 (2017), 1 (12 f.).

648 *Bächle*, Digitales Wissen, Daten und Überwachung zur Einführung, Hamburg 2016, S. 195; vgl. auch *Hagen*, APuZ 40-41/2018, 29 (31).

649 *Bogard*, Surveillance, its simulation, and hypercontrol in virtual systems, in: Sean P. Hier/Joshua Greenberg (eds.), The Surveillance Studies Reader, Maidenhead 2007, p. 96.

650 *Bächle*, Digitales Wissen, Daten und Überwachung zur Einführung, Hamburg 2016, S. 195.

651 *Bächle*, Digitales Wissen, Daten und Überwachung zur Einführung, Hamburg 2016, S. 195.

652 Ausführlich *Bächle*, Digitales Wissen, Daten und Überwachung zur Einführung, Hamburg 2016, S. 15 ff.; vgl. auch *Zweig/Deussen/Krafft*, Informatik-Spektrum 2017, 318 (319 Abb. 1); *Hoffmann-Riem*, AöR 142 (2017), 1 (2 f.).

653 Siehe die Kategorisierung bei *Diakopoulos/Deussen*, Informatik-Spektrum 2017, 362 (363).

schen Wahrheit".[654] Diese Zielvorgabe in Verbindung mit der mathematischen Methode suggeriert Neutralität. Allerdings sind die Ergebnisse der Algorithmen durch die Daten determiniert, aus deren Korrelation das Ergebnis gebildet wird. Sie sind darum abhängig von den „sozio-kulturellen Vorannahmen", die schon in die Daten eingeschrieben sind.[655] Zudem ist die Technik selbst bereits durch bestimmte soziale Kontexte, in denen der Algorithmus entstanden ist, vorgeprägt.[656] „Algorithmen sind [darum] niemals neutral."[657]

Für die zur Personalisierung des Angebots eingesetzten Algorithmen (auch: algorithmische Empfehlungssysteme[658]) ist das zu lösende Problem die Empfehlung eines bestimmten Produkts oder Webcontents an den Nutzer.[659] Im Falle von Suchmaschinen sind die Empfehlungen etwa Internetseiten, Bilder oder Videos, wobei die Empfehlung in der Anordnung der Suchergebnisse gesehen werden kann. Im Falle von sozialen Netzwerken sind es z.B. Vorschläge für Freundschaften und Beiträge anderer Nutzer. Im Falle von Webshops sind es Produktvorschläge. Die Voraussetzung für die Empfehlung ist die vorherige Berechnung des Persönlichkeitsprofils und der Interessen des Nutzers in Form des *profiling*.[660] Die Algorithmen erstellen also zunächst ein Persönlichkeitsprofil und korrelieren dann die möglichen Vorschläge mit der Wahrscheinlichkeit der Passgenauigkeit, um sie dann entsprechend zu sortieren.[661]

Grundsätzlich werden dafür für jeden Algorithmus verschiedene Parameter und deren Gewichtung definiert.[662] Die Algorithmen werden allerdings immer leistungsstärker. Der sich immer weiterverbreitende Einsatz

---

654 *Bächle*, Digitales Wissen, Daten und Überwachung zur Einführung, Hamburg 2016, S. 15.

655 *Bächle*, Digitales Wissen, Daten und Überwachung zur Einführung, Hamburg 2016, S. 15 f.

656 *Hoffmann-Riem*, AöR 142 (2017), 1 (28 f.); *Hoffmann-Riem*, Innovation und Recht – Recht und Innovation, Tübingen 2016, S. 649.

657 *Bächle*, Digitales Wissen, Daten und Überwachung zur Einführung, Hamburg 2016, S. 16. Siehe außerdem oben A.VI.1.b).

658 *Zweig/Deussen/Krafft*, Informatik-Spektrum 2017, 318 (319).

659 Vgl. *Hoffmann-Riem*, AöR 142 (2017), 1 (13).

660 Vgl. *Härting*, Internetrecht, 6. Aufl., Köln 2017, Rn. 215; *Hoffmann-Riem*, AöR 142 (2017), 1 (12 f.).

661 Vgl. *Hoberg*, Die Individualisierung des Informationsangebots im E-Commerce. Möglichkeiten und Grenzen der Generierung strategischer Wettbewerbsvorteile, Wiesbaden 2018, S. 169 f.

662 Vgl. *Diakopoulos/Deussen*, Informatik-Spektrum 2017, 362 (362).

von künstlicher Intelligenz (KI) und *deep learning*[663] führt dazu, dass die Algorithmen die Auswahl und Gewichtung der Parameter selbst übernehmen können.[664] Die Menge der verarbeiteten Parameter ist dadurch für den Menschen ins Unüberschaubare gestiegen.[665]

c) Zusammenfassung Datenverarbeitung

Profiling lässt sich somit am besten als Prozess verstehen, bei dem versucht wird, die individuelle Nutzerin immer kleineren sozialen Gruppen zuzuordnen. Am Ende dieses Prozesses steht die vollkommene Individualisierung der Nutzerin, wobei das Bild von der Nutzerin immer nur auf Grundlage der vorhandenen Daten erstellt sein kann und darum nicht mit der Nutzerin identisch ist, sondern eben eine Persönlichkeitsfiktion darstellt. *William Bogard* spricht darum von *simulierter* Überwachung.[666] Auf Grundlage dieser Zuordnung werden dann die wahrscheinlichen Entwicklungsmöglichkeiten antizipiert. Dem wahrscheinlichsten Möglichkeitenspektrum entsprechend, personalisiert der Algorithmus dann die Webinhalte. Die Personalisierung ist demnach ein graduelles Phänomen. Ihr Grad ist davon abhängig, wie weit die Individualisierung durch die Zuordnung zu den sozialen Gruppen vorangeschritten ist.

---

663 *Deep learning* beschreibt eine Sonderform des maschinellen Lernens, bei der die lernende Maschine in die Lage versetzt wird, auf der Grundlage neuronaler Netzwerke selbst Entscheidungen zu treffen und sie zu hinterfragen. Wird eine Entscheidung bestätigt, erhöht sich ihre Gewichtung, wird sie revidiert, verringert sich die Gewichtung. Im Gegensatz zum klassischen maschinellen Lernen greift der Mensch nicht mehr in den Lernprozess ein, s. *Luber/Litzel*, Definition. Was ist Deep Learning?, Big Data Insider v. 26.4.2017 (URL: https://www.bigdata-insider.de/was-ist-deep-learning-a-603129/); vgl. Auch *Hoffmann-Riem*, AöR 142 (2017), 1 (3).

664 Vgl. *Bächle*, Digitales Wissen, Daten und Überwachung zur Einführung, Hamburg 2016, S. 37 f.; *Hoffmann-Riem*, AöR 142 (2017), 1 (3).

665 *Drexl*, ZUM 2017, 529 (537).

666 *Bogard*, Surveillance, its simulation, and hypercontrol in virtual systems, in: Sean P. Hier/Josh Greenberg (eds.), The Surveillance Studies Reader, Maidenhead 2007, pp. 96 f.

3. Beispiel: Personalisierung des Angebots von Intermediären

Die großen Drei der Internetintermediäre sind *Google, Facebook* und *Amazon*.[667] Alle drei haben in ihrem jeweiligen Angebotsbereich eine Vormachtstellung und personalisieren ihr Angebot im Wege des *profiling*.[668]

a) Beispiel Google

Der Marktanteil der Suchmaschine *Google* beträgt auf dem deutschen Markt konstant 89-92 % (2019 sogar 94,8 %)[669].[670] Auf dem internationalen Markt ist sie nicht ganz so dominierend, allerdings nur aufgrund ausschließlich regional erfolgreicher Suchmaschinenanbieter, von denen der chinesische Anbieter *Baidu* den größten darstellt.[671] Einen ernsthaften internationalen Konkurrenten gibt es nicht.

Den Ursprung dieser Erfolgsgeschichte bildet der heute legendäre *Page-Rank*-Algorithmus[672], der die Suchergebnisliste sortierte.[673] In Anlehnung

---

667 Siehe zu den Geschäftsmodellen der Internetökonomie im Allgemeinen und mit *Facebook, Amazon* und *Google* als Beispielen im Besonderen auch *Warnke*, Theorien des Internet zur Einführung, Hamburg 2011, S. 123 ff.

668 *Härting*, Internetrecht, 6. Aufl., Köln 2017, Rn. 215; für *Google* und *Facebook* *Hoffmann-Riem*, Innovation und Recht – Recht und Innovation. Recht im Ensemble seiner Kontexte, Tübingen 2016, S. 622, 626.

669 S. die Grafik bei *Lindner/Petersdorff*, Kampf den Giganten, Frankfurter Allgemeine Woche v. 29.3.2019, S. 18.

670 *Meyer/Rempe*, K&R 2018, 217 (217); siehe auch *Hoffmann-Riem*, Innovation und Recht – Recht und Innovation. Recht im Ensemble seiner Kontexte, Tübingen 2016, S. 623; *Stark*, „Don't be evil". Die Macht von Google und die Ohnmacht der Nutzer und Regulierer, in: Birgit Stark/Dieter Dörr/Stefan Aufenanger (Hrsg.), Die Googleisierung der Informationssuche. Suchmaschinen zwischen Nutzung und Regulierung, Berlin 2014, S. 7 f.

671 *Meyer/Rempe*, K&R 2018, 217 (217). In China ist *Google* allerdings auch nicht legal abrufbar, s. *Scheuer*, Zensur. China weitet Internetsperren aus, Spiegel Online v. 18.11.2014 (URL: https://www.spiegel.de/netzwelt/web/china-weitet-internetsperren-aus-a-1003581.html).

672 Die Namensgebung ist ein Wortspiel des Entwicklers *Larry Page* und soll gleichzeitig an die Funktion des Algorithmus und den Namen seines Entwicklers referieren, vgl. *Pariser*, Filter Bubble, München 2012, S. 38; *Barwise/Watkins*, The Evolution of Digital Dominance, in: Martin Moore/Damian Tambini (eds.), Digital Dominance. The Power of Google, Amazon, Facebook and Apple, Oxford 2018, p. 34.

673 *Bächle*, Digitales Wissen, Daten und Überwachung zur Einführung, Hamburg 2016, S. 37; *Barwise/Watkins*, The Evolution of Digital Dominance, in: Martin

an die Wissenschaft, in der die Zitationshäufigkeit eines Werkes oft als Grundlage für die Bestimmung seiner Relevanz herangezogen wird, sollte die Häufigkeit der Verlinkung einer Website auf anderen Seiten für ihre „Relevanz" und damit ihre Position in der Suchergebnisliste entscheidend sein.[674] Die dahinter stehende Überlegung war, dass die jeweiligen Webdesigner die Verlinkungen nicht zufällig setzten, sondern als sinnvolle Ergänzungen zu ihren eigenen Seiten ansahen.[675] Diese „Mehrheitsentscheidung" sahen die *Google*-Gründer als demokratisch an.[676]

Bis 2009 sind die Parameter („Signale"[677]) zur Bestimmung der „Relevanz" immer weiter ergänzt worden.[678] Bis dato waren die Merkmale aber ausschließlich anonym. Dies änderte sich am 4. Dezember 2009, als *Google* bekannt gab, die Suchergebnisse zu personalisieren.[679] Die Grundlage dafür bildeten 57 Parameter, auf der einen Seite nicht notwendigerweise personenbezogene Daten wie die Suchhistorie, der verwendete Browser, der Ort des Einloggens, und auf der anderen Seite über personengebundene Dienste (wie z.B. *Google Mail*) erhobene notwendig personenbezogene Daten.[680] Die Personalisierung erfolgte durch Kategorisierung, d.h. durch Zu-

---

Moore/Damian Tambini (eds.), Digital Dominance. The Power of Google, Amazon, Facebook and Apple, Oxford 2018, p. 34.

674 *Pariser*, Filter Bubble, München 2012, S. 39, vgl. auch *Zweig/Deussen/Krafft*, Informatik-Spektrum 2017, 318 (320); *Dörr/Natt*, ZUM 2014, 829 (835).

675 *Zweig/Deussen/Krafft*, Informatik-Spektrum 2017, 318 (320).

676 *Pariser*, Filter Bubble, München 2012, S. 39; *Dörr/Natt*, ZUM 2014, 829 (835). Eigentlich liegt darin eine Marginalisierung von neuen Seiten und Minderheitsmeinungen, denn die bereits etablierten Anbieter werden ihre Stellung durch die Klick-Zahlen immer weiter ausbauen, s. *Dörr/Schuster*, Suchmaschinen im Spannungsfeld zwischen Nutzung und Regulierung, in: Birgit Stark/Dieter Dörr/Stefan Aufenanger (Hrsg.), Die Googleisierung der Informationssuche. Suchmaschinen zwischen Nutzung und Regulierung, Berlin 2014, S. 262 (266); *Dörr/Natt*, ZUM 2014, 829 (835).

677 *Pariser*, Filter Bubble, München 2012, S. 10.

678 Z.B. durch Größe und Position der Links, das Alter der Seiten, Klicksignale (die Information darüber, auf welche Links der User tatsächlich klickt), s. *Pariser*, Filter Bubble, München 2012, S. 40.

679 *Pariser*, Filter Bubble, München 2012, S. 10. Die Werbung war bereits vorher personalisiert, s. *Barwise/Watkins*, The Evolution of Digital Dominance, in: Martin Moore/Damian Tambini (eds.), Digital Dominance. The Power of Google, Amazon, Facebook and Apple, Oxford 2018, p. 35. Bereits zuvor verfolgte das Projekt *WikiaSearch* den Ansatz, Suchergebnisse nach Nutzerentscheidungen zu gewichten, s. *Hoffmann-Riem*, Der Staat 2008, 588 (592 f.). Interessanterweise sollte dieses Projekt die Marktmacht *Googles* brechen.

680 *Pariser*, Filter Bubble, München 2012, S. 10, 41 ff.

ordnung der suchenden Personen zu immer kleineren Gruppen.[681] Bereits 2012 arbeiteten zur Personalisierung der Suchergebnisse mehrere Algorithmen parallel mithilfe von über 200 Parametern.[682]

b) Beispiel Facebook

Auch das soziale Netzwerk *Facebook* ist nicht das einzige seiner Art. Bereits vor seiner Gründung bestanden beispielsweise *Friendster* und *MySpace*.[683] Allerdings musste in diesen Netzwerken die Seite eines Kontakts direkt aufgerufen werden, damit dessen Aktivitäten sichtbar würden. *Facebook* bot mit seinem *Newsfeed* eine praktische Alternative: die Anzeige der Aktivitäten der Kontakte direkt auf der Startseite der Nutzerin.[684] Die Sortierung des *Newsfeeds* besorgte der Algorithmus *EdgeRank*, der anfangs auf drei Faktoren basierte: dem Grad der Verbundenheit des Nutzers mit der den Inhalt teilenden Nutzerin, der Gewichtung der jeweiligen Inhalte und ihrer Aktualität.[685] Der erste Faktor wurde aus der Frequenz des Austausches über die Kommunikationsanwendungen und der Anzahl der Profilaufrufe ermittelt. Der zweite Faktor beruhte auf einer Gewichtung des Inhalts, die bereits abstrakt im Vorfeld festgelegt war.[686] Nunmehr arbeitet der Algorithmus mit künstlicher Intelligenz und *deep learning* und die Anzahl der Parameter ist ins Unüberschaubare gestiegen.[687]

Die Daten, die *Facebook* für die Personalisierung zur Verfügung stehen, sind unterschiedlichen Ursprungs.[688] Zum einen werden Daten bei der zur Nutzung des Netzwerks unumgänglichen Nutzerregistrierung abgefragt.

---

681 *Pariser*, Filter Bubble, München 2012, S. 42 f.

682 *Zweig/Deussen/Krafft*, Informatik-Spektrum 2017, 318 (321); s. auch *Google*, Funktionsweise der Suchalgorithmen (URL: https://www.google.com/search/howsearchworks/algorithms/); *Stark*, „Don't be evil". Die Macht von Google und die Ohnmacht der Nutzer und Regulierer, in: Birgit Stark/Dieter Dörr/Stefan Aufenanger (Hrsg.), Die Googleisierung der Informationssuche. Suchmaschinen zwischen Nutzung und Regulierung, Berlin 2014, S. 1.

683 *Barwise/Watkins*, The Evolution of Digital Dominance, in: Martin Moore/Damian Tambini (eds.), Digital Dominance. The Power of Google, Amazon, Facebook and Apple, Oxford 2018, p. 37.

684 *Pariser*, Filter bubble, München 2012, S. 44 f.

685 *Pariser*, Filter bubble, München 2012, S. 44 f.; *Drexl*, ZUM 2017, 529 (532).

686 *Pariser*, Filter bubble, München 2012, S. 44 f.

687 *Drexl*, ZUM 2017, 529 (532 f.), berichtet wird von über 100.000 Parametern.

688 Eine Liste von 98 Daten, die *Facebook* zum Zwecke der zielgruppengerechten Werbung sammelt, findet sich bei *Hoffmann-Riem*, Rechtliche Rahmenbedin-

Hierzu gehören der volle Name, eine E-Mail-Adresse, Geschlecht und Geburtsdatum, wobei die Nutzungsbedingungen zu wahrheitsgemäßen Angaben verpflichten.[689] Zum anderen werden Daten über die Nutzung des Netzwerks erhoben. Hierzu gehören die Angaben, die ein Nutzer auf seine Profilseite stellt, Kommunikationsdaten, d.h. Daten über die private Kommunikation in Chats oder geschlossenen Gruppen und die öffentliche Kommunikation durch öffentliche Postings, und Daten über hochgeladene Medien wie Bilder oder Videos sowie die zugehörigen *Tags*[690].[691] Daneben werden auch die Metadaten zu den genannten Aktivitäten erhoben.[692] Schließlich erhebt *Facebook* Daten über die Nutzung anderer Websites vermittels *Cookies*, *Webbugs*, *Social Plugins* und *Open Graph*.[693]

Für jeden *Facebook*-Nutzer wird das Angebot im Netzwerk umfassend personalisiert. Neben den Freundschaftsvorschlägen und der angezeigten Werbung ist es vor allem der Newsfeed, der an die individuelle Nutzerin angepasst wird. Die dort sortierten Beiträge setzen sich prinzipiell aus den Postings von virtuellen Freunden (*user generated content*), Werbung und Postings von Drittanbietern, die eine *Facebook*-Seite unterhalten (*professionally generated content*), zusammen.[694] Der letzte, zu dem auch Nachrich-

---

gungen für und regulative Herausforderungen durch Big Data, in: ders. (Hrsg.), Big Data – Regulative Herausforderungen, Baden-Baden 2018, S. 76 ff.

689 *Kühnl*, Persönlichkeitsschutz 2.0. Profilbildung und -nutzung durch soziale Netzwerke am Beispiel von Facebook im Rechtsvergleich zwischen Deutschland und den USA, Berlin/Boston 2016, S. 23; *Facebook*, Nutzungsbedingungen 3. Nr. 1 (Stand: 8.2019) (URL: https://de-de.facebook.com/legal/terms).

690 Unter einem Tag ist die Markierung einer Nutzerin auf einem Medieninhalt zu verstehen.

691 *Facebook*, Datenrichtlinie (URL: https://www.facebook.com/about/privacy/update); *Kühnl*, Persönlichkeitsschutz 2.0. Profilbildung und -nutzung durch soziale Netzwerke am Beispiel von Facebook im Rechtsvergleich zwischen Deutschland und den USA, Berlin/Boston 2016, S. 24 ff.

692 *Facebook*, Datenrichtlinie (URL: https://www.facebook.com/about/privacy/update); *Kühnl*, Persönlichkeitsschutz 2.0. Profilbildung und -nutzung durch soziale Netzwerke am Beispiel von Facebook im Rechtsvergleich zwischen Deutschland und den USA, Berlin/Boston 2016, S. 24 ff.; *Hagen*, APuZ 40-41/2018, 29 (31); vgl. auch *Bächle*, Digitales Wissen, Daten und Überwachung zur Einführung, Hamburg 2016, S. 29.

693 *Kühnl*, Persönlichkeitsschutz 2.0. Profilbildung und -nutzung durch soziale Netzwerke am Beispiel von Facebook im Rechtsvergleich zwischen Deutschland und den USA, Berlin/Boston 2016, S. 28 ff.

694 *Barwise/Watkins*, The Evolution of Digital Dominance, in: Martin Moore/Damian Tambini (eds.), Digital Dominance. The Power of Google, Amazon, Facebook and Apple, Oxford 2018, p. 37.

tenseiten gehören, nimmt in der letzten Zeit, auch auf Betreiben *Facebooks* hin, zu.[695]

Die Aussagekraft der von *Facebook* analysierten Daten lässt sich anhand von Studien exemplifizieren. So ließ beispielsweise eine Auswertung nur der *Likes* auf *Facebook* in 93 % der Fälle die zutreffende Bestimmung des Geschlechts, in 95 % der Fälle die zutreffende Bestimmung der ethnischen Zugehörigkeit und in 82 % der Fälle die zutreffende Bestimmung der Religionszugehörigkeit zu.[696]

c) Beispiel Amazon

Die Onlinehandelsplattform *Amazon* ist mit seiner Gründung im Jahr 1994 der älteste hier betrachtete Internetintermediär. Das Unternehmen begann zunächst im Buchhandelssektor und expandiert seitdem fortlaufend in alle möglichen Verkaufssegmente.[697] Auf der Onlinehandelsplattform sind verschiedene Elemente personalisiert. Neben den sich an den Nutzerinteressen orientierenden Produktvorschlägen ist dies vor allem die Ergebnisliste der Produktsuche.[698] Die für die Personalisierung erforderlichen Daten werden vor allem während der Interaktion mit der Onlineplattform erhoben und beinhalten Daten und Metadaten über das Surfverhalten sowie Accountdaten, wie diejenigen, die von der Nutzerin bei der Registrierung selbst angegeben werden, und die Bestellhistorie.[699] Insgesamt ist *Amazon* das Unternehmen mit dem größten Vorrat selbst erhobener Konsumentendaten (*First Party Consumer Purchase Data*) und ist damit in Begriff, *Google* die für die Werbefinanzierung wertvollste seiner Suchan-

---

695 *Barwise/Watkins*, The Evolution of Digital Dominance, in: Martin Moore/Damian Tambini (eds.), Digital Dominance. The Power of Google, Amazon, Facebook and Apple, Oxford 2018, p. 37.

696 Studie mit 58.000 Teilnehmenden; weitere Nachweise bei *Hoberg*, Die Individualisierung des Informationsangebots im E-Commerce. Möglichkeiten und Grenzen der Generierung strategischer Wettbewerbsvorteile, Wiesbaden 2018, S. 164.

697 *Barwise/Watkins*, The Evolution of Digital Dominance, in: Martin Moore/Damian Tambini (eds.), Digital Dominance. The Power of Google, Amazon, Facebook and Apple, Oxford 2018, pp. 38 ff.

698 *Amazon.de*, Datenschutzerklärung (URL: https://www.amazon.de/gp/help/customer/display.html?nodeId=201909010).

699 *Amazon.de*, Datenschutzerklärung (URL: https://www.amazon.de/gp/help/customer/display.html?nodeId=201909010).

fragen, die aktive Suche nach Produkten, streitig zu machen.[700] Die Erhebung von Daten über das Surfverhalten funktioniert vermittels Cookies und findet auch ohne Anmeldung der Nutzerin (anonym) statt.[701]

d) Folgerung

Die drei hier betrachteten Internetintermediäre eint, dass sie ihr Onlineangebot personalisieren. Die Grundlage dafür bilden prinzipiell unbegrenzte Datenbestände aus personenbezogenen und nicht personenbezogenen Daten. Die Datenerhebung findet sowohl bei der Nutzung der spezifischen Angebote statt als auch bei der Nutzung der Angebote von Drittanbietern und personengebundenen Diensten der Internetintermediäre. Für alle drei Internetintermediäre gilt damit medienökologisch betrachtet ein reziproker und asymmetrischer Bedingungszusammenhang ihrer Tätigkeit und derjenigen der Nutzerinnnen: Je mehr Nutzerinnen das Internetangebot nutzen, desto passgenauer wird das Angebot.[702]

4. Gefährdungspotenziale

Im öffentlichen Diskurs und in der Fachliteratur wird zum Teil nach wie vor die Auffassung vertreten, die kommerzielle Nutzung von Daten, insbesondere zum Zweck der Personalisierung des Angebots oder der Werbung, berge keine Risiken.[703] Sie sei allenfalls lästig, meist aber sogar im Interesse des Einzelnen und somit kein datenschutzrechtliches Problem.[704] Diese Auffassung lässt sich zum Teil mit dem das Datenschutzrecht prägenden

---

700 *Barwise/Watkins*, The Evolution of Digital Dominance, in: Martin Moore/Damian Tambini (eds.), Digital Dominance. The Power of Google, Amazon, Facebook and Apple, Oxford 2018, p. 40.

701 *Amazon.de*, Datenschutzerklärung (URL: https://www.amazon.de/gp/help/customer/display.html?nodeId=201909010).

702 *Hagen*, APuZ 40-41/2018, 29 (30).

703 *Drackert*, Die Risiken der Verarbeitung personenbezogener Daten, Berlin 2014, S. 312 f.; so scheinbar auch *Bull*, Informationelle Selbstbestimmung – Vision oder Illusion?, 2. Aufl., Tübingen 2011, S. 37; unkritisch bezogen auf die Werbung, aber kritisch bezüglich der Personalisierung politischer Inhalte in sozialen Netzwerken *Drexl*, ZUM 2017, 529 (533).

704 *Drackert*, Die Risiken der Verarbeitung personenbezogener Daten, Berlin 2014, S. 312; vorsichtiger *Nettesheim*, EnzEuR, § 9 Privatleben und Privatsphäre, Rn. 13.

„methodologischen Individualismus“[705] erklären: Die Schutzgüter des Datenschutzrechts sind individueller Natur und somit ist es nicht risikobehaftet, sondern sogar wünschenswert, wenn Angebot und Werbung den Interessen des Einzelnen folgen. Wird die Demokratie allerdings wie hier vorgeschlagen als Schutzgut des Datenschutzrechts in den Blick genommen, geht diese Perspektive fehl. In diesem Fall kommt es darauf an, ob sich in der Personalisierung Risiken für die Demokratie entdecken lassen. Zumal die in der folgenden Betrachtung zu identifizierenden Risiken der Personalisierung für die Demokratie durch negative Effekte auf die Persönlichkeitsentwicklung vermittelt sind, wird sich zeigen, dass die Personalisierung selbst aus der Perspektive des methodologischen Individualismus risikoreich ist.

a) Entfremdung

Eine erste unmittelbare Folge der der Personalisierung zugrunde liegenden *profiling*-Technologie kann als eine *Entfremdung* beschrieben werden.[706] Das klassische Objekt der Überwachung ist der menschliche Körper.[707] Es waren stets die Bewegungen des Körpers, die wahrnehmbar und darum unter Beobachtung stehen konnten.[708] Gegenstand der modernen Überwachung ist nunmehr, wie oben festgestellt wurde, nicht länger der menschliche Körper, sondern eine artifizielle, aus Daten konstruierte, nur

---

705 *Morozov*, Wider digitales Wunschdenken, in: Frank Schirrmacher (Hrsg.), Technologischer Totalitarismus. Eine Debatte, Frankfurt am Main 2015, S. 24; vgl. auch *Ladeur*, Die transsubjektive Dimension der Grundrechte, in: Thomas Vesting/Stefan Korioth/Ino Augsberg (Hrsg.), Grundrechte als Phänomene kollektiver Ordnung, Tübingen 2014, S. 20: „nomadisierender Individualismus“.

706 Vgl. bezüglich personenbezogener Daten als Waren bereits *Podlech*, Das Recht auf Privatheit, in: Joachim Perels (Hrsg.), Grundrechte als Fundamente der Demokratie, Frankfurt 1979, S. 57; *Roßnagel*, Freiheit durch Systemgestaltung, in: Egbert Nickel/Alexander Roßnagel/Bernhard Schlink (Hrsg.), Die Freiheit und die Macht – Wissenschaft im Ernstfall. Festschrift für Adalbert Podlech, Baden-Baden 1994, S. 230.

707 *Foucault*, Überwachen und Strafen. Die Geburt des Gefängnisses, 19. Aufl., Frankfurt am Main 2014 *passim*.

708 *Foucault*, Überwachen und Strafen. Die Geburt des Gefängnisses, 19. Aufl., Frankfurt am Main 2014 *passim*, insbes. S. 251 ff.; *Bächle*, Digitales Wissen, Daten und Überwachung zur Einführung, Hamburg 2016, S. 188.

vermeintlich einem Subjekt entsprechende Identitätsfiktion.[709] Damit wird das Individuum aufgespalten in numerische Einheiten.[710] Das *Individuum*[711] wird teilbar; es wird zum *Dividuum*. Die Überwachungstechnologie schafft sich damit paradoxerweise ihre eigenen Objekte.[712]

Bereits diese *Entfremdung* des Menschen vom Objekt der Überwachung, seinem digitalen Pendant, wirkt sich auf die Persönlichkeitsentwicklung des Einzelnen zum autonomen Subjekt aus und damit auf seine Demokratiefähigkeit. So unterscheiden sich zum einen die Daten, die für die Konstruktion des Datendoubles zugrunde gelegt werden, von denen, die ein Mensch für die Einschätzung seines Gegenübers in der sozialen Interaktion heranziehen würde: Im zweiten Fall sind es die inhaltlichen Aussagen, die der Mensch trifft, im ersten Fall aber auch Metadaten über die inhaltliche Aussage und Daten, die aus den Inhalts- und Metadaten erst erschlossen werden.[713] Dadurch ist das Informationsregime des Einzelnen, die Zugangskontrolle zum Selbst, deutlich schwerer oder sogar gar nicht mehr kontrollierbar.[714]

Zum anderen hat das menschliche Individuum keine Einsicht in die Persönlichkeitsfiktion, die zur Berechnung seiner gegenwärtigen und zu-

---

709 *Bächle*, Digitales Wissen, Daten und Überwachung zur Einführung, Hamburg 2016, S. 183 ff., insbes. 187 f.; *Tinnefeld*, Prolog, in: Marie-Theres Tinnefeld et al., Einführung in das Datenschutzrecht. Datenschutz und Informationsfreiheit in europäischer Sicht, 6. Aufl., Berlin/Boston 2018, S. VIII; vgl. auch *Bauman/Lyon*, Daten, Drohnen, Disziplin, 3. Aufl., Frankfurt am Main 2014, S. 19, 164 f.; angedeutet bereits bei *Simitis*, 135 U. Pa. L. Rev. (1987), 707 (712).

710 *Bächle*, Digitales Wissen, Daten und Überwachung zur Einführung, Hamburg 2016, S. 165, 184 ff.; *Reichert*, Facebooks Big Data, in: Ramón Reichert (Hrsg.), Big Data. Analysen zum digitalen Wandel von Wissen, Macht und Ökonomie, Bielefeld 2014, S. 448.

711 Lat. „das Unteilbare", s. „Individuum" im Duden Online-Wörterbuch (URL: https://www.duden.de/rechtschreibung/Individuum).

712 *Bächle*, Digitales Wissen, Daten und Überwachung zur Einführung, Hamburg 2016, S. 195; *Bogard*, Surveillance, its simulation, and hypercontrol in virtual systems, in: Sean P. Hier/Josh Greenberg (eds.), The Surveillance Studies Reader, Maidenhead 2007, pp. 97 f.; vgl. auch *Floridi*, zitiert nach *Gnägi*, Ancilla Iuris 2018, 1 (5), der feststellt, dass als Wirklichkeit mehr und mehr das wahrgenommen wird, was informationell ist.

713 Vgl. *Hagen*, APuZ 40-41/2018, 29 (32); *Broemel/Trute*, Berliner Debatte Initial 27 (2016), 50 (52).

714 Vgl. *Broemel/Trute*, Berlinder Debatte Initial 2016, 50 (52); ähnlich *Gusy*, KritV 2015, 430 (437).

künftigen Identität verwandt wird.[715] Dadurch kann die Einzelne nicht erkennen, welches Fremdbild über sie besteht und nicht selbst voraussehen, mit welchen Interaktionen zu rechnen ist.[716] Metaphorisch lässt sich eine Parallele zur von *Michel Foucault* geschilderten Lage des Beschuldigten im mittelalterlichen Strafprozess ziehen, dem zu keiner Zeit im Verfahren bekannt ist, weswegen er angeklagt ist: „Die Justizbehörde erstellte in alleiniger Machtvollkommenheit eine Wahrheit, in die sie den Angeklagten einsperrte."[717] Das Wissen war „das absolute Privileg der Verfolgung".[718] Erst im Moment des Urteilsspruchs erfuhr der Angeklagte das ihm vorgeworfene Unrecht.[719] Und erst in dem Moment, in dem Konsequenzen aus dem Fremdbild gezogen werden, erfährt der Internetnutzer eine Ahnung davon. Der Einzelne wird dadurch in seiner Persönlichkeitsentwicklung leicht steuerbar, weil er sich den Einflussnahmen nicht entziehen und sie nicht antizipieren kann. Zudem ist es kaum möglich, aus dem Fremdbild auszubrechen, wenn erst einmal eine Kategorisierung stattgefunden hat.[720]

b) Entwicklung zur Autonomie

In weiterer Konsequenz beeinträchtigt die Personalisierung des Internetangebots die Entwicklungsmöglichkeiten des Individuums zu einer autonomen Persönlichkeit und entfaltet so Rückwirkungen auf die demokratische Gesellschaft. Die Demokratie, so wurde oben festgestellt, ist angewie-

---

715 Vgl. *Gnägi*, Ancilla Iuris 2018, 1 (24); *Lobo*, Daten, die das Leben kosten, in: Frank Schirrmacher (Hrsg.), Technologischer Totalitarismus. Eine Debatte, Frankfurt am Main 2015, S. 113 f.

716 Vgl. *Hagen*, APuZ 40-41/2018, 29 (31); *Lobo*, Daten, die das Leben kosten, in: Frank Schirrmacher (Hrsg.), Technologischer Totalitarismus. Eine Debatte, Frankfurt am Main 2015, S. 113 f.; die Arbeitsweise der eingesetzten Algorithmen wird von den Internetintermediären zumeist als Geschäftsgeheimnis eingeordnet, s. *Drexl*, ZUM 2017, 529 (531). *Facebook* ermöglicht beispielsweise nur Einblick in ein sog. *Activity Log*. Das daraus erstellte Persönlichkeitsprofil bleibt jedoch verborgen, s. *Hagen*, APuZ 40-41/2018, 29 (31).

717 *Foucault*, Überwachen und Strafen. Die Geburt des Gefängnisses, 19. Aufl., Frankfurt am Main 2014, S. 48.

718 *Foucault*, Überwachen und Strafen. Die Geburt des Gefängnisses, 19. Aufl., Frankfurt am Main 2014, S. 48.

719 *Foucault*, Überwachen und Strafen. Die Geburt des Gefängnisses, 19. Aufl., Frankfurt am Main 2014, S. 48; vgl. auch Vgl. *Marsch*, Das europäische Datenschutzgrundrecht, Tübingen 2018, S. 93 f., der eine Parallele zwischen den Schutzzielen des Datenschutzrechts und *Franz Kafkas* Roman Der Prozess zieht.

720 Vgl. bereits *Simitis*, 135 U. Pa. L. Rev. (1987), 707 (719).

sen auf ihre Bürger als autonome Subjekte, die die herrschenden Denkmuster hinterfragen und abweichende Meinungen bilden und äußern (s. B.II.1.). Die Entwicklung hin zu einer autonomen Persönlichkeit ist jedoch latent der Schwierigkeit ausgesetzt, dass die menschliche Persönlichkeit sich im Wechselspiel mit ihrer Umwelt ständig neu konstituiert, also der Heteronomie sehr zugänglich ist (B.II.3.). Eine weitgehend autonome Persönlichkeit kann sich darum nur entwickeln, wenn sich der Einzelne in einen selbstdefinierten Bereich der Privatheit zurückziehen und die unterschiedlichen auf seine Persönlichkeit wirkenden Prägungen reflektieren kann (B.II.4.).

Die Personalisierung des Internetangebots bedeutet in erster Linie Selektion. Die Internetinhalte werden nach den Interessen und Vorlieben der Nutzerin gefiltert und ihr gelangt nur die getroffene Auswahl zur Kenntnis.[721] Mit alternativen Inhalten wird die Nutzerin nicht konfrontiert. Diesen Effekt hat *Eli Pariser* als *filter bubble* beschrieben.[722] Die entwicklungsoffene Konstitution der menschlichen Persönlichkeit und die monoperspektivischen Einflüsse durch die *filter bubble* haben zur Folge, dass dem einzelnen Menschen auch nur noch eine Entwicklungsrichtung offensteht, nämlich die in Richtung der durch das *profiling* berechneten wahrscheinli-

---

721 *Morozov*, APuZ 11-12/2015, 3 (4); *Paal/Hennemann*, ZRP 2017, 76 (76); *Boehme-Neßler*, Die Macht der Algorithmen. Anmerkungen zum Einfluss von *Big Data* auf die Demokratie, in: Volker Boehme-Neßler/Manfred Rehbinder (Hrsg.), Big Data: Ende des Datenschutzes?, Bern 2017, S. 122; *Hoffmann-Riem*, Innovation und Recht – Recht und Innovation, Tübingen 2016, S. 628; vgl. für Suchmaschinen auch *Dörr/Natt*, ZUM 2014, 829 (836 f.); *Boehme-Neßler*, UFITA 2015, 655 (667); *Stark*, „Don't be evil". Die Macht von Google und die Ohnmacht der Nutzer und Regulierer, in: Birgit Stark/Dieter Dörr/Stefan Aufenanger (Hrsg.), Die Googleisierung der Informationssuche. Suchmaschinen zwischen Nutzung und Regulierung, Berlin 2014, S. 4; *Schwartmann/Hermann/Mühlenbeck*, MMR 2019, 498 (499).

722 *Pariser*, Filter Bubble, München 2012; vgl. auch *Hoffmann-Riem*, Innovation und Recht – Recht und Innovation, Tübingen 2016, S. 628 f.; *Dörr/Natt*, ZUM 2014, 829 (837); *Boehme-Neßler*, UFITA 2015, 655 (666); *Dwork/Mulligan*, 66 Stan. L. Rev. (2013), 35 (37); *Bauman/Lyon*, Daten, Drohnen, Disziplin, 3. Aufl., Frankfurt am Main 2014, S. 152. Fehlende empirische Nachweise in Suchmaschinenumgebungen (im Gegensatz zu solchen für soziale Netzwerke) merkt *Hartl*, Suchmaschinen, Algorithmen und Meinungsmacht. Eine verfassungs- und einfachrechtliche Betrachtung, Wiesbaden 2017, S. 69 an. Fehlende Empirie bemerkt auch *Neuberger*, Kommunikationswissenschaftliche Analyse der Meinungsbildung, Meinungsmacht und Vielfalt im Internet, in: Frank Lobigs/Christoph Neuberger, Meinungsmacht im Internet und die Digitalstrategien von Medienunternehmen, Leipzig 2018, S. 75 m.w.N.

chen Zukünfte. „Der Möglichkeitsraum des Einzelnen wird dadurch einseitig und kaum auflösbar vorher- und fremdbestimmt."[723] Die *filter bubble* erzeugt Feedbackschleifen, die das Weltbild des Individuums bestätigen und begrenzen.[724] Zwar folgt das Individuum seinen Vorlieben, doch fehlt es ihm an einem selbst definierten Kriterium, nach dem es die Relevanz seiner unmittelbaren Bedürfnisse unterscheiden könnte.[725] So wird es zum „Knecht des eigenen Geschmacks".[726] Die Entwicklung und Bewahrung einer autonomen Persönlichkeit ist damit unmöglich.[727]

Eigentlich kann sich das Individuum diesem Prozess der Persönlichkeitsprägung durch den Rückzug ins Private entziehen, indem es Informationen zurückhält und so die Prägung kontrolliert und reflektiert (B.II.4.). Die Funktionsweise der modernen Technologie erschwert diesen Prozess aber zumindest oder macht ihn sogar unmöglich. Erstens beruht die Errechnung der wahrscheinlichsten zukünftigen Persönlichkeit auf Daten, die nicht mit denen übereinstimmen, die ein menschliches Gegenüber für die soziale Interaktion zugrunde legen würde.[728] Sie lassen sich darum deutlich schwerer durch den einzelnen Menschen kontrollieren, weil für ihn nicht einschätzbar ist, welche Daten gespeichert und verarbeitet werden.[729] So liegen den Berechnungen vielfach zumindest auch und in gro-

---

723 *Spiecker gen. Döhmann*, VVDStRL 77 (2018), 9 (38).

724 *Dwork/Mulligan*, 66 Stan. L. Rev. (2013), 35 (37); s. auch *Boehme-Neßler*, UFITA 2015, 655 (667): „Diese Hyper-Fokussierung auf sich selbst verengt den Blick auf die Welt."; vgl. außerdem *Sandfuchs*, Privatheit wider Willen?, Tübingen 2015, S. 24 ff.

725 Zu diesem Autonomiebegriff vgl. *Winter*, Demokratietheoretische Implikationen des Rechts auf informationelle Selbstbestimmung, in: Michael Friedewald u.a. (Hrsg.), Informationelle Selbstbestimmung im digitalen Wandel, S. 43.

726 S.o. C. Vgl. außerdem *Bauman/Lyon*, Daten, Drohnen, Disziplin, 3. Aufl., Frankfurt am Main 2014, S. 75 f., 167 vgl. auch 36: „Do-it-yourself-Sklaverei"; vgl. auch *Morozov*, APuZ 11-12/2015, 3 (4).

727 Schon *Wilhelm von Humboldt*, Ideen zu einem Versuch, die Grenzen der Wirksamkeit des Staats zu bestimmen (1851), Stuttgart 1967, S. 22, bemerkte: „Allein außer der Freiheit erfordert die Entwickelung der menschlichen Kräfte noch etwas andres, obgleich mit der Freiheit eng Verbundenes: Mannigfaltigkeit der Situationen." – Damit ist bereits auf die Notwendigkeit vielfältiger Einflüsse zur Ausbildung einer autonomen Persönlichkeit angespielt. Vgl. auch *Bauman/Lyon*, Daten, Drohnen, Disziplin, 3. Aufl., Frankfurt am Main 2014, S. 141: „[D]as ist im Kern die Bedeutung des Begriffs ‚Individualisierung', der heute für einen Prozeß steht, in dem die Zunahme von Abhängigkeit als Zunahme von Autonomie etikettiert wird."

728 Vgl. *Hagen*, APuZ 40-41/2018, 29 (32).

729 *Hoffmann-Riem*, Innovation und Recht – Recht und Innovation, Tübingen 2016, S. 662; *Broemel/Trute*, Berliner Debatte Initial 27 (2016), 50 (52).

ßem Umfang Metadaten und erschlossene Daten zugrunde, während die einzelnen Internetnutzerinnen eher den Inhaltsdaten Bedeutung beimessen (s. auch B.II.8. u. C.II.4.a)).[730]

Zweitens beruht die Errechnung des zukünftigen Profils auf einem datenbasierten „digitalen Double“[731] der Persönlichkeit des Einzelnen, einer Persönlichkeitsfiktion, die nicht mit dem Original identisch ist und diesem auch nicht bekannt.[732] Das Objekt klassischer Überwachung bildete immer der Körper des einzelnen Menschen.[733] Nunmehr ist es eine aus Daten konstituierte Persönlichkeitsfiktion (s. auch C.II.4.a)).[734]

Drittens funktioniert die Mensch-Algorithmus-Interaktion anders als die Mensch-Mensch-Interaktion und der Nachvollzug der Berechnung der zukünftigen Persönlichkeitsfiktion übersteigt um ein Vielfaches die Möglichkeiten der menschlichen Auffassungsgabe.[735] So ist der Algorithmus beispielsweise gerade darauf programmiert, sich nach den Vorlieben und Interessen des Nutzers zu richten und die Vorschläge nach Prognosen auszurichten, während das menschliche Gegenüber in ganz unterschiedlicher Form (re)agiert. Zudem ist der Mensch mit der Eigenschaft beschwert und der Fähigkeit beschenkt zu vergessen.[736] So kann bei einem Gesprächspartner davon ausgegangen werden, dass gewisse ehemalige Kommunikationsinhalte bereits vergessen sind, während andere wichtiger erschienen und damit noch präsent sein könnten. Die Informationstechnologie vergisst

---

730 Vgl. *Hagen*, APuZ 40-41/2018, 29 (32); *Broemel/Trute*, Berliner Debatte Initial 27 (2016), 50 (52); *Bächle*, Digitales Wissen, Daten und Überwachung zur Einführung, Hamburg 2016, S. 129 f.

731 *Bauman/Lyon*, Daten, Drohnen, Disziplin, 3. Aufl., Frankfurt am Main 2014, S. 19.

732 *Bächle*, Digitales Wissen, Daten und Überwachung zur Einführung, Hamburg 2016, S. 195; *Bauman/Lyon*, Daten, Drohnen, Disziplin, 3. Aufl., Frankfurt am Main 2014, S. 19.

733 *Foucault*, Überwachen und Strafen. Die Geburt des Gefängnisses, 19. Aufl., Frankfurt am Main 2014 *passim*.

734 *Bächle*, Digitales Wissen, Daten und Überwachung zur Einführung, Hamburg 2016, S. 195; *Tinnefeld*, Prolog, in: Marie-Theres Tinnefeld et al., Einführung in das Datenschutzrecht. Datenschutz und Informationsfreiheit in europäischer Sicht, 6. Aufl., Berlin/Boston 2018, S. VIII; *Bauman/Lyon*, Daten, Drohnen, Disziplin, 3. Aufl., Frankfurt am Main 2014, S. 19.

735 Vgl. *Hoffmann-Riem*, AöR 142 (2017), 1 (29); *Hornung/Herfurth*, Datenschutz bei Big Data. Rechtliche und politische Implikationen, in: Christian König/Jette Schröder/Erich Wiegand (Hrsg.), Big Data – Chancen, Risiken, Entwicklungstendenzen, Wiesbaden 2018, S. 170 ff.

736 Vgl. zu den Konsequenzen *Mayer-Schönberger*, Delete. Die Tugend des Vergessens in digitalen Zeiten, 3. Aufl., Berlin 2015, insbes. S. 26 ff.

nicht und jedes einmal gespeicherte Datum kann potenziell in die Berechnungen einfließen.[737] Dies alles gilt bereits ohne Betrachtung des vielbeachteten „Durchsetzungsdefizits“[738] des geltenden Datenschutzrechts.

Insbesondere in sozialen Netzwerken führt die Selektion von Inhalten nach den Nutzerinteressen überdies potenziell zur Gruppierung von Gleichgesinnten in sog. *echo chambers* (Echokammern).[739] Die Nutzerinnen sozialer Netzwerke erhalten demnach überwiegend bis ausschließlich Beiträge von ähnlich und gleich Denkenden zur Kenntnis, auf die sie dann, denkbar positiv, reagieren.[740] Eine Konfrontation mit Andersdenkenden findet nicht statt.[741] Durch das Phänomen der *echo chambers* wird der Effekt der *filter bubble* auf die Persönlichkeitsentwicklung verstärkt. Die Wahrnehmung dessen, was wahr, wirklich und wichtig ist, wird verzerrt,[742] und dadurch die Reflexion der eigenen Prägung zusätzlich erschwert.

---

737 Vgl. *Schmolz*, Privatheit im Internet: Von Möglichkeiten und Gefahren digitaler Informations- und Kommunikationstechnologien, in: Dennis Gräf/Stefan Halft/Verena Schmöller (Hrsg.), Privatheit. Formen und Funktionen, Passau 2011, S. 157; s. auch *Mayer-Schönberger*, Delete. Die Tugend des Vergessens in digitalen Zeiten, 3. Aufl., Berlin 2015, S. 10 ff.; *Mayer-Schönberger*, APuZ 11-12/2015, 14 (18); auch *Spiecker gen. Döhmann*, KritV 2014, 28 (35 f.).

738 Vgl. z.B. *Spiecker gen. Döhmann*, KritV 2014, 28 (29: „Kontroll- und Vollzugsdefizit“).

739 *Vesting*, Staatstheorie, München 2018, Rn. 311; *Sandfuchs*, Privatheit wider Willen?, Tübingen 2015, S. 28; *Paal/Hennemann*, ZRP 2017, 76 (76); *Zweig/Deussen/Krafft*, Informatik-Spektrum 2017, 318 (324); allgemeiner *Boehme-Neßler*, Die Macht der Algorithmen. Anmerkungen zum Einfluss von *Big Data* auf die Demokratie, in: Volker Boehme-Neßler/Manfred Rehbinder (Hrsg.), Big Data: Ende des Datenschutzes?, Bern 2017, S. 123, 127 f.

740 *Sandfuchs*, Privatheit wider Willen?, Tübingen 2015, S. 28; *Boehme-Neßler*, UFITA 2015, 655 (672 f.); *Zweig/Deussen/Krafft*, Informatik-Spektrum 2017, 318 (324).

741 *Boehme-Neßler*, Die Macht der Algorithmen. Anmerkungen zum Einfluss von *Big Data* auf die Demokratie, in: Volker Boehme-Neßler/Manfred Rehbinder (Hrsg.), Big Data: Ende des Datenschutzes?, Bern 2017, S. 127 f.; *Boehme-Neßler*, UFITA 2015, 655 (673); *Vesting*, Staatstheorie, München 2018, Rn. 311; *Zweig/Deussen/Krafft*, Informatik-Spektrum 2017, 318 (324).

742 *Pariser*, Filter Bubble, München 2012, S. 28; vgl. auch *Zweig/Deussen/Krafft*, Informatik-Spektrum 2017, 318 (324).

c) Kritisches Denken und Kreativität

Demokratie verlangt wie oben gesehen Devianz. Überkommene Denkmuster sollen hinterfragt und gegebenenfalls abgelöst werden können. Devianz erfordert darum autonome Persönlichkeiten und deren Fähigkeit, kreativ zu werden und dominante Denkweisen zu kritisieren (s. B.II.).[743] Kritisches Denken und Kreativität verlangen Konfrontation und Irritation.[744] Vollendete Personalisierung macht beides wie oben gesehen unmöglich und führt sogar zum Gegenteil: der konsequenten Bestätigung des eigenen Weltbildes und Lebensentwurfes.[745]

d) Kompromissfähigkeit

Eine weitere für die Demokratie wichtige Eigenschaft ist die Kompromissfähigkeit.[746] Einen Kompromiss einzugehen verlangt wiederum, die Perspektive und die Auffassung einer anderen Person nachvollziehen und verstehen zu können, sowie die Bereitschaft und Fähigkeit, die eigene Meinung zu korrigieren.[747] Beide Fähigkeiten entwickelt nur, wer permanent mit vielfältigen unterschiedlichen Auffassungen und Lebensentwürfen, die

---

743 Vgl. auch *Dörr/Natt*, ZUM 2014, 829 (837).

744 *Boehme-Neßler*, Die Macht der Algorithmen. Anmerkungen zum Einfluss von *Big Data* auf die Demokratie, in: Volker Boehme-Neßler/Manfred Rehbinder (Hrsg.), Big Data: Ende des Datenschutzes?, Bern 2017, S. 123; *Boehme-Neßler*, UFITA 2015, 655 (668); vgl. auch *Kaufmann*, Wenn ICH ein anderer ist, Konstanz 2010, S. 32 (bewusstes Denken braucht Irritation). Kreativität wird außerdem mit Privatheit in Verbindung gebracht, s. *Solove*, Understanding Privacy, Cambridge (Mass.) 2008, pp. 5, 80.

745 Vgl. auch *Boehme-Neßler*, Die Macht der Algorithmen. Anmerkungen zum Einfluss von *Big Data* auf die Demokratie, in: Volker Boehme-Neßler/Manfred Rehbinder (Hrsg.), Big Data: Ende des Datenschutzes?, Bern 2017, S. 123; *Boehme-Neßler*, UFITA 2015, 655 (668).

746 *Boehme-Neßler*, UFITA 2015, 655 (669); vgl. auch *Spiecker gen. Döhmann*, VVDStRL 77 (2018), 9 (46); *Boehme-Neßler*, Die Macht der Algorithmen. Anmerkungen zum Einfluss von *Big Data* auf die Demokratie, in: Volker Boehme-Neßler/Manfred Rehbinder (Hrsg.), Big Data: Ende des Datenschutzes?, Bern 2017, S. 125 f.

747 *Boehme-Neßler*, UFITA 2015, 655 (671 f.); vgl. auch *Spiecker gen. Döhmann*, VVDStRL 77 (2018), 9 (46); *Boehme-Neßler*, Die Macht der Algorithmen. Anmerkungen zum Einfluss von *Big Data* auf die Demokratie, in: Volker Boehme-Neßler/Manfred Rehbinder (Hrsg.), Big Data: Ende des Datenschutzes?, Bern 2017, S. 126 f.

von den eigenen abweichen, konfrontiert ist.[748] Die Personalisierung steht dem diametral entgegen. Sie verhindert gerade die Konfrontation mit dem Anderen und begünstigt die Entstehung von *echo chambers*.[749] Mit der Verschiebung des sozialen Verkehrs in Online-Medien wird überdies eine verstärkte Tendenz zum Narzissmus in Verbindung gebracht.[750] Dieser übersteigerte Egozentrismus wirkt sich negativ auf die Fähigkeit aus, divergierende Lebensentwürfe und Weltbilder nachvollziehen zu können. Somit betrifft er mittelbar die Kompromissfähigkeit.[751]

e) Individueller Meinungs- und Willensbildungsprozess

Mit der Persönlichkeitsentwicklung wird auch der Prozess der individuellen politischen Meinungs- und Willensbildung verengt. Nicht nur korrumpiert die Personalisierung die Möglichkeit der Entwicklung einer autonomen Persönlichkeit und damit einhergehend die Fähigkeit, deviante Auffassungen zu entwickeln, sondern das Spektrum der möglichen politischen Ansichten wird zusätzlich reduziert und Mehrheitsmeinungen werden strukturell perpetuiert.[752]

So können Gegenstand der Kommunikation in sozialen Netzwerken politische Ansichten oder Nachrichten professioneller Anbieter sein. Durch die Personalisierung der Anzeige der Kommunikationsinhalte, etwa im *Newsfeed* bei *Facebook*, ist die Anzeige den bestehenden Auffassungen der Nutzerin angepasst.[753] Als Effekt der *echo chambers* werden diese permanent weiter bestätigt und dementsprechend wird kein Grund geschaffen,

---

748 *Boehme-Neßler*, UFITA 2015, 655 (671 f.); *Boehme-Neßler*, Die Macht der Algorithmen. Anmerkungen zum Einfluss von *Big Data* auf die Demokratie, in: Volker Boehme-Neßler/Manfred Rehbinder (Hrsg.), Big Data: Ende des Datenschutzes?, Bern 2017, S. 127.

749 *Boehme-Neßler*, UFITA 2015, 655 (666 ff., 673 ff.); *Spiecker gen. Döhmann*, VVDStRL 77 (2018), 9 (43); *Boehme-Neßler*, Die Macht der Algorithmen. Anmerkungen zum Einfluss von *Big Data* auf die Demokratie, in: Volker Boehme-Neßler/Manfred Rehbinder (Hrsg.), Big Data: Ende des Datenschutzes?, Bern 2017, S. 127. Zu *echo chambers* s. bereits oben C.II.4.b).

750 *Boehme-Neßler*, UFITA 2015, 655 (668 ff., 673); *Boehme-Neßler*, Die Macht der Algorithmen. Anmerkungen zum Einfluss von *Big Data* auf die Demokratie, in: Volker Boehme-Neßler/Manfred Rehbinder (Hrsg.), Big Data: Ende des Datenschutzes?, Bern 2017, S. 124, 128; s. auch *Vesting*, HbPR, 2. Aufl., § 6, Rn. 17.

751 *Boehme-Neßler*, UFITA 2015, 655 (673 f.).

752 *Dörr/Natt*, ZUM 2014, 829 (837); *Paal/Hennemann*, ZRP 2017, 76 (76).

753 Vgl. *Drexl*, ZUM 2017, 529 (533).

sie zu hinterfragen oder zu ändern. Gegenstand der Suche in Suchmaschinen können Informationen und Nachrichten zu aktuellen politischen Themen sein. Durch den Effekt der *filter bubble* entsprechen die gefundenen Ergebnisse der zukünftigen Persönlichkeitsfiktion und damit dem Weltbild des Nutzers.[754] Gegenstand der Produktvorschläge bei Onlinehändlern können Bücher sein. Durch die Selektion nach den Vorlieben und Interessen des Nutzers entsprechen sie dessen Weltbild oder zumindest der Thematik, über die der Nutzer ohnehin nachdenkt. Fehlende Referenz- und Reibungspunkte mit alternativen Ansichten und Lebensformen führen so zu einer Fehlsteuerung der politischen Meinungsbildung.[755] Das bestehende Weltbild und die politischen Auffassungen der Nutzerinnen werden permanent bestätigt. Auch die politische Meinungsbildung wird in der Folge auf die Entwicklung hin zur zukünftigen Persönlichkeitsfiktion beschränkt. Dieser Effekt erfährt schließlich eine zusätzliche Verstärkung durch den aus der Verhaltensökonomik bekannten *confirmation bias*.[756] Demnach sind Menschen eher geneigt, Aussagen Glauben zu schenken, die ihren Erwartungen, i.e. bisherigen Erfahrungen und Einstellungen, entsprechen.[757] Die permanente Bestätigung des eigenen Weltbildes erhöht darüber hinaus das Risiko einer Radikalisierung.[758]

f) Öffentlicher Meinungs- und Willensbildungsprozesses

Die Personalisierung insbesondere des Informations- und Kommunikationsangebots der Internetintermediäre verändert schließlich den öffentlichen Meinungs- und Willensbildungsprozess. Die Organisation des öffentlichen Meinungs- und Willensbildungsprozesses ist auf Massenkommunikation angewiesen, die seit ihrem Aufkommen durch die Massenmedien Presse (Zeitungswesen) und Rundfunk (Hörfunk und Fernsehen) struktu-

---

754 *Paal/Hennemann*, ZRP 2017, 76 (76); vgl. auch *Sandfuchs*, Privatheit wider Willen?, Tübingen 2015, S. 24 ff.

755 *Spiecker gen. Döhmann*, VVDStRL 77 (2018), 9 (43); vgl. auch *Drexl*, ZUM 2017, 529 (533).

756 Zu diesem Phänomen *Baddeley*, Behavioural Economics. A very short Introduction, Oxford 2017, p. 43.

757 *Drexl*, ZUM 2017, 529 (534); *Sandfuchs*, Privatheit wider Willen?, Tübingen 2015, S. 28; vgl. auch *Gerg*, Nudging, Tübingen 2019, S. 17.

758 *Boehme-Neßler*, Die Macht der Algorithmen. Anmerkungen zum Einfluss von *Big Data* auf die Demokratie, in: Volker Boehme-Neßler/Manfred Rehbinder (Hrsg.), Big Data: Ende des Datenschutzes?, Bern 2017, S. 129 *passim*.

riert wird.[759] Während sich diese Medien bei der Redaktion der Inhalte aufgrund rechtlicher und tatsächlicher Notwendigkeiten eines gruppenpluralistischen Öffentlichkeitsmodells bedienten,[760] erlauben die Algorithmen der Internetintermediäre eine Zuordnung zu immer kleineren Gruppen. Die Massenkommunikation und mit ihr der Prozess der öffentlichen Meinungs- und Willensbildung wird dadurch in immer kleinere Teilöffentlichkeiten fragmentiert.[761]

Eine Fragmentierung ist als Veränderung nicht grundsätzlich negativ.[762] So hat sich die Medienlandschaft und mit ihr die Massenkommunikation und öffentliche Meinungs- und Willensbildung bereits mehrfach seit dem ausgehenden 19. Jahrhundert verändert. Erst durch das Aufkommen des Hörfunks, dann des Fernsehens und schließlich durch die Aufhebung der Frequenzknappheit, die privaten Rundfunk ermöglichte und zur Einführung des dualen Systems führte.[763] Während diese Massenmedien sich aber zwar gruppenpluralistisch an Adressatenkreisen orientieren, ist ihr Ange-

---

759 Mit jeder Veränderung der Medienlandschaft veränderte sich auch die Massenkommunikation, vgl. dazu *Vesting*, Herausforderungen des deutschen Rundfunk- und Medienrechts, 9.12.2016, Dossier Medienpolitik, Bundeszentrale für politische Bildung (URL: http://www.bpb.de/gesellschaft/medien-und-sport/medienpolitik/171892/rundfunk-und-medienrecht?p=all). Die Veränderung als solche muss also nicht negativ sein. Vgl. zur Meinungsmacht der Massenmedien auch eindrücklich *Nassehi*, Kursbuch 177 (2014), 27 (29): „[E]rst mit der Zeitung ist so etwas wie eine gemeinsame Realität einer Gesellschaft simulierbar[…].“ und *Luhmann*, Die Realität der Massenmedien, 5. Aufl., Wiesbaden 2017, S. 9: „Was wir über unsere Gesellschaft, ja die Welt, in der wir leben, wissen, wissen wir über die Massenmedien.“

760 *Vesting*, Staatstheorie, München 2018, Rn. 309; vgl. auch *Vesting*, Herausforderungen des deutschen Rundfunk- und Medienrechts, 9.12.2016, Dossier Medienpolitik, Bundeszentrale für politische Bildung (URL: http://www.bpb.de/gesellschaft/medien-und-sport/medienpolitik/171892/rundfunk-und-medienrecht?p=all).

761 Vgl. *Vesting*, Staatstheorie, München 2018, Rn. 311; *Spiecker gen. Döhmann*, VVDStRL 77 (2018), 9 (37); *Hoffmann-Riem*, Der Staat 42 (2003), 193 (201); *Hoffmann-Riem*, AöR 142 (2017), 1 (14); *Boehme-Neßler*, UFITA 2015, 655 (673); *Nassehi*, Kursbuch 177 (2014), 27 (29 f.); *Rossen-Stadtfeld*, Medien, in: Thomas Vesting/Stefan Korioth (Hrsg.), Der Eigenwert des Verfassungsrechts, Tübingen 2011, S. 116; vgl. in weiterem Kontext auch *Vesting*, HbPR, 2. Aufl., § 6, Rn. 15 f.

762 Vgl. *Spiecker gen. Döhmann*, VVDStRL 77 (2018), 9 (15 f.).

763 *Vesting*, Herausforderungen des deutschen Rundfunk- und Medienrechts, 9.12.2016, Dossier Medienpolitik, Bundeszentrale für politische Bildung (URL: http://www.bpb.de/gesellschaft/medien-und-sport/medienpolitik/171892/rundfunk-und-medienrecht?p=all). Zeitungen gibt es schon deutlich länger.

bot an die gesamte Öffentlichkeit gerichtet und danach ausgerichtet.[764] Wer im Fernsehen Nachrichten schaut, erhält einen Bericht, der zwar potenziell tendenziös ist (möglicherweise eine „politische Färbung" hat)[765], dessen Inhalte sich aber an ihrer Relevanz für die gesamte Öffentlichkeit orientieren. Darüber hinaus unterliegt der Rundfunk Regelungen zur Vielfaltssicherung (s. etwa §§ 25 ff. RStV). Durch die Personalisierung des Medienangebots wird der Medienkonsum des Einzelnen jedoch zunehmend selektiver. Wer seine Nachrichten über ein soziales Netzwerk oder eine Suchmaschine bezieht, erhält die Nachrichten thematisch und ideologisch gefiltert.[766] Die Filterung geht dabei weit über die einem klassischen Massenmedium eigene politische Prägung hinaus, weil sie sich nur noch an den bekannten Vorlieben und Interessen des Nutzers orientiert.[767] Überdies sind die politischen Färbungen der klassischen Medien üblicherweise bekannt; diejenigen der Internetintermediäre aber ebenso wenig, wie das bestehende Fremdbild über die einzelne Nutzerin.[768] Mit der durch die Personalisierung bedingten Fragmentierung der Öffentlichkeit geht daher eine thematische und ideologische Beschränkung einher.[769] Dies wird umso deutlicher mit Blick auf die durch Kommunikation stattfindende Konstruktion von Wirklichkeit, die bisher durch die Massenmedien geprägt wurde[770] und nun durch Teilöffentlichkeiten abgelöst wird. Wirklichkeit wird nunmehr in Teilöffentlichkeiten konstruiert, sodass die Vorstellung dessen, was wahr ist, nach Gruppenzugehörigkeit variieren kann. Zwar unterscheiden sich Wahrheitsvorstellungen innerhalb einer Gesellschaft im-

---

764 Vgl. *Neuberger*, Kommunikationswissenschaftliche Analyse der Meinungsbildung, Meinungsmacht und Vielfalt im Internet, in: Frank Lobigs/Christoph Neuberger, Meinungsmacht im Internet und die Digitalstrategien von Medienunternehmen, Leipzig 2018, S. 75.

765 Vgl. *Sandfuchs*, Privatheit wider Willen?, Tübingen 2015, S. 28.

766 Vgl. *Neuberger*, Kommunikationswissenschaftliche Analyse der Meinungsbildung, Meinungsmacht und Vielfalt im Internet, in: Frank Lobigs/Christoph Neuberger, Meinungsmacht im Internet und die Digitalstrategien von Medienunternehmen, Leipzig 2018, S. 75; *Schwartmann/Hermann/Mühlenbeck*, MMR 2019, 498 (499).

767 Vgl. *Hoffmann-Riem*, AöR 142 (2017), 1 (11 f.); *Boehme-Neßler*, UFITA 2015, 655 (667); *Schwartmann/Hermann/Mühlenbeck*, MMR 2019, 498 (499).

768 *Sandfuchs*, Privatheit wider Willen?, Tübingen 2015, S. 28; *Schwartmann/Hermann/Mühlenbeck*, MMR 2019, 498 (499); zum Fremdbild vgl. *Hagen*, APuZ 40-41/2018, 29 (31).

769 Vgl. *Paal/Hennemann*, ZRP 2017, 76 (76).

770 *Hoffmann-Riem*, Der Staat 42 (2003), 193 (203).

mer, durch die Fragmentierung des Informationsbezugs wird die Separation jedoch verstärkt.

Der Prozess der Meinungs- und Willensbildung setzt sich dann in den Öffentlichkeitsfragmenten fort, indem dort, im Kreise der ähnlich Denkenden, über die bezogenen Nachrichten diskutiert wird. Aus diesen Teilöffentlichkeiten können sich *echo chambers* bilden, in denen sich die Gleichgesinnten gegenseitig bestärken.[771] Durch die fehlende Konfrontation mit alternativen Überzeugungen steigt überdies die Wahrscheinlichkeit der Entwicklung extremer und radikaler Auffassungen.[772] Insgesamt korrodiert so die öffentliche Debatte.[773]

5. Folgerung

Die Personalisierung des Internetangebots wirkt somit auf unterschiedliche Weise auf das Individuum und die demokratisch konstituierte Gesellschaft ein. Es ist das Grundprinzip der Personalisierung, der Einzelnen nur mehr die Produkte, Suchergebnisse und Posts zu liefern, die ihren Interessen entsprechen. Dadurch wird einerseits die prinzipiell offene Entwicklung ihrer Persönlichkeit nur mehr monoperspektivisch beeinflusst. Das mögliche Spektrum der zukünftigen Persönlichkeiten verengt sich dadurch auf die im Wege des *profiling* errechnete, wahrscheinlichste zukünftige Persönlichkeit. Gleichzeitig wird die politische Meinungs- und Willensbildung verengt und demokratiefördernde Fähigkeiten wie kritisches Denken, Kreativität und vor allem Kompromissfähigkeit unterminiert. Andererseits verstärkt der monoperspektivische Einfluss, insbesondere durch die Herausbildung von *echo chambers* in sozialen Netzwerken, die Bildung von Teilöffentlichkeiten, die als Fragmentierung des öffentlichen Meinungs- und Willensbildungsprozesses beschrieben werden kann. Diese

771 *Vesting*, Staatstheorie, München 2018, Rn. 311; vgl. auch *Paal/Hennemann*, ZRP 2017, 76 (76); *Boehme-Neßler*, UFITA 2015, 655 (672 f.).

772 *Boehme-Neßler*, Die Macht der Algorithmen. Anmerkungen zum Einfluss von *Big Data* auf die Demokratie, in: Volker Boehme-Neßler/Manfred Rehbinder (Hrsg.), Big Data: Ende des Datenschutzes?, Bern 2017, S. 129 *passim*; *Stark*, „Don't be evil". Die Macht von Google und die Ohnmacht der Nutzer und Regulierer, in: Birgit Stark/Dieter Dörr/Stefan Aufenanger (Hrsg.), Die Googleisierung der Informationssuche. Suchmaschinen zwischen Nutzung und Regulierung, Berlin 2014, S. 4; die Möglichkeit sieht auch *Spiecker gen. Döhmann*, VVDStRL 77 (2018), 9 (37).

773 *Dwork/Mulligan*, 66 Stan. L. Rev. (2013), 35 (38).

Entwicklung verstärkt den Effekt der Personalisierung auf die Persönlichkeitsentwicklung und befördert Radikalisierungstendenzen.

III. Steuerung

Für *Niklas Luhmann* gehörte es zum grundlegenden Strukturschema der Werbung, dass sie nicht bestimmen könne, „was ihre Adressaten denken, fühlen, begehren.“[774] Dies gilt in der Internetökonomie nicht mehr. Werbung kann nunmehr Gedanken und Gefühle steuern und sie ist damit nur eine von vielfältigen Möglichkeiten der datenbasierten technologischen Einflussnahme auf das menschliche Verhalten und die menschliche Persönlichkeit.[775] Dabei beschränkt sich die Möglichkeit der Einflussnahme nicht auf die Entwicklung hin zu der wahrscheinlichsten zukünftigen Persönlichkeit, sondern es sind auch andere Bestimmungsorte möglich.[776]

Die Steuerung der Nutzerinnen beginnt jedoch nicht erst in Folge einer Datenverarbeitung. Bereits in der Nutzungsumgebung, in der sich die Einzelne im Internet bewegt, ist eine Verhaltenssteuerung angelegt, die für den Datenschutz relevant ist. Im Folgenden wird die Steuerung versuchsweise in drei Ebenen gruppiert, wobei mit der überindividuellen Steuerung durch die Nutzungsumgebung begonnen und die individualisierte Steuerung zuletzt in den Blick genommen wird. Allen diesen Möglichkeiten der Einflussnahme ist gemein, dass sie subtil wirken und so der Reflexion durch das Individuum weitgehend entzogen sind.

---

774 *Luhmann*, Die Realität der Massenmedien, 5. Aufl., Wiesbaden 2017, S. 64. Vgl. auch *Hagen*, APuZ 40-41/2018, 29 (30).

775 S. z.B. *Hoffmann-Riem*, AöR 2017, 1; *Weichert*, Big Data – eine Herausforderung für den Datenschutz, in: Heinrich Geiselberger/Tobias Moorstedt (Red.), Big Data. Das neue Versprechen der Allwissenheit, Berlin 2013, S. 134 f.; angedeutet bei *Hagen*, 40-41/2018, 29 (30). Die Möglichkeit befürchtete bereits *Miller*, Der Einbruch in die Privatsphäre. Datenbanken und Dossiers, Neuwied u.a. 1973, S. 51.

776 Vgl. *Morozov*, APuZ 11-12/2015, 3 (4): *emotional engineering*; auch *Boehme-Neßler*, UFITA 2015, 19 (32); *Weichert*, Big Data – eine Herausforderung für den Datenschutz, in: Heinrich Geiselberger/Tobias Moorstedt (Red.), Big Data. Das neue Versprechen der Allwissenheit, Berlin 2013, S. 134 f.

1. Nutzungsarchitektur – Handlungsrahmen

Das strengste Ordnungsrecht ist die Architektur. Durch sie ist bestimmt, an welchen Orten dem Menschen Mauern begegnen und an welchen Orten Wege sind. Durch sie ist festgelegt, an welcher Stelle ein Gebäude durch eine Tür betreten werden kann und welche Wege in seinem Innern gewählt werden können. Den Verbotsnormen der Architektur zuwider zu handeln ist physisch unmöglich. In ihr fallen Faktizität und Geltung ineinander.

Auch das Internet besitzt eine Architektur. Sie ist bestimmt durch den Code.[777] Der Code ist umfassender als die Architektur der Offline-Welt. Durch sie ist bestimmt, wo Türen sind, durch ihn ist festgelegt, welche Handlungsmöglichkeiten es gibt.[778] Nur, wenn der Code die Möglichkeit eröffnet, Hyperlinks zu setzen, ist es beispielsweise möglich, durch einen Klick direkt von einer Webseite auf eine andere zu gelangen. Die Architektur nimmt sogar auf die Einrichtung Einfluss und gleichsam bestimmt das *content management system*, mit dem eine Website aufgesetzt wird, die Möglichkeiten des Webseiteninhalts. So bestimmt also der Code die Möglichkeiten und Grenzen des Handelns im Internet und weil das menschliche Denken auf Erfahrungswissen basiert und niemand daran denken wird, ein Haus durch die Wand zu betreten, strukturiert er auch das menschliche Denken vor. Je länger bestimmte Techniken bestehen, desto stärker manifestiert sich deren Funktionsweise als Norm, „how things are done".[779]

Denkbar ist etwa, dass bereits durch den Programmiercode bestimmte Möglichkeiten der Datenerhebung ermöglicht oder unmöglich gemacht werden.[780] Wird die Datenerhebung durch den Code ermöglicht, wird sie durch dessen strukturelle Prägung auf das menschliche Denken gleicher-

---

777 Vgl. *Lessig*, Code und andere Gesetze des Cyberspace, Berlin 2001; vgl. auch *Hoffmann-Riem*, Innovation und Recht – Recht und Innovation, Tübingen 2016, S. 649; *Hoffmann-Riem*, JZ 2012, 1081 (1084). Insofern ist es nicht richtig, das Internet als „rechtsfreien Möglichkeitenraum", „Allmende" etc. zu bezeichnen.

778 Vgl. *Hildebrandt*, Smart Technologies and the End(s) of Law, p. 11: "Technologies regulate our behaviours by making certain behaviours possible and constricting others."; vgl. auch *Hoffmann-Riem*, AöR 142 (2017), 1 (34 f.); *Gnägi*, Ancilla Iuris 2018, 1 (24 f.); unlängst wurde eine Debatte unter dem neuen Schlagwort „*impossibility structures*" angestoßen, s. *Rademacher*, JZ (14) 2019, 702.

779 *Hildebrandt*, Smart Technologies and the End(s) of Law, p. 11 mit Zitat; vgl. auch *Gnägi*, Ancilla Iuris 2018, 1 (5).

780 *Birnhack/Elkin-Coren*, 17 Mich. Telecomm. L. Rev. (2011), 337 (340).

maßen als soziale Praxis normalisiert. Dabei ist in Erinnerung zu behalten, dass technologische Neuerungen stets interessensgeleitete Prozesse sind.[781]

Nebstdem sind die Wahrnehmung des Internets und die Möglichkeiten seiner Nutzung gesteuert durch die Zugangspunkte, das heißt die Geräte, die die Nutzung ermöglichen (z.B. Handys, Tablets, Computer) und die Zugangsprogramme (z.B. Browser). Mit 53,81 % Marktanteil ist *Google Chrome* der weltweit meist genutzte Browser, gefolgt von *Mozilla Firefox* mit nur 7 %.[782] Die voreingestellte Standardsuchmaschine (eine andere Einstellung ist möglich) im Browser *Chrome* ist die *Google*-Suchmaschine, die ebenfalls die voreingestellte Startseite ist. Auf der Startseite ist auch die direkte Anwahl jedes anderen *Google*-Dienstes möglich und die Anmeldung im persönlichen *Google*-Konto. Es besteht außerdem die Möglichkeit, *Chrome* auf allen Endgeräten zu synchronisieren und ein *Chrome*-Benutzerkonto anzulegen.[783] Daten über die Internetnutzung werden durch *Chrome* standardmäßig lokal gespeichert. An *Google* gesendet werden die Daten nur im Falle der Nutzung eines *Google*-Dienstes und personenbezogen nur im Falle der Anmeldung im *Google*-Konto.[784] Mit dem Betriebssystem Android bietet *Google* außerdem das am häufigsten genutzte Handy-Betriebssystem an.[785] Der vorinstallierte Browser ist *Google Chrome*. Die Nutzungsumgebung von *Google Chrome* lädt somit zur Nutzung von *Google*-Diensten und zur Preisgabe von Daten ein.[786] Möglich, dass Nutzer davon ausgehen, dass die Nutzung von *Google* zum Aufruf von Webseiten unabdingbar ist und zur Internetnutzung dazu gehört. Jedenfalls hat eine Veränderung der Nutzungsumgebung Einfluss auf die Nutzungspraktiken.

Die Internetnavigation ist wie oben gesehen maßgeblich bestimmt durch die Suchmaschinen. Der einzelne Nutzer ist in Anbetracht der Mas-

---

781 *Hoffmann-Riem*, Der Staat 42 (2003), 193 (195).

782 StatCounter, Marktanteile der meistgenutzten Browserversionen weltweit im Juni 2019 Statista (URL: https://de.statista.com/statistik/daten/studie/158095/umfrage/meistgenutzte-browser-im-internet-weltweit/).

783 Version 75.0.3770.100 (Offizieller Build) (64-Bit).

784 *Google Chrome*, Privacy Notice v. 12.3.2019 (URL: https://www.google.de/intl/en/chrome/privacy/).

785 Gartner, Marktanteile der führenden Betriebssysteme am Absatz von Smartphones weltweit vom 1. Quartal 2009 bis zum 1. Quartal 2019 Statista (URL: https://de.statista.com/statistik/daten/studie/73662/umfrage/marktanteil-der-smartphone-betriebssysteme-nach-quartalen/) (Marktanteil von fast 90 %).

786 Eine gegenteilige Idee ist die von *Firefox*, *Cookies* künftig in eine Sandbox einzusperren, s. *Braun*, Firefox sperrt Cookies in Sandbox ein, Heise v. 4.6.2019 (URL: https://www.heise.de/newsticker/meldung/Firefox-sperrt-Cookies-in-Sandbox-ein-4438579.html?utm_source=pocket-newtab).

se der Internetinhalte darauf angewiesen, die Inhalte zu filtern. Diese Funktion übernehmen vor allem Suchmaschinen (s. C.I.2.). Ebenso wie die Internetzugangspunkte prägt die Funktionsweise der Suchmaschinen das menschliche Denken, vor allem hinsichtlich dessen, wie Internetnavigation funktioniert.[787] Zumal *Google* die bei Weitem meistgenutzte Suchmaschine ist, setzt sie die Maßstäbe, die soziale Norm. Das Angebot *Googles* <u>ist</u> „wie Internetnavigation funktioniert".[788] Abweichungen von dieser Norm werden als ungewöhnlich oder seltsam wahrgenommen. Insofern prägt *Google* den Blick der Nutzerinnen auf andere Suchmaschinen und zwar im wahrsten Sinne des Wortes. Die Bewegung des Blickes auf Webseiten wird gelenkt durch die Erwartung der Nutzerinnen und diese basiert auf Erfahrungswerten. Gleiches gilt für Erwartungen hinsichtlich des Angebots von Suchvorschlägen, der Suchdauer und des Aufbaus der Ergebnisliste mitsamt den Begleitangeboten.[789]

Zu den bedeutendsten Motoren der menschlichen Entwicklung zählt schließlich die Kommunikation. Erst durch den Austausch mit anderen Menschen ist über die körpergebundene Eigenwahrnehmung hinausgehendes Lernen möglich geworden; die Konstruktion gemeinsamen Wissens, die für die Entwicklung des Menschen zum *homo sapiens* verantwortlich sein soll.[790] Auf die erst spätere Emergenz der Sprache wird in der Folge ein Anwachsen der neuronalen Leistung des Menschen zurückgeführt.[791] Es kann demnach wertungsfrei konstatiert werden, dass einer Veränderung der Art und Weise der menschlichen Kommunikation ein Veränderungspotenzial für das menschliche Denken innewohnt. Heutzutage findet Kommunikation vor allem durch das Internet statt. Durch die Möglichkeit der Kommunikation durch Bilder, Videos und vor allem Smileys, ist die zwischenmenschliche Kommunikation bildlicher geworden und

---

787 *Hartl*, Suchmaschinen, Algorithmen und Meinungsmacht. Eine verfassungs- und einfachrechtliche Betrachtung, Wiesbaden 2017, S. 64 ff.

788 Vgl. *Hartl*, Suchmaschinen, Algorithmen und Meinungsmacht. Eine verfassungs- und einfachrechtliche Betrachtung, Wiesbaden 2017, S. 65 f.

789 Vgl. *Hartl*, Suchmaschinen, Algorithmen und Meinungsmacht. Eine verfassungs- und einfachrechtliche Betrachtung, Wiesbaden 2017, S. 65 f.

790 *Vesting*, Die Medien des Rechts: Sprache, Weilerswist 2011, S. 59 ff.

791 *Vesting*, Die Medien des Rechts: Sprache, Weilerswist 2011, S. 61 f.; zur Bedeutung der Sprache für die Perzeption der Welt vgl. auch *Vesting/Korioth/Augsberg*, Einleitung, in: Thomas Vesting/Stefan Korioth/Ino Augsberg (Hrsg.), Grundrechte als Phänomene kollektiver Ordnung, Tübingen 2014, S. 7 f.

Veränderungen der menschlichen Fähigkeiten sind beobachtet worden.[792] Die Technik bestimmt, wie Kommunikation funktioniert. Sie bestimmt, wie und worüber die Individuen sich ausdrücken können.[793] Sie bestimmt, ob Datenerhebung zur Kommunikation gehört.[794] Da in jede Technik aber immer die Vorannahmen und Weltbilder des Entwicklers eingeschrieben sind und sie darum nicht neutral ist (s. A.VI.), ist es letztlich der Anbieter, der diese Entscheidungen trifft. Die meistgenutzte Kommunikationsanwendung ist *WhatsApp*, die *Facebook* gehört.[795] Gegenwärtig werden vor allem Metadaten über die Kommunikation und Standortdaten erhoben.[796] Es darf davon ausgegangen werden, dass diese Datenerhebung sich habitualisiert hat und nunmehr unabdingbar zur üblichen Kommunikation gehört.

2. Nutzungsoberfläche – Handlungsanreize

Die nächste Stufe der Verhaltensbeeinflussung bildet die Nutzungsoberfläche der Webseiten. Sie ist in ihrer Wirkungsweise doppelfunktional. Einerseits gibt sie den Handlungsrahmen vor, weil über ihre Möglichkeiten hinaus auf der Website nichts möglich ist, auf der anderen Seite setzt sie Anreize in einer bestimmten Weise zu handeln.

---

792 Vgl. zur Veränderung des menschlichen Denkens und Handelns durch soziale Medien *Boehme-Neßler*, Die Macht der Algorithmen. Anmerkungen zum Einfluss von *Big Data* auf die Demokratie, in: Volker Boehme-Neßler/Manfred Rehbinder (Hrsg.), Big Data: Ende des Datenschutzes?, Bern 2017, S. 113 ff. Ein aktuelles Beispiel liefert die Sprachsoftware *Siri*, s. *Mumme*, Abhörerin von Sprachassistent, „Viele Kinder bezeichnen Siri als ihre beste Freundin“, Der Tagesspiegel v. 8.8.2019 (URL: https://www.tagesspiegel.de/wirtschaft/abhoererin-von-sprachassistent-viele-kinder-bezeichnen-siri-als-ihre-beste-freundin/24878764.html?utm_source=pocket-newtab).

793 *Gnägi*, Ancilla Iuris 2018, 1 (24 f.); *Simitis*, 135 U. Pa. L. Rev. (1987), 707 (733).

794 Vgl. *Hildebrandt*, Smart Technologies and the End(s) of Law, Cheltenham 2016, p. 11. Vgl. allg. zur Wirkungsmacht von die Privatsphäre betreffenden Normalitätsvorstellungen, *Birnhack/Elkin-Coren*, 17 Mich. Telecomm. L. Rev. (2011), 337 (340).

795 VATM, Anzahl der verschickten SMS- und WhatsApp-Nachrichten in Deutschland von 1999 bis 2014 und Prognose für 2015 (in Millionen pro Tag) Statista (URL: https://de.statista.com/statistik/daten/studie/3624/umfrage/entwicklung-der-anzahl-gesendeter-sms--mms-nachrichten-seit-1999/) (da nur Vergleich zu SMS).

796 *WhatsApp*, Privacy Policy. Information we collect (URL: https://www.whatsapp.com/legal?eea=0#privacy-policy-information-we-collect).

Verhaltenssteuerung durch Anreize ist nicht per se etwas Neues, auch nicht für das Recht.[797] Klassische Anreize liegen etwa in der Verknüpfung bestimmter Verhaltensweisen mit monetären Leistungen oder meritorischen Anreizen, bei denen erwünschtes Verhalten prämiert wird.[798] Bei diesen Anreizen ist es für den einzelnen Menschen aber zumeist deutlich erkennbar, dass ein bestimmtes Verhalten favorisiert und sie zu diesem Verhalten angehalten werden soll. Die Anreize, um die es hier gehen soll, sind nicht deutlich als solche erkennbar. Sie wirken vielmehr subtil und unerkannt auf die Angesprochenen. Anreize in diesem Sinne werden vor allem unter dem Stichwort *Nudging* diskutiert.[799] Der von *Cass Sunstein* und *Richard Thaler* geprägte Begriff beschreibt die Möglichkeit der Steuerung von Individualverhalten durch eine Gestaltung der Entscheidungsarchitektur, die dem Individuum bestimmte Entscheidungen oder Verhaltensweisen attraktiver erscheinen lässt, als andere.[800] Ein Beispiel ist die berühmte Fliege im Urinal, die dazu verleiten soll, auf die Fliege zu zielen, damit weniger daneben geht;[801] ein weiteres die Gestaltung von öffentlichen Bänken in einer Weise, die das Liegen auf den Bänken möglichst unbequem macht, damit sie nicht als Lagerstätte von Obdachlosen dienen;[802] ein drittes sind Rolltreppen, die beim Betreten ein unangenehmes Geräusch machen, das die Nutzerin vor anderen Menschen als Rolltreppennutzerin bloßstellt und so die Nutzung der Treppe anstelle der Rolltreppe attraktiver macht.[803] *Nudging* unterscheidet sich dabei insofern von „herkömmlichen" Handlungsanreizen, dass der Anreiz nicht offen zutage tritt, sondern nur eine subtile Beeinflussung der Entscheidungsparameter betrifft, die dem Betroffenen in der Regel nicht auffällt und auch nicht auf-

---

797 Siehe für staatliche Anreize z.B. *Sacksofsky*, in: GVwR, § 40.

798 Ausführlich dargestellt bei *Sacksofsky*, in: GVwR, § 40, Rn. 14 ff., 25.

799 S. *Nudging* durch Private *Hoffmann-Riem*, AöR 142 (2017), 1 (13); *Gnägi*, Ancilla Iuris 2018, 1 (23); *Thaler/Sunstein*, Nudge, 13. Aufl., Berlin 2018, S. 15 f., 26. Allerdings wird der Begriff meist (aber nicht immer) für staatliche Verhaltenssteuerung im Sinne eines „libertären Paternalismus" verwendet, s. etwa *Krönke*, Der Staat 55 (2016), 319; *Gerg*, Nudging, Tübingen 2019.

800 *Thaler/Sunstein*, Nudge, 13. Aufl., Berlin 2018, S. 15, 23 ff., 118 ff. *et passim*; vgl. auch eingängig *Gerg*, Nudging, Tübingen 2019, S. 21 ff.

801 *Thaler/Sunstein*, Nudge, 13. Aufl., Berlin 2018, S. 12 f.

802 Vgl. ZEIT-Magazin Nr. 30 v. 19. Juli 2018, S. 28 ff.

803 Umgekehrt wirkt die „Piano-Treppe" in Stockholm, bei der der Spieltrieb angesprochen werden soll, s. dazu *Piasecki*, „Schubs mich nicht!" – Nudging als politisches Gestaltungsmittel (URL: https://www.bpb.de/lernen/digitale-bildung/werkstatt/258946/schubs-mich-nicht-nudging-als-politisches-gestaltungsmittel).

fallen soll.[804] *Nudging* ist vor allem für den Staat eine attraktive Form der Verhaltenssteuerung, weil es im Gegensatz zur Verhaltenssteuerung durch Ge- und Verbotsnormen nicht zwingend eine Rechtfertigung erforderlich macht.[805] Soweit es um staatliche Anreize geht, die den Menschen zu einer für ihn selbst vorteilhaften, z.B. gesünderen, Lebensweise anhalten sollen, steht der Vorwurf des Paternalismus im Raum.[806]

Ein Beispiel für Handlungsanreize durch die Gestaltung der Nutzungsoberfläche im Internet bilden soziale Netzwerke. So ist es festgestellt worden, dass die wenigsten Menschen die Informationen, die sie auf sozialen Netzwerken über sich preisgeben, etwa ihr aktuelles Befinden und Handeln, ihren Aufenthaltsort etc., auch offline mitteilen (würden).[807] Im sozialen Netzwerk wiederum werden diese Informationen regelmäßig geteilt.[808] Dieses Phänomen ist plakativ als „Datenexhibitionismus“[809] und als „*privacy paradox*“[810] beschrieben worden. Es wird u.a. darauf zurückgeführt, dass in sozialen Netzwerken die gesamte Nutzungsumgebung gerade darauf angelegt ist, dass aktiv am Netzwerk teilgenommen und Informationen preisgegeben werden.[811] So erfordert zunächst der Zugang zum Netzwerk die Erstellung eines Benutzerkontos mit den entsprechenden personenbezogenen Daten. Das Netzwerk ermöglicht weiter den Austausch mit anderen Netzwerkteilnehmerinnen über unterschiedliche Kommunikationswege, wobei stets Daten preisgegeben werden. Selbst die bloß konsumierende Nutzung des Netzwerks generiert Daten (s. C.II.1.).

---

804 *Piasecki*, „Schubs mich nicht!“ – Nudging als politisches Gestaltungsmittel (URL: https://www.bpb.de/lernen/digitale-bildung/werkstatt/258946/schubs-mich-nicht-nudging-als-politisches-gestaltungsmittel).

805 Zum Beispiel weil die Schwelle einer grundrechtsdogmatisch erforderlichen bloßen Belästigung (möglicherweise) nicht überschritten wird.

806 *Gerg*, Nudging, Tübingen 2019, S. 135 ff.; *Krönke*, Der Staat 55 (2016), 319 (320).

807 Allg. für das Internet *Norberg/Horne/Horne*, 41 The Journal of Consumer Affairs (2007), 100 ff. (empirisch); *Boehme-Neßler*, 6 IDPL (2016), 222 (226).

808 Allg. für das Internet *Norberg/Horne/Horne*, 41 The Journal of Consumer Affairs (2007), 100 ff. (empirisch); *Boehme-Neßler*, 6 IDPL (2016), 222 (226).

809 *Bull*, Informationelle Selbstbestimmung – Vision oder Illusion?, 2. Aufl., Tübingen 2011, S. 36; *Krönke*, Der Staat 55 (2016), 319 (324).

810 *Norberg/Horne/Horne*, 41 The Journal of Consumer Affairs (2007), 100 ff.; *Boehme-Neßler*, 6 IDPL (2016), 222 (226).

811 *Gnägi*, Ancilla Iuris 2018, 1 (23) nennt dies in Anlehnung an Foucault einen „Geständniszwang“. Vgl. allgemeiner *Boehme-Neßler*, 6 IDPL (2016), 222 (226).

Ein weiteres Beispiel, sozusagen der Gegenseite, sind die *privacy by default*-Modelle, die mit der Kommodität des Menschen arbeiten.[812] Dabei sind die (möglichen) Privatsphäre-Einstellungen auf der betreffenden Website Privatsphäre-freundlich voreingestellt und die Nutzerin müsste sie ändern. Das Handlungserfordernis hemmt (s. schon B.II.).[813]

3. Anordnung der Inhalte – Handlungslenkung

Schließlich steuern die Inhalte von Webseiten die Nutzerinnen. Internetinhalte setzen sich im Web 2.0 aus Inhalten des Webseitenanbieters und aus Inhalten, die die Nutzerin online stellt (*user generated content*), zusammen.[814] Die Anzeige der Inhalte ist dann in beiden Fällen wiederum anbieterseits gesteuert.

a) Überindividuell

Durch die Anordnung der Inhalte ist es möglich, auf die Gefühle, Wünsche und Handlungen des Einzelnen Einfluss zu nehmen.[815] Gleichermaßen können die Meinungsbildung und das Wahlverhalten gelenkt werden.[816] Das gilt zunächst unabhängig von der Person des Nutzers. So hat *Facebook* beispielsweise nachgewiesen, ohne Rücksicht auf die individuelle Lebenssituation der Nutzer, allein durch die Anordnung der Beiträge im Newsfeed die Emotionen seiner Nutzer steuern zu können.[817] Überdies ist

---

812 Allgemein zur Steuerung durch *default Hoffmann-Riem*, AöR 142 (2017), 1 (12); vgl. auch *Birnhack/Elkin-Coren*, 17 Mich. Telecomm. L. Rev. (2011), 337 (340); *Krönke*, Der Staat 55 (2016), 319 (329).

813 *Krönke*, Der Staat 55 (2016), 319 (329).

814 Vgl. etwa *Barwise/Watkins*, The Evolution of Digital Dominance, in: Martin Moore/Damian Tambini (eds.), Digital Dominance. The Power of Google, Amazon, Facebook and Apple, Oxford 2018, p. 37.

815 Vgl. *Hoffmann-Riem*, AöR 142 (2017), 1 (13).

816 *Krafft/Zweig*, Informatik-Spektrum 2017, 336 (341); vgl. auch *Hoffmann-Riem*, Innovation und Recht – Recht und Innovation. Recht im Ensemble seiner Kontexte, Tübingen 2016, S. 633; *Diakopoulos/Deussen*, Informatik-Spektrum 2017, 362 (362); *Hoffmann-Riem*, AöR 142 (2017), 1 (14 f.).

817 *Golland*, Datenverarbeitung in sozialen Netzwerken, Frankfurt am Main 2018, S. 29 m. Verweis auf Unabhängiges Landeszentrum für Datenschutz Schleswig-Holstein, 3.5.2017 (URL: https://www.datenschutzzentrum.de/artikel/1127-Ich-weiss,-wie-Du-Dich-letzten-Sommer-gefuehlt-hast-Gruselig-Gefuehlsanalyse-in-s

nachgewiesen, dass sich das Wahlverhalten von Nutzerinnen allein durch die Anzahl von Nachrichten (im Sinne von professionell recherchierten *hard news*) im Newsfeed der Nutzerinnen beeinflussen lässt.[818] Durch einen *Vote-Button* im Newsfeed kann auf die Entscheidung zur Wahl Einfluss genommen werden.[819] In Suchergebnislisten von Suchmaschinen kann die Aufmerksamkeit auf bestimmte Suchergebnisse und weg von anderen gelenkt werden.[820] Wie oben gesehen wird in der Regel nicht mehr als die erste Seite der Suchergebnisliste betrachtet (s. C.I.2.). Ergebnisse, auf die die Aufmerksamkeit gelenkt werden soll, könnten also schlicht weiter oben auf der ersten Seite gelistet sein. Die Suchergebnisliste *Googles* bestimmt sich danach, welche Internetseiten für eine bestimmte Suchanfrage algorithmisch als relevant eingeordnet werden.[821] Selbst in den Ergänzungsvorschlägen für die Eingabe des Suchbegriffs liegen Manipulationsmöglichkeiten.[822] Sind die Ergänzungsvorschläge bei der Suche nach einer Politikerin beispielweise durchweg positiv oder ausnahmslos negativ konnotiert, kann sich dies auf die politische Meinungsbildung und auf Wahlentscheidungen auswirken.[823] Die durch die Konnotation geweckte Assoziation entsteht unreflektiert im Bewusstsein des Suchenden.

---

ozialen-Medien.html) und *Meyer*, Everything We Know About Facebook's Secret Mood Manipulation Experiment. It was probably legal. But was it ethical?, The Atlantic 28.6.2014 (URL: https://www.theatlantic.com/technology/archive/2014/06/everything-we-know-about-facebooks-secret-mood-manipulation-experiment/373648/).

818 *Diakopoulos/Deussen*, Informatik-Spektrum 2017, 362 (362).

819 *Krafft/Zweig*, Informatik-Spektrum 2017, 336 (341).

820 *Paal*, Suchmaschinen, Marktmacht und Meinungsbildung, Baden-Baden 2012, S. 29; *Kreile/Thalhofer*, ZUM 2014, 629 (630).

821 Vgl. *Stark*, „Don't be evil“. Die Macht von Google und die Ohnmacht der Nutzer und Regulierer, in: Birgit Stark/Dieter Dörr/Stefan Aufenanger (Hrsg.), Die Googleisierung der Informationssuche. Suchmaschinen zwischen Nutzung und Regulierung, Berlin 2014, S. 1.

822 *Hartl*, Suchmaschinen, Algorithmen und Meinungsmacht. Eine verfassungs- und einfachrechtliche Betrachtung, Wiesbaden 2017, S. 67; s. auch *Kastl*, GRUR 2015, 136 (137).

823 *Zweig/Deussen/Krafft*, Informatik-Spektrum 2017, 318 (325); vgl. auch *Krafft/Zweig*, Informatik-Spektrum 2017, 336 (336) mit Beispiel Hillary Clinton; zur Beeinflussbarkeit von Wahlentscheidungen durch *Google* allgemeiner *Kreile/Thalhofer*, ZUM 2014, 629 (630).

b) Individuell

Liegt der Steuerung eine Datenverarbeitung zugrunde, sind die Möglichkeiten noch deutlich weitreichender. So bedeutet Personalisierung wie oben gesehen bereits eine Steuerung des Individuums in Form der Verstetigung seiner eigenen Vorlieben und Interessen auf Basis der *profiling*-Technologie. Diese Form der Steuerung ist allerdings nicht auf die Personalisierung nach den Nutzerinteressen festgelegt, sondern es können auch andere wahrscheinliche Entwicklungsmöglichkeiten anvisiert werden.[824] So beschreibt zum Beispiel der Begriff *Behavioral Mikrotargeting* die personalisierte Adressierung des Einzelnen zur Lenkung des Entscheidungsverhaltens.[825] Dabei werden auf Grundlage der *profiling*-Technologie Prädiktionen über zukünftiges Verhalten getroffen und auf dieser Basis entschieden, auf welche Weise bestimmte Neigungen oder Charaktereigenschaften des Kunden zur Manipulation des zukünftigen Verhaltens ausgenutzt werden können.[826] Die Möglichkeiten der Steuerung wachsen mit dem Voranschreiten der technischen Möglichkeiten stetig.[827]

Denkbar sind zum Beispiel personalisierte Belohnungssysteme, bei denen Vorlieben des Kunden zur Beeinflussung der Kundenentscheidung eingesetzt werden.[828] *Evgeny Morozow* wählt als Beispiel etwa Casinobetreiber in Las Vegas, die ihre Kunden durch verborgene emotionale Anreize in Form von Gratis-Hotelübernachtungen an für die Kunden wichtigen Da-

---

824 Vgl. *Morozov*, APuZ 11-12/2015, 3 (4): *emotional engineering*; *Boehme-Neßler*, UFITA 2015, 19 (32); *Hornung*, Erosion traditioneller Prinzipien des Datenschutzrechts durch Big Data, in: Wolfgang Hoffmann-Riem (Hrsg.), Big Data – Regulative Herausforderungen, Baden-Baden 2018, S. 92; vgl. auch *Hermstrüwer*, Informationelle Selbstgefährdung, Tübingen 2016, S. 95. Dass Datenverarbeitung diese Möglichkeiten bietet, ist seit Langem bekannt, s. etwa *Simitis*, 135 U. Pa. L. Rev. (1987), 707 (712 *et passim*).

825 *Ebers*, MMR 2018, 423 (423); vgl. auch *Dreyer*, Predictive Analytics aus der Perspektive von Menschenwürde und Autonomie, in: Wolfgang Hoffmann-Riem (Hrsg.), Big Data – Regulative Herausforderungen, Baden-Baden 2018, S. 136.

826 *Ebers*, MMR 2018, 423 (423); vgl. auch *Weichert*, Big Data – eine Herausforderung für den Datenschutz, in: Heinrich Geiselberger/Tobias Moorstedt (Red.), Big Data. Das neue Versprechen der Allwissenheit, Berlin 2013, S. 134; *Streeck*, Kunde oder Terrorist?, in: Frank Schirrmacher (Hrsg.), Technologischer Totalitarismus. Eine Debatte, Frankfurt am Main 2015, S. 256 spricht von einer „Vorwärtskontrolle menschlichen Handelns".

827 Vgl. Simitis/Hornung/Spiecker/*Hornung/Spiecker gen. Döhmann*, Datenschutzrecht, DSGVO Art. 1 Rn. 3.

828 *Koch*, ITRB 2015, 13 (17); *Mau*, Das metrische Wir. Über die Quantifizierung des Sozialen, 2. Aufl., Berlin 2017, S. 231.

ten (z.B. am Hochzeitstag) oder Konzerttickets für Lieblingsbands immer wieder nach Las Vegas locken.[829] Die Kunden halten die Angebote für einen zufälligen Wink des Schicksals, während tatsächlich eine rationale Kosten-Nutzen-Rechnung und eine umfassende Analyse der Kundendaten den Hintergrund bilden.

Ebenso ist es wie oben gesehen möglich, Nutzerinnen durch ihre Suchergebnislisten und Newsfeeds individualisiert zu steuern. Illustrieren lässt sich dies plastisch anhand des Zugangs zu Informationen über in der Öffentlichkeit kontrovers geführte Debatten, wie beispielsweise solche über den Fleischkonsum. Ist über eine Person bekannt, dass sie in der Debatte unentschieden ist, sodass die Entwicklung zur Vegetarierin genauso möglich ist wie eine Entwicklung zu einem sorgloserem Konsum als dem derzeitigen, kann die Entwicklung durch eine entsprechende Informationsversorgung in die eine oder andere Entwicklung gelenkt werden.[830] Wenn die jeweiligen Denkanstöße subtil genug sind, dass sie keine Konfrontationswirkung entfalten, ist es aber auch möglich, Extrempositionen zu verändern. Mit jeder Erfahrung des Individuums wird dessen Weltbild geprägt und schließlich seine Wahrheitsvorstellung. So kann sich schließlich eine völlig neue Persönlichkeit konstituieren und aus einem Vegetarier wird ein Fleischkonsument.

Die Möglichkeiten eint, dass zwar nicht die Entscheidung des Individuums selbst vorherbestimmt ist, wohl aber der sozioökonomische Hintergrund der Entscheidung und die Entscheidungsalternativen.[831]

4. Folgerung

Im Ergebnis ist zu konstatieren, dass bereits in der Nutzungsarchitektur des Internets eine Steuerung menschlichen Verhaltens und Denkens angelegt ist. So bestimmt der Code den Dualismus von möglich und unmöglich im Internet und damit die Möglichkeit und Unmöglichkeit bestimmter Formen der Datenerhebung. Die Internetzuganspunkte und Navigationsangebote prägen die menschliche Normalitätsvorstellung davon, wie Internetnavigation funktioniert und damit inwiefern Datenerhebung und -speicherung soziale Norm sind. Kommunikationsanwendungen prägen schließlich die menschliche Kommunikation und damit ebenfalls das

---

829 *Morozov*, „Ich habe doch nichts zu verbergen“, APuZ 11-12/2015, 3 (4).
830 Beispiel bei *Morozov*, APuZ 11-12/2015, 3 (4).
831 *Morozov*, APuZ 11-12/2015, 3 (4 f.).

menschliche Denken und die menschlichen Normalitätsvorstellungen. Entsprechendes gilt für die Nutzungsoberfläche der Webseiten.

Die Anordnung der Webseiteninhalte erlaubt schließlich die individualisierte Steuerung des einzelnen Menschen. Algorithmen können also nicht nur dazu eingesetzt werden, den einzelnen Menschen seinen derzeitigen Interessen entsprechend zu steuern, sondern auch dazu, seine Denkweise, seine Gefühle und seine Persönlichkeitsentwicklung in alternative Richtungen zu lenken. Zumal damit wiederum die Subjektqualität des einzelnen Menschen, die für die Demokratie konstituierend ist, in Bedrängnis gerät, und überdies die Möglichkeit der Beeinflussung der politischen Wahlentscheidung besteht, birgt die Möglichkeit dieser Steuerung auch ein immenses Gefahrenpotenzial für die demokratische Gesellschaft.

IV. Makro-Level: Big (Anonymous) Data

Die hier betrachtete dritte Herausforderung, vor die die Internetökonomie die demokratische Gesellschaft stellt, ist die Möglichkeit der Verarbeitung potenziell unbegrenzt großer Datenbestände ohne Personenbezug. Die Verarbeitung anonymer Daten ist bisher nicht Gegenstand datenschutzrechtlicher Regulierung.[832] Die *Big Data*-Technologie zielt darum darauf ab, möglichst ohne personenbezogene Daten auszukommen. Weil sie die Einhaltung datenschutzrechtlicher Vorschriften erforderlich machen, werden personenbezogene Daten konsequent als *poison pill* von *Big Data*-Anwendungen bezeichnet.[833] Vor dem Hintergrund der Gefährdungen von Individuum und Gesellschaft, die *Big Data*-Technologien generieren, sind sie aber dennoch von datenschutzrechtlicher Relevanz.

Big Data-Technologie arbeitet grundsätzlich ergebnisoffen mit dem Ziel der Aufdeckung bisher unbekannter Muster in der Korrelation von Daten.[834] Bezüglich des Erkenntnisgewinns lassen sich drei Kategorien unter-

---

832 *Hornung/Herfurth*, Datenschutz bei Big Data. Rechtliche und politische Implikationen, in: Christian König/Jette Schröder/Erich Wiegand (Hrsg.), Big Data – Chancen, Risiken, Entwicklungstendenzen, Wiesbaden 2018, S. 156, 163.

833 *Werkmeister/Brandt*, CR 2016, 233 (234).

834 *Vesting*, Kommentar, in: *Alexander Somek*, Wissen des Rechts, Tübingen 2018, S. 143; vgl. auch *Ladeur*, Die Gesellschaft der Netzwerke und ihre Wissensordnung, in: Florian Süssenguth (Hrsg.), Die Gesellschaft der Daten. Über die digitale Transformation der sozialen Ordnung, Bielefeld 2015, S. 243; auch *Kastl*, GRUR 2015, 136 (136).

scheiden: Deskription, Prädiktion und Präskription.[835] Der mögliche Input an Daten ist dabei prinzipiell unbegrenzt. Aus den eingegebenen Daten lassen sich weitere Daten logisch aus ihrer Korrelation erschließen, die dann immer wieder zur Grundlage neuer Analysen werden können.[836]

1. Mikroebene: (Re)Identifizierungsrisiko

Big Data-Technologie generiert zunächst ein (Re-)Identifizierungsrisiko.[837] Sie arbeitet prinzipiell mit dem Ziel, Korrelationen zwischen Daten zu entdecken. Das Ergebnis ist dabei grundsätzlich offen.[838] Es ist gerade Ziel der Anwendungen Unvorhergesehenes zu entdecken.[839] So kann eine mögliche Korrelation von Daten über den Besuch einer Webseite etwa der Besuchszeitpunkt sein und sich ergeben, dass (anonyme) Nutzerinnen aus einer bestimmten Gegend auf der Welt immer zu einer bestimmten Tageszeit verstärkt bei *Amazon* Einkäufe tätigen. Eine andere mögliche Korrela-

---

835 Vgl. *Hoffmann-Riem*, AöR 142 (2017), 1 (7 f.); *Hoffmann-Riem*, Rechtliche Rahmenbedingungen für und regulative Herausforderungen durch Big Data, in: ders. (Hrsg.), Big Data – Regulative Herausforderungen, Baden-Baden 2018, S. 20 f.

836 Vgl. *Broemel/Trute*, Berliner Debatte Initial 2016, 50 (52).

837 *Ladeur*, Die Gesellschaft der Netzwerke und ihre Wissensordnung, in: Florian Süssenguth (Hrsg.), Die Gesellschaft der Daten. Über die digitale Transformation der sozialen Ordnung, Bielefeld 2015, S. 244; *Mayer-Schönberger/Cukier*, Big Data. Die Revolution, die unser Leben verändern wird, 2. Aufl., München 2013, S. 192, 194; *Hornung/Herfurth*, Datenschutz bei Big Data. Rechtliche und politische Implikationen, in: Christian König/Jette Schröder/Erich Wiegand (Hrsg.), Big Data – Chancen, Risiken, Entwicklungstendenzen, Wiesbaden 2018, S. 164; *Schmitz*, Kapitel 2. Grundlagen des Datenschutzrechts, in: Flemming Moos/Jens Schefzig/Marian Arning (Hrsg.), Die neue Datenschutzgrundverordnung, Berlin/Boston 2018, Rn. 61; *Ulbricht/Weber*, Adieu Einwilligung? Neue Herausforderungen für die informationelle Selbstbestimmung im Angesicht von Big-Data-Technologien, in: Michael Friedewald/Jörn Lamla/Alexander Roßnagel (Hrsg.), Informationelle Selbstbestimmung im digitalen Wandel, Wiesbaden 2017, S. 273.

838 Vgl. auch *Kastl*, GRUR 2015, 136 (136).

839 Vgl. *Ladeur*, Die Gesellschaft der Netzwerke und ihre Wissensordnung, in: Florian Süssenguth (Hrsg.), Die Gesellschaft der Daten. Über die digitale Transformation der sozialen Ordnung, Bielefeld 2015, S. 243; auch *Kastl*, GRUR 2015, 136 (136); *Hornung/Herfurth*, Datenschutz bei Big Data. Rechtliche und politische Implikationen, in: Christian König/Jette Schröder/Erich Wiegand (Hrsg.), Big Data – Chancen, Risiken, Entwicklungstendenzen, Wiesbaden 2018, S. 164, 167.

tion der Daten kann aber auch eine bestimmte Nutzerin sein. Selbst zuvor sorgfältig anonymisierte Daten können zur Identifizierung einer Person führen. So brauchten Journalisten im Jahr 2006 nur wenige Tage um aus einem anonymisierten Suchverlauf die suchende Person zu ermitteln.[840] Am Ende einer Verkettung von Korrelationen kann also die Identität einer Person stehen.[841] Je leistungsfähiger die Technik wird, desto schwieriger ist es, eine Deanonymisierung zu verhindern.[842] Für *Big Data*-Technologie kann darum konstatiert werden, dass die Identifizierung von Personen keine Frage des „Ob" sondern eine bloße Zeitfrage ist.[843] In diesem Fall schließt sich der Kreis zu den oben genannten Gefährdungen der Persönlichkeitsentwicklung und der Demokratie. Ist eine Person identifiziert und stehen in hinreichendem Maße Daten über sie zur Verfügung, ist sie der Persönlichkeitssteuerung zugänglich und damit in ihrer Autonomie beschränkt. Die Demokratie erfordert jedoch autonome Persönlichkeiten.

2. Klassifikation: Steuerung als graduelles Phänomen

Überdies setzen die Personalisierung des Angebots und die Steuerung der individuellen Nutzerin nicht notwendigerweise die Identifizierung der Nutzerin voraus. Die Zuordnung des anonymen Nutzers zu einer gesell-

---

840 *Mayer-Schönberger/Cukier*, Big Data. Die Revolution, die unser Leben verändern wird, 2. Aufl., München 2013, S. 194 f.

841 Vgl. *Ladeur*, Die Gesellschaft der Netzwerke und ihre Wissensordnung, in: Florian Süssenguth (Hrsg.), Die Gesellschaft der Daten. Über die digitale Transformation der sozialen Ordnung, Bielefeld 2015, S. 244; *Mayer-Schönberger/Cukier*, Big Data. Die Revolution, die unser Leben verändern wird, 2. Aufl., München 2013, S. 194 f. mit weiteren Beispielen; *Hornung/Herfurth*, Datenschutz bei Big Data. Rechtliche und politische Implikationen, in: Christian König/Jette Schröder/Erich Wiegand (Hrsg.), Big Data – Chancen, Risiken, Entwicklungstendenzen, Wiesbaden 2018, S. 164 f. mit weiterem Beispiel; *Ulbricht/Weber*, Adieu Einwilligung? Neue Herausforderungen für die informationelle Selbstbestimmung im Angesicht von Big-Data-Technologien, in: Michael Friedewald/Jörn Lamla/Alexander Roßnagel (Hrsg.), Informationelle Selbstbestimmung im digitalen Wandel, Wiesbaden 2017, S. 273.

842 *Ulbricht/Weber*, Adieu Einwilligung? Neue Herausforderungen für die informationelle Selbstbestimmung im Angesicht von Big-Data-Technologien, in: Michael Friedewald/Jörn Lamla/Alexander Roßnagel (Hrsg.), Informationelle Selbstbestimmung im digitalen Wandel, Wiesbaden 2017, S. 273.

843 *Boehme-Neßler*, DuD 2016, 419 (422); *Weichert*, Big Data – eine Herausforderung für den Datenschutz, in: Heinrich Geiselberger/Tobias Moorstedt (Red.), Big Data. Das neue Versprechen der Allwissenheit, Berlin 2013, S. 144.

schaftlichen Gruppe und die nach Möglichkeit folgende Einordnung in immer kleinere soziale Gruppen (Klassifikation) ist ausreichend.[844] Diese erfolgt durch die Korrelation der zur Verfügung stehenden anonymen Daten anhand von Statistiken und psychometrischen Verfahren.[845] Nach dieser Klassifikation können die Nutzerinnen gezielt adressiert werden, sei es zur Produktwerbung oder im Wahlkampf.[846] Insofern sind Personalisierung und Steuerung graduelle Phänomene.

So werden in der Regel bereits bei Aufruf einer Internetseite und nicht erst bei Anmeldung Cookies gesetzt, die Daten über das Surfverhalten der Nutzerin speichern.[847] So kann beim Aufruf der Suchmaschine *Google* zum Beispiel der bisherige Browserverlauf in die Personalisierung der Suchergebnisse einfließen oder der über die IP-Adresse ungefähr ermittelbare Standort des Endgeräts. Aussagekräftig sind auch die bei der Suche verwendeten Worte.[848] Bei *Amazon* kann die Plattform beispielsweise schon vor Anmeldung nach Produkten durchsucht werden. In dieser Zeit sind bereits *Cookies* gesetzt und die Suchhistorie wird bereits gespeichert. Die Identifizierung des Nutzers geschieht aber erst im Moment der Anmeldung. Der Grad der Personalisierung bzw. Steuerungsmöglichkeit variiert dabei abhängig von der Menge der zur Verfügung stehenden Daten über den anonymen Nutzer. Diese ist wiederum abhängig von der Internetnutzungspraxis.

Graduell bestehen die oben für die Personalisierung und die Steuerung aufgeführten Gefährdungen des Individuums und des demokratischen Gemeinwesens somit auch, wenn keine Nutzeridentifikation stattfindet.[849]

---

844 Vgl. *Dwork/Mulligan*, 66 Stan. L. Rev. (2013), 35 (36 f.); *Hornung*, Erosion traditioneller Prinzipien des Datenschutzrechts durch Big Data, in: Wolfgang Hoffmann-Riem (Hrsg.), Big Data – Regulative Herausforderungen, Baden-Baden 2018, S. 94; *Spiecker gen. Döhmann*, KritV 2014, 28 (39); *Voigt/Bussche*, EU-Datenschutz-Grundverordnung (DSGVO). Praktikerhandbuch, S. 312; vgl. auch *Spiecker gen. Döhmann*, VVDStRL 77 (2018), 9 (37 f.): *Fremdfragmentierung*.

845 *Królikowski/Loebel*, Informatik-Spektrum 2017, 367 (368), s. auch *Papakyriakopoulos et al.*, Informatik-Spektrum 2017, 327 (327 f.); vgl. *Spiecker gen. Döhmann*, KritV 2014, 28 (39); *Broemel/Trute*, Berliner Debatte Initial 27 (2016), 50 (56 f.).

846 S. etwa *Królikowski/Loebel*, Informatik-Spektrum 2017, 367 (368), s. auch *Papakyriakopoulos et al.*, Informatik-Spektrum 2017, 327 (327 f.).

847 *Broemel/Trute*, Berliner Debatte Initial 27 (2016), 50 (56 f.); vgl. auch *Hermstrüwer*, Informationelle Selbstgefährdung, Tübingen 2016, S. 78.

848 Zu all diesen Parametern vgl. *Google*, Funktionsweise der Suchalgorithmen (URL: https://www.google.com/intl/de/search/howsearchworks/algorithms/).

849 Vgl. auch *Weichert*, Big Data – eine Herausforderung für den Datenschutz, in: Heinrich Geiselberger/Tobias Moorstedt (Red.), Big Data. Das neue Versprechen der Allwissenheit, Berlin 2013, S. 134 f.

Unabhängig von der mit der Klassifizierung verbundenen Intention sind die Zuordnungen jedoch nicht nur deskriptiv, sondern wirken auch normativ.[850] Sie schaffen wirkmächtige Fremdbilder,[851] die dem Selbstbild des Individuums gegenübertreten und sich nur schwer überwinden lassen. Beispielsweise führt die Klassifikation als graduelle Personalisierung etwa bei Suchergebnislisten zu einer strukturellen Benachteiligung von Minderheitsmeinungen. Die Suchvorschläge und -ergebnislisten orientieren sich an den Suchverläufen und Vorlieben anderer Personen der gleichen Klassifikation. Dementsprechend entsprechen die Suchvorschläge und -ergebnislisten den in der Klassifikation herrschenden Mehrheitsperspektiven. Mehrheitsmeinungen werden so strukturell perpetuiert.[852]

3. Makroebene: Wissensproduktion und -organisation

Schließlich liegt in der Verarbeitung von *Big (Anonymous) Data* durch die Internetintermediäre eine Veränderung der kulturellen Wissensproduktion und -organisation, die die demokratische Gesellschaft vor neue Herausforderungen stellt. Dass die Wissensorganisation einer Gesellschaft die Möglichkeit von Innovationen bedingt,[853] illustriert das darin liegende Gefahrenpotenzial.

a) Wissensproduktion

Mit *Big Data*-Technologie verschiebt sich zum einen der Fokus kultureller Wissensproduktion. Der menschliche Erkenntnisprozess war bis dato auf die Entdeckung der Ursachen von Zusammenhängen fokussiert. Es war das Ziel, Kausalitäten zu entdecken.[854] *Big Data*-Technologie hingegen

---

850 *Bauman/Lyon*, Daten, Drohnen, Disziplin, 3. Aufl., Frankfurt am Main 2014, S. 26, 89.

851 Zu dieser Figur vgl. *Britz*, Freie Entfaltung durch Selbstdarstellung. Eine Rekonstruktion des allgemeinen Persönlichkeitsrechts aus Art. 2 I GG, Tübingen 2007, S. 13 f., 52.

852 Vgl. *Paal/Hennemann*, ZRP 2017, 76 (76).

853 *Hoffmann-Riem*, Der Staat 2008, 588 (588).

854 *Mayer-Schönberger/Cukier*, Big Data. Die Revolution die unser Leben verändern wird, München 2013, S. 22, 27; *Boehme-Neßler*, DVBl. 2015, 1282 (1283); *Boehme-Neßler*, 6 IDPL (2016), 222 (223); vgl. auch *Mayer-Schönberger*, APuZ 11-12/2015, 14 (16).

fragt nicht nach Ursachen, sondern nur nach den Zusammenhängen selbst, nach Korrelationen.[855] Es interessiert nur noch das „Ob“, nicht länger das „Warum“. Diese Verschiebung verspricht eine neue Art der Erkenntnisse, die zum einen Potenziale eröffnen, „Gutes“[856] zu tun. So ist es *Google* beispielsweise möglich gewesen, auf Grundlage der täglichen anonymen Suchanfragen nahezu in Echtzeit zu verfolgen, wie sich das Grippevirus H1N1 im Jahr 2009 in den USA verbreitete.[857] *Google* war damit sehr viel schneller als der herkömmliche Verfolgungsweg über ein Meldesystem über die Krankheitsfälle.[858]

Gleichzeitig liegt in der Verschiebung des Fokusses aber auch ein Gefahrenpotenzial. So verleitet die Funktionsweise der *Big Data*-Technologie zu Fehlschlüssen in der Interpretation der Ergebnisse, weil intuitiv auf Kausalzusammenhänge geschlossen wird.[859] Darüber hinaus besteht die Möglichkeit, dass explizite oder implizite Vorannahmen in die Technologie eingehen, die dann notwendigerweise bestätigt werden.[860] Im Extremfall entsteht daraus eine sich selbst erfüllende Prophezeiung.[861] *Big Data*-Tech-

---

855 *Mayer-Schönberger/Cukier*, Big Data. Die Revolution die unser Leben verändern wird, München 2013, S. 22, 27; *Boehme-Neßler*, DVBl. 2015, 1282 (1283); *Vesting*, Kommentar, in: *Alexander Somek*, Wissen des Rechts, Tübingen 2018, S. 143; vgl. dazu auch *Reichert*, Facebooks Big Data, in: Ramón Reichert (Hrsg.), Big Data. Analysen zum digitalen Wandel von Wissen, Macht und Ökonomie, Bielefeld 2014, S. 438 f.; *Dreyer*, Predictive Analytics aus der Perspektive von Menschenwürde und Autonomie, in: Wolfgang Hoffmann-Riem (Hrsg.), Big Data – Regulative Herausforderungen, Baden-Baden 2018, S. 135 f.

856 „Gut“ und „böse“ sind natürlich moralische Kategorien, darauf kommt es hier aber nicht an.

857 *Mayer-Schönberger/Cukier*, Big Data. Die Revolution die unser Leben verändern wird, München 2013, S. 8 f.

858 *Mayer-Schönberger/Cukier*, Big Data. Die Revolution die unser Leben verändern wird, München 2013, S. 9.

859 Vgl. *Broemel/Trute*, Berliner Debatte Initial 2016, 50 (54); *Mayer-Schönberger*, APuZ 11-12/2015, 14 (16 f.).

860 S.o. A.VI.1.b); s. auch *Mayer-Schönberger*, APuZ 11-12/2015, 14 (16 f.); *Martini*, Blackbox Algorithmus, Berlin 2019, S. 47 ff.

861 *Broemel/Trute*, Berliner Debatte Initial 27 (2016), 50 (54); *Dreyer*, Predictive Analytics aus der Perspektive von Menschenwürde und Autonomie, in: Wolfgang Hoffmann-Riem (Hrsg.), Big Data – Regulative Herausforderungen, Baden-Baden 2018, S. 141; *Wischmeyer*, AöR 143 (2018), 1 (29 f.); *Trute*, Rechtliche Herausforderungen der Digitalisierung, in: Bär, Christian/Grädler, Thomas/Mayr, Robert (Hrsg.), Digitalisierung im Spannungsfeld von Politik, Wirtschaft, Wissenschaft und Recht, Bd. 2, Berlin 2018, S. 324 f.; *Martini*, Blackbox Algorithmus, Berlin 2019, S. 54.

nologie birgt somit ein immenses diskriminatorisches Potenzial.[862] Dieses Potenzial wird noch verstärkt, wenn an die Technologie automatisierte Entscheidungen geknüpft sind, die ein Algorithmus vornimmt. Ist ein Algorithmus etwa dafür programmiert, (Vor)Entscheidungen in einem Bewerbungsverfahren zu treffen und lernt er dafür die bisherigen Personalentscheidungen, übernimmt er dadurch die Vorurteile und Eigenheiten der Menschen, die die Entscheidungen vor ihm getroffen haben.[863]

---

862 Vgl. u.a. *Tischbirek*, Wissen als Diskriminierungsfrage, in: Laura Münkler (Hrsg.), Dimensionen des Wissens im Recht, Tübingen 2019, S. 77 ff.; *Dreyer*, Predictive Analytics aus der Perspektive von Menschenwürde und Autonomie, in: Wolfgang Hoffmann-Riem (Hrsg.), Big Data – Regulative Herausforderungen, Baden-Baden 2018, S. 138 f.; *Wischmeyer*, AöR 143 (2018), 1 (26 ff.); *Steege*, MMR 2019, 715. Denkbar ist etwa, dass ein selbstlernender Algorithmus Versicherungsbeiträge für Individuen bestimmen soll und als Ergebnis höhrere Haftpflichtbeiträge für männliche Individuen ausgibt, aber höhere Krankenkassenbeiträge für weibliche Individuen, weil männliche Personen statistisch öfter in Unfälle verwickelt sind und weibliche Personen eine höhere Lebenserwartung haben sowie potenziell schwanger werden könnten. Der Algorithmus bräuchte für die Berechnung der unterschiedlichen Beiträge keine positive Angabe des Geschlechts der Aspiranten, noch müsste er überhaupt einen Begriff von Geschlecht haben, weil sich das Geschlecht mit hoher Wahrscheinlichkeit aus anderen Daten ermitteln lässt. Das Ergebnis wäre eine am Geschlecht orientierte Diskriminierung. S. zu diesem Beispiel *Tischbirek*, aaO., S. 78.
Ein anderes Beispiel wäre eine mithilfe von *Big Data*-Technologie erstellte Kriminalitätsstatistik, die eine Korrelation zwischen dunkler Hautfarbe und Verfahren wegen Verstößen gegen das Betäubungsmittelgesetz aufzeigte. In diesem Fall könnte der Kausalschluss lauten, Menschen mit dunkler Hautfarbe verstießen häufiger gegen das Betäubungsmittelgesetz als Menschen mit anderen Hautfarben oder sogar, von der Hautfarbe eines Menschen ließe sich auf die Verbrechensneigung schließen. Der Grund für die Korrelation könnte allerdings gleichermaßen in einer rassistisch agierenden Polizei liegen, die vermehrt Menschen mit dunkler Hautfarbe kontrolliert oder in einer strukturellen Diskriminierung innerhalb der Gesellschaft, die Menschen mit dunkler Hautfarbe marginalisiert und ohne Möglichkeit des gesellschaftlichen Aufstiegs in die Kriminalität drängt. Zu einem ähnlichen Beispiel siehe etwa *Steege*, MMR 2019, 715 (716).

863 Beispiel bei *Wolfangel*, Die Macht der Algorithmen, Aufbrüche. Das Bildungsmagazin (Joachim Herz Stiftung), 1/2018, 8 (8); vgl. auch *Steege*, MMR 2019, 715 (719). Automatisierte Entscheidungen werden nun in Art. 22 DSGVO als Gefährdungspotenzial adressiert.

b) Wissensorganisation

Zum anderen verschiebt sich die kulturelle Wissensorganisation. Wie das einleitende Zitat zu C zeigt, sieht *Google* seine Aufgabe letztlich darin, das Wissen der Welt zu organisieren.[864] Wie oben gezeigt wurde, ist das auch tatsächlich seine Funktion. Das Internet fungiert heute faktisch als Wissensspeicher der Menschheit und *Google* fungiert als die meistgenutzte Suchmaschine als das zentrale Navigationsinstrument in diesem Wissensspeicher. Entsprechendes gilt für die anderen hier betrachteten Internetintermediäre, soweit es um den Zugang zu Wissen geht. Die Internetintermediäre kontrollieren den Zugang zum Wissen der Welt. Sie sind *Gatekeeper* für den Zugang zu Informationen (s. C.I.2.).[865] Erstens prägen sie dadurch die gesellschaftlichen Vorstellungen darüber, wie Informationen gesucht werden (s. C.III.1.).[866] Sie entscheiden den Normalfall der Informationssuche. Zweitens prägen sie dadurch die Normalitätsvorstellungen davon, wie über Dinge gedacht wird.[867]

aa) Individueller Denkprozess

Wie oben gezeigt wurde, prägt der Selektionsprozess der Internetintermediäre das Denken der einzelnen Individuen und letztlich ihre Persönlichkeitsentwicklung. Die *Gatekeeper*-Position ermöglicht Steuerung nach den bestehenden Vorlieben des Individuums oder hin zu neuen Vorlieben (s. C.II.4. u. III.). Allerdings wird unabhängig davon, ob eine Steuerung intendiert ist oder nicht, allein durch die Selektion bereits das individuelle Denken geprägt. Auch wenn sich die Relevanz der *Google*-Suchergebnisse nicht am individuellen Nutzer, sondern an Mehrheitsvorstellungen orien-

---

864 *Google*, Präsentation (URL: https://about.google/intl/de/).

865 *Hoffmann-Riem*, Innovation und Recht – Recht und Innovation, Tübingen 2016, S. 627 f. (für *Google* und *Facebook*).

866 *Hoffmann-Riem*, Innovation und Recht – Recht und Innovation, Tübingen 2016, S. 627 spricht von einer Veränderung des Kommunikationsverhaltens und einer Prägung der Art der verfügbaren Informationen.

867 Vgl. auch *Hoffmann-Riem*, Innovation und Recht – Recht und Innovation, Tübingen 2016, S. 627. Dadurch wird wiederum die Normalitätsvorstellung der Individuen in Bezug auf sie selbst geprägt, vgl. *Nassehi*, Kursbuch 177 (2014), 27 (35 f., 37). S. außerdem zum realitätsformenden Potenzial *Zuboff*, Schürfrechte am Leben, in: Frank Schirrmacher (Hrsg.), Technologischer Totalitarismus. Eine Debatte, Frankfurt am Main 2015, S. 176 ff.

tiert, werden dadurch Mehrheitsmeinungen strukturell perpetuiert und Minderheitsmeinungen marginalisiert (vgl. C.IV.2.).[868]

bb) Kultureller Denkprozess

Durch seine Wirkung auf den individuellen Nutzer entfaltet der Selektionsprozess schließlich strukturelle Wirkungen auf die gesamte Gesellschaft.[869] Er bestimmt, wie die Gesellschaft Dinge betrachtet. Er bestimmt die Normalitätsvorstellungen der Gesellschaft. Die Selektion prägt den kulturellen Denkprozess.

Dies zeigt sich etwa in der Klassifikation von Individuen. Jeder Klassifikation liegt notwendig eine Ordnungsvorstellung zugrunde, die durch ihre Anwendung gegenüber anderen Ordnungsvorstellungen bevorzugt und perpetuiert wird.[870] Zudem beinhaltet jede Klassifikation eine markierte und eine nicht-markierte Seite, wobei eine Zuordnung zur markierten Seite als Abweichung von der Norm stets diskriminierend wirkt.[871] Ein deutliches Beispiel liegt in der Klassifikation als „behindert" (vgl. hierzu auch A.VI.1.). Klassifiziert ein Algorithmus der Internetintermediäre Nutzerinnen in /behindert/ und /normal/ bzw. /nicht markiert/, geht diese diskriminatorische Ordnungsvorstellung als Normalitätsvorstellung in den kulturellen Wissensspeicher ein. Dieses diskriminatorische Potenzial verstärkt sich noch in Verbindung mit den oben geschilderten Gefährdungen, die mit den Veränderungen der kulturellen Wissensproduktion zusammenhängen. So können etwa Fehlinterpretationen der entdeckten Korrelationen über die Selektionsprozesse der Internetintermediäre strukturelle

---

868 Vgl. *Paal/Hennemann*, ZRP 2017, 76 (76).

869 S. etwa *Broemel/Trute*, Berliner Debatte Initial 27 (2016), 50 (55); *Martini*, Blackbox Algorithmus, Berlin 2019, S. 64 ff.; *Hoffmann-Riem*, Rechtliche Rahmenbedingungen für und regulative Herausforderungen durch Big Data, in: ders. (Hrsg.), Big Data – Regulative Herausforderungen, Baden-Baden 2018, S. 24, 59; problematisierend auch *Ladeur*, Die Gesellschaft der Netzwerke und ihre Wissensordnung, in: Florian Süssenguth (Hrsg.), Die Gesellschaft der Daten. Über die digitale Transformation der sozialen Ordnung, Bielefeld 2015, S. 239; *Morozov*, APuZ 11-12/2015, 3 (7).

870 *Bächle*, Digitales Wissen, Daten und Überwachung zur Einführung, Hamburg 2016, S. 193; Algorithmen enthalten immer Wertungen, vgl. dazu oben A.VI.1. und *Hoffmann-Riem*, Innovation und Recht – Recht und Innovation, Tübingen 2016, S. 627, 649.

871 *Bächle*, Digitales Wissen, Daten und Überwachung zur Einführung, Hamburg 2016, S. 193.

Wirkung entfalten und sich auf diese Weise gesellschaftliche Diskriminierungen manifestieren.

Es zeigt sich weiter in der Wissenschaft. *Big Data*-Analysen ermöglichen eine neue Form der Forschung, die aber nur denjenigen zur Verfügung steht, die auf die Datenbestände zugreifen können. Zugriff auf die Datenbestände der Internetintermediäre haben die bei diesen beschäftigten Forscherinnen. Ein großer Teil neuen Wissens wird damit in einem Bereich erschlossen und selektiv aufbereitet, der nur einem kleinen Teil von Wissenschaftlern zugänglich ist.[872]

Schließlich besteht, vermittelt durch die Manipulation des Einzelnen, die Möglichkeit der gezielten Manipulation gesamtgesellschaftlicher Vorstellungen, Denkprozesse, Trends und Wahlen sowie anerkannter Wertvorstellungen.[873] Wer den Zugang zu Informationen kontrolliert, kontrolliert die öffentliche Meinungsbildung. Denn Informationsvorsprünge ermöglichen, „den Konsens hindernde Alternativen erst gar nicht zum Problem des Konsenses werden zu lassen".[874]

4. Folgerungen

Auch die massenhafte Verarbeitung anonymer Daten generiert also Gefährdungen für die demokratische Gesellschaft. Erstens besteht ein Identifizierungsrisiko, dass proportional zur Menge der zur Verfügung stehenden Daten wächst und damit nur eine Zeitfrage ist. Sind Personen identifiziert, bestehen die im Rahmen der Personalisierung und Verhaltenssteuerung bereits aufgezeigten Gefahrenpotenziale für Individuum und Demokratie.

Zweitens ist die graduelle Steuerung von Indivuen auch möglich, wenn diese in deren Eigenschaft als Teil gesellschaftlicher Gruppen betrachtet werden. Neben einer Steuerung der Gruppe in der im Rahmen der Perso-

---

872 Zu dieser Problematik siehe *Reichert*, Facebooks Big Data, in: Ramón Reichert (Hrsg.), Big-Data. Analysen zum digitalen Wandel von Wissen, Macht und Ökonomie, Bielefeld 2014, S. 440 f.

873 *Martini*, Blackbox Algorithmus, Berlin 2019, S. 64 ff.; *Hoffmann-Riem*, Rechtliche Rahmenbedingungen für und regulative Herausforderungen durch Big Data, in: ders. (Hrsg.), Big Data – Regulative Herausforderungen, Baden-Baden 2018, S. 24, 59.

874 *Roßnagel*, Freiheit durch Systemgestaltung, in: Nickel/Roßnagel/Schlink (Hrsg.), Die Freiheit und die Macht – Wissenschaft im Ernstfall. Festschrift für Adalbert Podlech, Baden-Baden 1994, S. 229.

nalisierung und Steuerung beschriebenen Form und infolgedessen einer ähnlichen, wenn auch abgeschwächten Form der Persönlichkeitsbeeinflussung, die ihrerseits die Konstitution des Individuums als autonomes Subjekt der Demokratie nachteilig beeinflusst, affektiert eine solche Steuerung den Prozess der öffentlichen Meinungsbildung.

Drittens liegt in der Datenverarbeitung durch die Internetintermediäre eine Veränderung der gesellschaftlichen Prozesse der Wissensproduktion und –organisation. Die innovative Wissensproduktion durch die Suche nach Korrelationen birgt ein immenses diskriminatorisches Potenzial, dass sich über die *Gatekeeper*-Funktion der Internetintermediäre perpetuieren kann. Die Wissensorganisation der Internetintermediäre prägt überdies vermittelt durch ihre Wirkung auf die individuellen Nutzer den kulturellen Denkprozess. So wirkt sie schließlich strukturell auf die Gesellschaft und kann demokratische Prozesse gefährden. Es besteht auch die Möglichkeit, dieses Potenzial manipulativ zu nutzen.

V. Folgerungen

Eine Analyse der drei betrachteten Phänomene der Internetökonomie zeigt also, dass sie genuine Gefahren für die Entwicklung des Einzelnen hin zu einer autonomen und demokratiefähigen Persönlichkeit sowie die Demokratie selbst generieren.

In erster Instanz ist bereits der Infrastruktur der Internets und der Onlinedienste eine Steuerung inhärent, die nicht zuletzt geprägt ist durch die Internetintermediäre. So sind u.a. der am häufigsten genutzte Internetbrowser *Google Chrome* und die am häufigsten genutzte Kommunikationsanwendung *WhatsApp*, das zu *Facebook* gehört. Wie Internetnavigation funktioniert, bestimmt die Suchmaschine *Google*. Des Weiteren liegt ein ständiger Anreiz zur Datenpreisgabe in der Nutzungsumgebung sozialer Netzwerke wie *Facebook*. Alle diese Anwendungen und Dienste normalisieren Datenerhebung und –verarbeitung als soziale Praxis, sodass Datensparsamkeit zum auffallenden Sonderfall gerät. Die Anordnung der Interneteinhalte ermöglicht schließlich die Manipulation von Emotionen und Verhalten unabhängig von bestimmten Charaktereigenschaften.

Auf Grundlage der Verarbeitung personenbezogener Daten generiert dann die Personalisierung spezifische Gefahren für das Individuum und die demokratische Gesellschaft. Erstens wird der menschliche Körper als Überwachungsobjekt abgelöst durch eine aus Daten konstruierte Persönlichkeitsfiktion. Dieser Vorgang der *Entfremdung* erschwert es dem Einzelnen, sein Informationsregime zu kontrollieren und sich den Einflussnahmen auf seine Persönlichkeitsentwicklung zu entziehen. Die Personalisierung des Internetangebots auf Basis des *profiling* führt weiter zu einer monoperspektivischen Beeinflussung der individuellen Persönlichkeitsentwicklung. Das Spektrum der möglichen zukünftigen Persönlichkeiten wird dadurch beschränkt bis hin zur Singularität. Überdies beeinflusst dieser monoperspektivische Einfluss die Fähigkeiten des Menschen zur Kreativität, zu kritischem Denken und Kompromisse zu schließen, die notwendig sind, um deviante Auffassungen zu entwickeln und zu äußern. Schließlich wird auch die individuelle und öffentliche Meinungs- und Willensbildung verengt, sodass die Tendenz zur Radikalisierung steigt.

Algorithmen ermöglichen nicht nur die Deskription und Prädiktion, sondern auch die Präskription.[875] Es somit auf Basis des *profiling* nicht nur möglich, die Entwicklung des Individuums hin zur wahrscheinlichsten zukünftigen Persönlichkeit hin zu beeinflussen, sondern auch hin zu anderen Bestimmungsorten. Durch die gezielte Manipulation des Angebots, beispielsweise der Suchergebnisse bei einer bestimmten Suchanfrage oder der Reihenfolge der Posts im Newsfeed, lassen sich die Gefühle und Handlungen einer Person steuern und so subtil zu einer anderen Persönlichkeit umformulieren. Die Persönlichkeitsentwicklung zu einer autonomen Persönlichkeit wird so unmöglich gemacht.

Die Verarbeitung massenhaft anonymer Daten ermöglicht die Steuerung von Individuen als Teile einer Gruppe. Notwendig ist dazu einzig die Klassifikation durch Statistiken in Verbindung mit psychometrischen Verfahren. Steuerung und Personalisierung sind somit graduelle Phänomene.

Schließlich generiert *Big (Anonymous) Data* ein latentes (Re)Identifizierungsrisiko, das mit jeder technischen Weiterentwicklung potenziert wird, und bedeutet eine Transformation der Prozesse kultureller Wissensproduktion und –organisation. In diesen liegt ein enormes Potenzial, manipulativ auf die demokratische Gesellschaft einzuwirken. Eine gesamtgesellschaftliche Wirkung entfalten die in die algorithmischen Selektionsprozesse eingeschriebenen Ordnungsvorstellungen jedoch unabhängig von einer etwaigen manipulativen Zielsetzung.

Im Zeitalter der Internetökonomie wächst also der Druck, den die Datenverarbeitung auf die demokratische Gesellschaft auslöst. Die Schere zwischen dem individualistisch geprägten Datenschutzrecht und den tat-

---

875 Hoffmann-Riem, Verhaltenssteuerung; *Hoffmann-Riem*, Rechtliche Rahmenbedingungen für und regulative Herausforderungen durch Big Data, in: ders. (Hrsg.), Big Data – Regulative Herausforderungen, Baden-Baden 2018, S. 20 f.

sächlich gefährdeten kollektiven Rechtsgütern geht zunehmend auseinander.

D. „Bruchstellen“

„Soll das Recht seine gesellschaftspolitische Steuerungsfähigkeit erfüllen, darf es die soziale Realität nicht aus dem Blick verlieren.“[876]

Das geltende Datenschutzrecht ist also individualistisch geprägt (A.II, B.I.), die Gefahren, die mit der Datenverarbeitung in der Internetökonomie verbunden sind, bestehen aber zunehmend für das Kollektiv, nämlich die demokratische Gesellschaft (B.II. u. C.). Dieses scherenartige Auseinandergehen der individualistischen Regelungstechnik des Datenschutzrechts und den durch die Datenverarbeitung tatsächlich gefährdeten Rechtsgütern zeitigt Folgen, die sich anhand einiger „Bruchstellen“ der sozialen Realität mit dem geltenden Datenschutzrecht registrieren lassen. Es sind insbesondere drei Kernprinzipien des Datenschutzrechts, die in seiner individualistischen Prägung begründet liegen und die den Gefährdungen der demokratischen Gesellschaft nicht zu begegnen imstande sind: das Verbot mit Erlaubnisvorbehalt, die Inputorientierung und die Regelung ausschließlich personenbezogener Daten.

I. Autonomieparadoxon

Eine erste dieser Bruchstellen liegt in der Idee des Datenschutzrechts, Autonomie durch Autonomie zu schützen. Diese Idee schlägt sich auf grundrechtlicher Ebene im Recht auf informationelle Selbstbestimmung, abgeleitet aus Art. 2 Abs. 1 i.V.m. 1 Abs. 1 GG (Allgemeines Persönlichkeitsrecht), Art. 8 GRC und Art. 16 Abs. 1 AEUV (Datenschutzgrundrecht)[877] und im europäischen Sekundärrecht sowie auf einfachgesetzlicher Ebene im Verbot mit Erlaubnisvorbehalt (Art. 6 Abs. 1 S. 1 lit. a) DSGVO; vgl. auch § 4 Abs. 1 Alt. 2 BDSG a.F.) nieder. Schutzgut des Datenschutzrechts ist demnach das Recht auf informationelle Selbstbestimmung der Einzelnen und geschützt wird es durch die freie Entscheidung des Indivi-

---

876 *Rothmann/Buchner*, DuD 2018, 342 (342).

877 Zur Ableitung der informationellen Selbstbestimmung aus dem Datenschutzgrundrecht s.o. B.I.1.

duums über Datenerhebung und -verarbeitung, also durch das Recht auf informationelle Selbstbestimmung der Einzelnen.

Dieses Regelungsprinzip ist grundsätzlich konsequent, spiegelt es doch die liberale Konzeption des Grundgesetzes und der Unionsverträge (s. nur Art. 2 EUV, GRC *in toto*), die der Autonomie verplichtet ist und nach der jeder einzelne Mensch seine Grundrechtsausübung selbst bestimmt.[878] Zudem reflektiert sie den oben geschilderten natürlichen Prozess der informationellen Selbstbestimmung, nach dem jeder Einzelne zur Wahrung der Möglichkeit der Entwicklung einer autonomen Persönlichkeit sein eigenes Informationsregime kontrolliert (B.II.). Unter den Bedingungen der Internetökonomie funktioniert dies Prinzip jedoch aus verschiedenen Erwägungen heraus nicht mehr.[879] „Das zum Autonomieschutz der Nutzer entwickelte Rechtsinstitut der Einwilligung droht […] zur Erosion von Nutzerautonomie zu werden.“[880]

1. Sozial manifeste Außenursachen

Erstens funktioniert die informationelle Selbstbestimmung als natürlicher Prozess wie oben dargestellt nur, wenn sozial manifeste Außenursachen, die sie beschränken, ausgeschlossen sind. Die Kontrolle des eigenen Informationsregimes zum Schutz der informationellen Privatheit muss also tatsächlich möglich sein. In der Internetökonomie bestehen aber sozial manifeste Außenursachen, die die informationelle Selbstbestimmung ausschließen.

---

878 Zum GG s.o. B.II.3. Zu den EU-Verträgen vgl. etwa Calliess/Ruffert/*Calliess*, EUV Art. 2 Rn. 17 f.; Streinz/*Pechstein*, EUV Art. 2 Rn. 3.

879 *Broemel/Trute*, Berliner Debatte Initial 27 (2016), 50 (53) sprechen z.B. vom „fiktionalen Charakter“ der Einwilligung; s. auch ebd., S. 56; vgl. außerdem *Ladeur*, Die Gesellschaft der Netzwerke und ihre Wissensordnung, in: Florian Süssenguth (Hrsg.), Die Gesellschaft der Daten. Über die digitale Transformation der sozialen Ordnung, Bielefeld 2015, S. 238; *Hornung*, Erosion traditioneller Prinzipien des Datenschutzrechts durch Big Data, in: Wolfgang Hoffmann-Riem (Hrsg.), Big Data – Regulative Herausforderungen, Baden-Baden 2018, S. 96; bereits vor Entstehung der datenbasierten Internetökonomie ist die Einwilligungskonstruktion kritisch betrachtet worden, s. *Simitis*, 135 U. Pa. L. Rev. (1987), 707 (736).

880 *Hoffmann-Riem*, AöR 142 (2017), 1 (21); vgl. auch *Hoffmann-Riem*, JZ 2014, 53 (53 f.); in eine ähnliche Richtung *Radlanski*, Das Konzept der Einwilligung in der datenschutzrechtlichen Realität, Tübingen 2016, S. 222.

a) Anreiz zur Preisgabe

Ein Großteil der Daten, die über die Internetnutzung erhoben werden können, beruht etwa auf den Eingaben der Einzelnen.[881] Sie werden von den Nutzern selbst online gestellt, sind also Produkt der Entscheidung des Einzelnen und damit Produkt der Ausübung des *Rechts* auf informationelle Selbstbestimmung. Allerdings ist die gesamte Infrastruktur des Internets darauf angelegt, zur Datenpreisgabe anzureizen (s. C.III).[882] Schon Internetbrowser bieten die Möglichkeit ein Benutzerkonto einzurichten und den Browser mit verschiedenen Anwendungen zu verknüpfen, mit denen eine Datenverarbeitung einhergeht. Der meistgenutzte Internetbrowser ist *Google Chrome*. Die Funktionsweise dieses Browsers setzt die Norm für die soziale Praxis des Internetzugangs (s. C.III.). Ist die Preisgabe von Daten also üblich bei der Nutzung von *Google Chrome*, bedeutet das, dass die Preisgabe von Daten bei der Internetnutzung üblich ist.

Die zweite Ebene bilden die Nutzungsoberflächen der Internetangebote. Besonders deutlich ist der Preisgabeanreiz hier in sozialen Netzwerken zu beobachten. Der Zweck eines sozialen Netzwerks ist es letztlich, Datenpreisgabe zu ermöglichen. Jede Form der Nutzung des sozialen Netzwerks generiert Daten. Jede Funktion lädt zur Interaktion mit anderen Nutzern und damit zur Datenpreisgabe ein (s. C.III.). Insofern ist die informationelle Selbstbestimmung also von vornherein beeinflusst. Zwar besteht kein Zwang zur Datenpreisgabe, ein Anreiz wird jedoch gesetzt.

b) Sozialer Zwang

Hinzukommt der soziale Zwang, Teil der Internetökonomie zu sein.[883] So ist die Möglichkeit der Nutzung der Leistungen der Internetökonomie in der Regel an eine Einwilligung in Datenerhebung und -verarbeitung ge-

---

881 Dies ist auch bereits monographisch problematisiert worden, s. *Sandfuchs*, Privatheit wider Willen, Tübingen 2015, insbes. S. 1 ff., 12 ff.; *Allen*, Unpopular Privacy, Oxford 2011, e.g. pp. 8 f.; vgl. darüber hinaus statt vieler *Nassehi*, Kursbuch 177 (2014), 27 (42 f.).

882 Vgl. auch *Gnägi*, Ancilla Iuris 2018, 1 (23): „*nudging* zur Selbstdarstellung“.

883 Vgl. *Matzner/Richter*, Ausblick. Die Zukunft der informationellen Selbstbestimmung, in: Michael Friedewald/Jörn Lamla/Alexander Roßnagel (Hrsg.), Informationelle Selbstbestimmung im digitalen Wandel, Wiesbaden 2017, S. 319; angedeutet auch bei *Spiecker gen. Döhmann*, KritV 2014, 28 (42 f.); vgl. allg. zur Wirkungsmacht von die Privatsphäre betreffenden Normalitätsvorstellungen,

koppelt.[884] Gleichzeitig ist es dem Individuum aber unmöglich, auf die Nutzung zu verzichten, ohne sich von zentralen gesellschaftlichen Entwicklungen auszuschließen oder sich sogar gänzlich sozial zu isolieren.[885] Die Internetökonomie ist darum von einer erheblichen Machtasymmetrie zwischen Anbietern und Nutzerinnen geprägt.[886] Für die Nutzerinnen besteht hinsichtlich vieler Dienste ein faktischer Kontrahierungszwang, der die Privatautonomie in den vertraglichen Beziehungen aufhebt.[887]

Besonders sichtbar wird dies wiederum im Falle der sozialen Netzwerke. Wenn sich die Kommunikation innerhalb der Gesellschaft zur Nutzung eines neuen Mediums hin verlagert, ist es für die Einzelnen nicht denkbar, auf dieses Medium zu verzichten, ohne schrittweise aus der Kommunikation und damit aus der Gesellschaft ausgeschlossen zu werden.[888] Die Kommunikation innerhalb der modernen Gesellschaft findet zu einem großen

---

Birnhack/Elkin-Coren, 17 Mich. Telecomm. L. Rev. (2011), 337 (340); *Bauman/Lyon*, Daten, Drohnen, Disziplin, 3. Aufl., Frankfurt am Main 2014, S. 43 f.

884 *Broemel/Trute*, Berliner Debatte Initial 27 (2016), 50 (56); *Hoffmann-Riem*, AöR 142 (2017), 1 (22); *Hoffmann-Riem*, Rechtliche Rahmenbedingungen für und regulative Herausforderungen durch Big Data, in: ders. (Hrsg.), Big Data – Regulative Herausforderungen, Baden-Baden 2018, S. 42; *Boehme-Neßler*, UFITA 2015, 19 (47); *Weichert*, Big Data – eine Herausforderung für den Datenschutz, in: Heinrich Geiselberger/Tobias Moorstedt (Red.), Big Data. Das neue Versprechen der Allwissenheit, Berlin 2013, S. 139. Zum neu eingeführten Kopplungsverbot siehe sogleich.

885 Vgl. *Hoffmann-Riem*, AöR 142 (2017), 1 (22); *Hoffmann-Riem*, Innovation und Recht – Recht und Innovation, Tübingen 2016, S. 662; *Hoffmann-Riem*, JZ 2012, 1081 (1085); vgl. *Matzner/Richter*, Ausblick. Die Zukunft der informationellen Selbstbestimmung, in: Michael Friedewald/Jörn Lamla/Alexander Roßnagel (Hrsg.), Informationelle Selbstbestimmung im digitalen Wandel, Wiesbaden 2017, S. 319; *Radlanski*, Das Konzept der Einwilligung und in der datenschutzrechtlichen Realität, Tübingen 2016, S. 212; *Bauman/Lyon*, Blätter für deutsche und internationale Politik 10/2013, 51 (54 f.); *Mau*, Das metrische Wir. Über die Quantifizierung des Sozialen, 2. Aufl., Berlin 2017, S. 233 ff.; vorsichtiger *Gusy*, KritV 2015, 430 (457 Fn. 116), der aber einen zunehmenden Druck konstatiert.

886 *Hoffmann-Riem*, AöR 142 (2017), 1 (22); *Hagen*, APuZ 40-41/2018, 29 (30); *Gnägi*, Ancilla Iuris 2018, 1 (20 ff. *et passim*); *Hagen*, APuZ 40-41/2018, 29 (30).

887 *Hoffmann-Riem*, Innovation und Recht – Recht und Innovation, Tübingen 2016, S. 662; vgl. auch *Veil*, NVwZ 2018, 686 (688).

888 Vgl. *Hoffmann-Riem*, Innovation und Recht – Recht und Innovation, Tübingen 2016, S. 628; *Hoffmann-Riem*, JZ 2014, 53 (54); auch *Morozov*, APuZ 11-12/2015, 3 (7).

Teil online statt.[889] Soziale Medien prägen das Privat- und Berufsleben.[890] Das internetbasierte *WhatsApp* hat die SMS beispielsweise unlängst als meistgenutzten Kurznachrichtendienst abgelöst.[891] Wenn Firmen ihre Geschäftskommunikation auf *WhatsApp* umgestellt haben, kann ein Verzicht geschäftliche Nachteile bedeuten. In bestimmten Kreisen, gerade unter jüngeren Menschen, kann es sozialer Nichtexistenz gleichkommen, soziale Netzwerke allen voran *Facebook* nicht zu nutzen.[892] In Südkorea hat sich das soziale Leben junger Leute bereits derart in die Onlinemedien verschoben, dass es dem sozialen Tod gleichkäme, auf eine Teilnahme an dieser Entwicklung zu verzichten.[893] Die Entscheidung für soziale Netzwerke ist darum keine freie Entscheidung, die ein „Dafür“ oder „Dagegen“ gleichermaßen zuließe, sondern eine stark beeinflusste oder sogar existenzielle Entscheidung, die keine Wahl erlaubt.[894] Gleichzeitig ist die Nutzung sozialer Netzwerke aber an die Bedingung geknüpft, in die Erhebung und Verarbeitung personenbezogener Daten einzuwilligen.[895] Entsprechendes gilt

---

889 *Hoffmann-Riem*, Innovation und Recht – Recht und Innovation, Tübingen 2016, S. 616 f.

890 *Boehme-Neßler*, Die Macht der Algorithmen. Anmerkungen zum Einfluss von *Big Data* auf die Demokratie, in: Volker Boehme-Neßler/Manfred Rehbinder (Hrsg.), Big Data: Ende des Datenschutzes?, Bern 2017, S. 113; *Boehme-Neßler*, UFITA 2015, 655 (656).

891 VATM, Anzahl der verschickten SMS- und WhatsApp-Nachrichten in Deutschland von 1999 bis 2014 und Prognose für 2015 (in Millionen pro Tag) Statista (URL: https://de.statista.com/statistik/daten/studie/3624/umfrage/entwicklung-der-anzahl-gesendeter-sms--mms-nachrichten-seit-1999/).

892 *Hoffmann-Riem*, Innovation und Recht – Recht und Innovation. Recht im Ensemble seiner Kontexte, Tübingen 2016, S. 625; *Golland*, Datenverarbeitung in sozialen Netzwerken, Frankfurt am Main 2018, S. 23 m.w.N.; *Hoffmann-Riem*, JZ 2012, 1081 (1085).

893 *Bauman/Lyon*, Daten, Drohnen, Disziplin, 3. Aufl., Frankfurt am Main 2014, S. 43 f.; *Bauman/Lyon*, Blätter für deutsche und internationale Politik 10/2013, 51 (59).

894 Allg. für Onlinedienste *Hoffmann-Riem*, AöR 142 (2017), 1 (22 f.). Vgl. auch aber bezogen auf Südkorea *Bauman/Lyon*, Daten, Drohnen, Disziplin, 3. Aufl., Frankfurt am Main 2014, S. 43 f.; *Bauman/Lyon*, Blätter für deutsche und internationale Politik 10/2013, 51 (59); vgl. allg. *Bull*, Informationelle Selbstbestimmung – Vision oder Illusion?, 2. Aufl., Tübingen 2011, S. 46.

895 Derart gestaltete Machtungleichgewichte zwischen Geschäftspartnern haben bereits in anderen Bereichen zu Einschränkungen der Privatautonomie geführt, z.B. im Arbeitsrecht, s. *Richardi*, Einführung, in: Arbeitsgesetze, 85. Aufl., München 2014, S. XV; s. auch *Hoffmann-Riem*, AöR 142 (2017), 1 (25 Fn. 94).

für andere Onlinedienste,[896] allen voran *Google*. Die Freiwilligkeit der Datenpreisgabe ist unter diesen Bedingungen reine Fiktion.[897]

Wird dieser soziale Zwang noch mit dem *Ich habe doch nichts zu verbergen*-Missverständnis in Verbindung gebracht, besteht sogar die Gefahr, sich durch die Nichtnutzung sozialer Medien einem diffusen Verdacht auszusetzen (s. D.I.3.a)).[898]

In der DSGVO ist versucht worden, diese durch das Autonomieparadoxon hervorgerufenen Probleme dadurch zu adressieren, dass die Freiwilligkeit einer Einwilligung (Art. 6 Abs. 1 S. 1 lit. a. DSGVO) in eine Datenerhebung und -verarbeitung zweifelhaft sein soll, wenn die Einwilligung zur Voraussetzung der Vertragserfüllung gemacht wird, obwohl die Datenverarbeitung zur Vertragserfüllung nicht notwendig ist.[899] Diese Regelung vermag die bestehenden Schwierigkeiten allerdings nicht aufzulösen. So ist etwa die Personalisierung in den meisten Internetangeboten der Internetintermediäre eine von den Nutzerinnen gewünschte Form der Datenverarbeitung, die die hier betrachteten Intermediäre beispielsweise erst erfolgreich gemacht hat (s. C.I, II.). Die dafür erforderliche Datenerhebung und -verarbeitung ist also erwünscht. Hier liegt das Problem somit eher in der Information der Nutzerinnen über die Gefährdungspotenziale der Personalisierung und in der Gewissenhaftigkeit der Nutzerentscheidung. Dass aber die Entscheidung zur Nutzung des Angebots der Intermediäre durch eine Art sozialen Zwang beeinflusst ist, adressiert das Kopplungsverbot nicht. Es geht so in wesentlicher Beziehung am Problem vorbei.

---

896 *Hoffmann-Riem*, AöR 142 (2017), 1 (22); *Hoffmann-Riem*, Innovation und Recht – Recht und Innovation, Tübingen 2016, S. 662.

897 Ausdrücklich auch *Hoffmann-Riem*, Rechtliche Rahmenbedingungen für und regulative Herausforderungen durch Big Data, in: ders. (Hrsg.), Big Data – Regulative Herausforderungen, Baden-Baden 2018, S. 43; kritisch *Boehme-Neßler*, UFITA 2015, 19 (47); vgl. auch *Veil*, NVwZ 2018, 686 (688); *Hermstrüwer*, Informationelle Selbstgefährdung, Tübingen 2016, S. 61 ff.

898 Vgl. *Bauman/Lyon*, Daten, Drohnen, Disziplin, 3. Aufl., Frankfurt am Main 2014, S. 44 f.; *Bauman/Lyon*, Blätter für deutsche und internationale Politik 10/2013, 51 (59).

899 Eine ebenfalls vorgeschlagene strengere Regelung, nach der die Unfreiwilligkeit bei einem klaren Ungleichgewicht zwischen dem Verantwortlichen und dem Betroffenen vermutet worden wäre, ist absichtlich nicht aufgenommen worden, s. *Kühling/Martini*, EuZW 2016, 448 (451).

c) Privacy Paradox

Auf diese sozial-manifesten Außenursachen wird beispielsweise das beobachtete *privacy paradox* zurückzuführen sein.[900] Mit diesem Begriff wird das Phänomen beschrieben, dass die meisten Menschen zwar angeben, ihre Privatsphäre sei ihnen wichtig und sie stünden der massenhaften Datenverarbeitung eher skeptisch gegenüber, aber trotzdem auf sozialen Netzwerken aktiv sind und im Internet viel über sich preisgeben.[901] Ein ähnliches Phänomen ist allerdings auch schon deutlich früher beschrieben worden,[902] sodass der Schluss bestätigt scheint, die informationelle Selbstbestimmung als *Recht* sei immer schon eine Fehlkonstruktion.

2. Interaktionsbedingungen

Zweitens verändert die Internetökonomie die Bedingungen unter denen soziale Interaktion stattfindet. So ist die für den Datenschutz relevante Interaktion keine zwischenmenschliche Interaktion mehr, sondern nunmehr eine Mensch-Maschine-Interaktion.

Der natürliche Prozess der informationellen Selbstbestimmung orientiert sich an der zwischenmenschlichen Interaktion. In der Interaktion von Mensch und Mensch ist es jedem Menschen möglich zu beurteilen, welche Informationen er preisgibt, weil er grundsätzlich einschätzen kann, welche Informationen das Gegenüber verarbeitet. In der Internetkommunikation verhält sich dies anders (s. schon B.II.8., C.II.4).[903] Die für die Verarbeitung relevanten Daten sind zum Beispiel Metadaten, die für die zwischenmenschliche Kommunikation keine Rolle spielen. Den einzelnen Menschen kann darum in vielen Fällen nicht bewusst sein, welche Informatio-

---

900 So auch *Matzner/Richter*, Ausblick. Die Zukunft der informationellen Selbstbestimmung, in: Michael Friedewald/Jörn Lamla/Alexander Roßnagel (Hrsg.), Informationelle Selbstbestimmung im digitalen Wandel, Wiesbaden 2017, S. 319.

901 *Norberg/Horne/Horne*, 41 The Journal of Consumer Affairs (2007), 100 ff. (empirisch); vgl. zu diesem Phänomen (z.T. ohne den Begriff zu verwenden) *Schmolz*, Privatheit im Internet: Von Möglichkeiten und Gefahren digitaler Informations- und Kommunikationstechnologien, in: Dennis Gräf/Stefan Halft/Verena Schmöller (Hrsg.), Privatheit. Formen und Funktionen, Passau 2011, S. 159 f.; *Solove*, Understanding Privacy, Cambridge (Mass.) 2008, p. 5; *Kühling/Martini*, EuZW 2016, 448 (450); *Martini*, Blackbox Algorithmus, Berlin 2019, S. 163.

902 *Schmitt Glaeser*, in: HbStR, Bd. VI, Heidelberg 1989, § 129, Rn. 12 f.

903 *Broemel/Trute*, Berliner Debatte Initial 27 (2016), 50 (57); skeptisch bereits *Hoffmann-Riem*, Der Staat 42 (2003), 193 (219); s.a. *Gusy*, KritV 2015, 430 (437).

nen sie zur Datenverarbeitung preisgeben.[904] Erst Recht können sie nicht beurteilen, welche Aussagen auf der Basis dieser Daten und der Verknüpfung mit anderen Daten getroffen werden können.[905] Damit wird sich zum Beispiel erklären lassen, dass viele Menschen trotz ihrer Aktivität in sozialen Netzwerken davon ausgehen, nicht viele Informationen über sich preiszugeben, weil ihre Posts (scheinbar) keine privaten Daten enthalten. Der Wert bestimmter Daten für den Datenverarbeitungsvorgang ist einem Menschen opak.[906]

Des Weiteren ist es der Einzelnen nicht möglich abzuschätzen, welche Schlüsse aus der Verarbeitung gezogen werden könnten. *Big Data*-Technologie arbeitet beispielsweise ergebnisoffen und mit einer Anzahl von Eingabewerten, die in ihrer bloßen Zahl für den menschlichen Geist schon nicht mehr nachvollziehbar ist.[907] Die möglichen Ergebnisse lassen sich schon gar nicht antizipieren,[908] zumal Algorithmen nunmehr sogar die Prädiktion und Präskription von Persönlichkeiten ermöglichen.[909] Die Folge ist, dass Menschen bei der Preisgabe von Daten nicht einschätzen können, welche möglichen Fremdbilder über sie entstehen. In der Mensch-Maschine-Interaktion kann der einzelne Mensch sein Informationsregime darum nicht kontrollieren. Eine selbstbestimmte und informierte Entscheidung über die Preisgabe ist unter diesen Bedingungen un-

---

904 *Hoffmann-Riem*, Innovation und Recht – Recht und Innovation, Tübingen 2016, S. 662; *Matzner/Richter*, Ausblick. Die Zukunft der informationellen Selbstbestimmung, in: Michael Friedewald/Jörn Lamla/Alexander Roßnagel (Hrsg.), Informationelle Selbstbestimmung im digitalen Wandel, Wiesbaden 2017, S. 320; vgl. auch *Krönke*, Der Staat 55 (2016), 319 (324 f.).

905 Vgl. *Ladeur*, Neue Medien brauchen neues Medienrecht, in: Christoph Bieber et al. (Hrsg.), Soziale Netze in der digitalen Welt. Das Internet zwischen egalitärer Teilhabe und ökonomischer Macht, Frankfurt am Main/New York 2009, S. 31; *Radlanski*, Das Konzept der Einwilligung in der datenschutzrechtlichen Realität, Tübingen 2016, S. 25, 211; *Hermstrüwer*, Informationelle Selbstgefährdung, Tübingen 2016, S. 98 f.

906 *Broemel/Trute*, Berliner Debatte Initial 27 (2016), 50 (57); *Ladeur*, Neue Medien brauchen neues Medienrecht, in: Christoph Bieber et al. (Hrsg.), Soziale Netze in der digitalen Welt. Das Internet zwischen egalitärer Teilhabe und ökonomischer Macht, Frankfurt am Main/New York 2009, S. 31.

907 Vgl. etwa *Wischmeyer*, AöR 143 (2018), 1 (16).

908 Vgl. *Hagen*, APuZ 40-41/2018, 29 (31); *Broemel/Trute*, Berliner Debatte Initial 27 (2016), 50 (57).

909 *Hoffmann-Riem*, Rechtliche Rahmenbedingungen für und regulative Herausforderungen durch Big Data, in: ders. (Hrsg.), Big Data – Regulative Herausforderungen, Baden-Baden 2018, S. 20 f.

möglich.[910] Auch wird zu Recht in Frage gestellt, ob Datenschutzbestimmungen gelesen werden und überhaupt verstanden werden können.[911]

3. Wert des Privaten

Schließlich leidet die bewusste informationelle Selbstbestimmung unter dem verbreiteten Missverständnis, die Privatsphäre, die informationelle Selbstbestimmung, Datenschutz sei ein Selbstzweck.[912] Sie wird umrankt vom Mythos der sicherheitsstiftenden Überwachung, die dem Allgemeinwohl dient und den Rechtschaffenden schützt. Diesem Mythos liegt ein Verständnis des Datenschutzes als etwas Vergangenheitsorientiertes zu Grunde, als Bewahrer eines in der Vergangenheit liegenden Geheimnisses.[913] Jede Überwachung deute auf „die Gefahr der Entdeckung einer verbotenen oder sündigen Handlung, aus der eine Strafe folgt, die von der überwachenden Macht ausgeübt wird“[914].[915] Ausdruck dessen ist der viel geäußerte Satz: „Ich habe doch nichts zu verbergen!“ Nur delinquente Elemente benötigten den Schutz der Intransparenz, den Deckmantel der Ob-

---

910 Vgl. *Broemel/Trute*, Berliner Debatte Initial 27 (2016), 50 (57).

911 Kritisch z.B. *Mayer-Schönberger/Cukier*, Big Data. Die Revolution, die unser Leben verändern wird, 2. Aufl., München 2013, S. 193; *Veil*, NVwZ 2018, 686 (688); vgl. auch *Radlanski*, Das Konzept der Einwilligung in der datenschutzrechtlichen Realität, Tübingen 2016, S. 221; *Hermstrüwer*, Informationelle Selbstgefährdung, Tübingen 2016, S. 82 f.; *Martini*, Blackbox Algorithmus, Berlin 2019, S. 162 f.

912 Kritisch dazu *Bull*, Informationelle Selbstbestimmung – Vision oder Illusion?, Tübingen 2011, S. 48.

913 Selbst im juristischen Diskurs wird teilweise von Geheimnisschutz gesprochen, vgl. BVerfGE 27, 1 (7); *Schmitt Glaeser*, in: HbStR, Bd. VI, Heidelberg 1989, § 129, Rn. 5; *Hufen*, Staatsrecht II. Grundrechte, 7. Aufl., München 2018, § 11, Rn. 6; *Benda*, in: HbVR, § 6, Rn. 23 schreibt von „Vorgängen oder Eigenschaften“, die der Einzelne lieber für sich behalten möchte; Rn. 27; *Horn*, in: HbStR, Bd. VII, 3. Aufl., § 149, Rn. 46 f.; zur Abgrenzung der Begriffe „privat“ und „geheim“ s. *Rössler*, Der Wert des Privaten, Frankfurt am Main 2001, S. 17.

914 *Bächle*, Digitales Wissen, Daten und Überwachung zur Einführung, Hamburg 2016, S. 169. Dieses Verständnis scheint beispielsweise selbst der ehemalige us-amerikanische Botschafter in Berlin *John Kornblum* zu teilen, vgl. *Kornblum*, Mehr Mut, Europa!, in: Frank Schirrmacher (Hrsg.), Technologischer Totalitarismus. Eine Debatte, Frankfurt am Main 2015, S. 260.

915 Bereits im Begriff „Geheimnis“ schwingt die Konnotation mit, dass das geheim „gehaltene“ bekannt sein sollte und vorsätzlich verborgen wird, s. *Geuss*, Privatheit. Eine Genealogie, Frankfurt am Main 2013, S. 18 m.w.N.

skurität. Datenschutz sei Täterschutz.[916] Dieses Verständnis schafft Raum für eine Semantik der Sicherheit, in der Überwachung positiv attribuiert wird mit Motiven wie Schutz, Fürsorge, Geborgenheit und Abschreckung zur Verhinderung von Verbrechen.[917] Gewendet auf private Überwachung bedeutet dies, man habe nichts zu befürchten, selbst wenn Daten an Behörden weitergegeben würden und die Überwachung diene überdies nur dem persönlichen Komfort.

a) „Das geht Sie nichts an!“

Zu diesem Missverständnis ist bereits häufig festgestellt worden, dass es der sozialen Realität widerspricht: *„Niemand ist bereit, durch Unnötiges Offenlegen einer wirtschaftlichen Bedrängnis seinen Kredit zu gefährden. Jeder kann unschuldig verdächtigt oder beschuldigt werden.“*[918] Dabei kann es sein, dass sich der Schein nicht wieder berichtigen lässt, weil die Daten schon weitergegeben, verarbeitet oder verbreitet worden sind.[919] Selbst Daten, die für sich genommen keine kompromittierende Bedeutung erlangen können, können dies in Kombination mit anderen Daten und in anderen Kontexten.[920] Ist beispielsweise aus der Kombination unverfänglicher Daten in Verbindung mit Statistiken die politische Einstellung oder die sexuelle Orientierung ermittelbar, erlangen die Daten ein hohes diskriminatorisches Potenzial.[921]

---

916 Vgl. deskriptiv *Albrecht*, Die vergessene Freiheit. Strafrechtsprinzipien in der europäischen Sicherheitsdebatte, 3. Aufl., Berlin 2011, S. 52 f.; *Miller*, Der Einbruch in die Privatsphäre. Datenbanken und Dossiers, Neuwied u.a. 1973, S. 58.

917 *Bächle*, Digitales Wissen, Daten und Überwachung zur Einführung, Hamburg 2016, S. 169; vgl. auch *Bauman/Lyon*, Daten, Drohnen, Disziplin, 3. Aufl., Frankfurt am Main 2014, S. 126.

918 *Heußner*, Datenverarbeitung und Grundrechtsschutz, in: Hohmann (Hrsg.), Freiheitssicherung durch Datenschutz, S. 117.

919 *Heußner*, Datenverarbeitung und Grundrechtsschutz, in: Hohmann (Hrsg.), Freiheitssicherung durch Datenschutz, S. 117.

920 Vgl. *Sandfuchs*, Privatheit wider Willen, Tübingen 2015, S. 21 ff.

921 *Sandfuchs*, Privatheit wider Willen, Tübingen 2015, S. 22.

b) „Ich habe doch nichts zu wollen!“

Wie oben gesehen verhält es sich zudem so, dass die Privatsphäre ein notwendiges Mittel zur Sicherung der Möglichkeit ist, eine autonome Persönlichkeit zu entwickeln. Datenverarbeitung ermöglicht die Steuerung von Individuen (s. C.III.). Die Privatheit ermöglicht dem einzelnen Menschen, die vielen Prägungen, die auf seine Persönlichkeit wirken, zu reflektieren, sich ihrer bewusst zu werden und sich ihnen gegebenenfalls zu entziehen. Um nicht Objekt fremder Prägungen zu werden, sondern Subjekt der eigenen Persönlichkeitsentwicklung zu bleiben, hat darum jeder Mensch ständig etwas zu verbergen (s. B.II.).[922] Jede soziale Interaktion funktioniert damit aus einem Wechselspiel des Verbergens und Preisgebens. Einzig, was zu verbergen ist, unterscheidet sich von Interaktionspartner zu Interaktionspartner (s. B.II.). Die eingangs zitierte Aussage geht also doppelt fehl: Erstens müsste sie lauten „Ich habe doch nichts zu wollen!“, weil Privatsphäre kein Selbstzweck ist, sondern der selbstbestimmten Persönlichkeitsentwicklung dient,[923] und zweitens beruht jede soziale Interaktion darauf, zu verbergen. Datenschutz bedeutet also nicht das Verbergen eines in der Vergangenheit liegenden Übels, sondern die Möglichkeit, eine alternative Zukunft zu erleben.[924] Datenschutz ist damit zukunftsorientiert.

c) Betroffene Rechtsgüter: Demokratie

Ein weiteres Problem besteht in einem Missverständnis des Datenschutzes, dass durch dessen individualistische Prägung bedingt ist. Datenschutz wird gemeinhin als Schutz individueller Interessen verstanden (s. A.II.) und deren Bedeutung lässt sich durch den Einzelnen kaum nachvollziehen.[925] Die Entscheidung für oder gegen eine Einwilligung wird darum vor diesem Hintergrund getroffen. Datenschutz dient aber überdies dem Schutze der Demokratie (s. B.). Die Gefährdungen der demokratischen Gesellschaft werden nicht mit in die Entscheidung einbezogen.[926]

---

922 Vgl. auch *Morozov*, APuZ 11-12/2015, 3 (3).

923 *Morozov*, APuZ 11-12/2015, 3 (3).

924 *Morozov*, APuZ 11-12/2015, 3 (3); das übersieht auch *Bull*, Informationelle Selbstbestimmung – Vision oder Illusion?, 2. Aufl., Tübingen 2011, S. 43 ff.

925 *Mau*, Das metrische Wir. Über die Quantifizierung des Sozialen, 2. Aufl., Berlin 2017, S. 233.

926 In diese Richtung argumentiert auch *Winter*, Demokratietheoretische Implikationen des Rechts auf informationelle Selbstbestimmung, in: Michael Friede-

d) Abschreckung

Selbst die pauschale Attribution sichtbarer Überwachungstechniken wie der Videoüberwachung mit erhöhter Sicherheit durch Abschreckung ist fehlgeleitet. Zwar bedingt Überwachung Einschüchterungseffekte (s. B.III.). Diese sind jedoch nicht mit Abschreckung gleichzusetzen. Einschüchterungseffekte bewirken unbewusste und bewusste Verhaltensanpassungen bei ansonsten unwillkürlichem Verhalten. Abschreckungseffekte als Nichtvornahme einer bestimmten Handlung hingegen sind immer die Folge einer rationalen Abwägung.[927] Straftaten können also nur dann durch Abschreckung verhindert werden, wenn die Straftäterinnen ihre Handlungen rational abwägen und einem Kosten-Nutzen-Abgleich unterziehen. Affekttaten können durch Abschreckung somit nicht verhindert werden.[928] Sichtbare Überwachung bedeutet damit nur unter der Voraussetzung mehr Sicherheit, dass es sich bei der Mehrzahl der im Öffentlichen Raum begangenen Taten nicht um Affekttaten handelt.[929] Anderenfalls handelt es sich um bloße Simulation politischen Handelns zur Stärkung des Sicherheits*empfindens* in der Bevölkerung.[930] Negativ bewirkt die zugrunde liegende Semantik eine Stigmatisierung und Marginalisierung von vermeintlich gefährlichen sozialen Gruppen und Orten (z. B. U-Bahnen).[931]

e) Zielsetzung

Schließlich baut der ganze Mythos darauf auf, dass Überwachung stets hehre Zielsetzungen verfolgt und nur delinquente Elemente aussortiert werden. Die Bestimmung dessen, was unter diese Kategorie fällt, ist jedoch

---

wald/Jörn Lamla/Alexander Roßnagel (Hrsg.), Informationelle Selbstbestimmung im digitalen Wandel, Wiesbaden 2017, S. 40.

927 Vgl. *Bächle*, Digitales Wissen, Daten und Überwachung zur Einführung, Hamburg 2016, S. 170.

928 *Bächle*, Digitales Wissen, Daten und Überwachung zur Einführung, Hamburg 2016, S. 170.

929 *Bächle*, Digitales Wissen, Daten und Überwachung zur Einführung, Hamburg 2016, S. 170.

930 *Bäche*, Digitales Wissen, Daten und Überwachung zur Einführung, Hamburg 2016, S. 170.

931 *Bäche*, Digitales Wissen, Daten und Überwachung zur Einführung, Hamburg 2016, S. 170 f.

variabel. Auch setzt Missbrauch nicht zwingend Missgunst voraus.[932] Kurz: „Was wäre 1909 (Türkei), 1910 (Portugal), 1917 (Rußland), 1918 (Deutschland, Österreich-Ungarn), 1922 (Italien), 1925 (Portugal), 1931 (Zypern), 1933 (Deutschland), 1936 (Griechenland, Spanien), 1939 ff. (Europa, Nazifizierung), 1943/45 (Europa, Entnazifizierung), 1947 (Ostblockstaaten), 1950 (Türkei), 1956 (Ungarn), 1960 (Türkei), 1967 (Griechenland), 1968 (Tschechoslowakei), 1974 (Portugal, Griechenland), zusätzlich geschehen, wenn Bürger hinsichtlich ihres gesellschaftlichen Verhaltens so erfaßt gewesen wären, wie es [...] Informationssysteme [heute] ermöglichen.“[933] Diese Liste ist begrenzt auf Europa und bis 1976.

4. Folgerungen

Es zeigt sich somit, dass die Kernidee des Datenschutzrechts, der Schutz der informationellen Selbstbestimmung durch ein Recht auf informationelle Selbstbestimmung an der sozialen Realität scheitert. Unter den Bedingungen der Internetökonomie verkommt die freiwillige und informierte Einwilligung in die Datenerhebung und -verarbeitung zur bloßen Fiktion. Erstens stellt die gesamte Onlineumgebung des Nutzers einen konstanten Anreiz zur Datenpreisgabe dar, zumal jede Art der Internetnutzung Daten generiert. Ob der Bedeutung der Internetökonomie für die soziale Interaktion und der Koppelung der Datenerhebung und -verarbeitung an die Nutzungsmöglichkeit ist zweitens die Freiwilligkeit der Einwilligung eine bloße Fiktion. Drittens sind die für die Datenerhebung und -verarbeitung relevanten Interaktionen für den Menschen nicht nachvollziehbar, sodass die Informiertheit der Einwilligung nicht mehr gegeben sein kann. Die Informiertheit der Einwilligung leidet zudem unter der Praxis der Datenschutzerklärungen, die von den Nutzerinnen faktisch nicht gelesen werden und unter Missverständnissen, die die Bedeutung des Datenschutzes betreffen. Dieses Bild wird beispielsweise dadurch bestätigt, dass das

---

932 So sind etwa für Drohneneinsätze zuständige Soldaten vielfach von der auszuwertenden Datenmenge überfordert und entscheiden unter dieser Voraussetzung über den Abschuss von Zielen, s. *Bauman/Lyon*, Daten, Drohnen, Disziplin, 3. Aufl., Frankfurt am Main 2014, S. 111.

933 *Podlech*, Gesellschaftstheoretische Grundlagen, S. 322; vgl. auch *Vismann*, Akten. Medientechnik und Recht, 2. Aufl., Frankfurt am Main 2001, S. 303 f.

Datenschutzrecht auf Skandalisierungen angewiesen ist, um die Aufmerksamkeit der Betroffenen auf den Datenschutz zu lenken.[934]

II. Inputorientierung

Eine weitere Bruchstelle illustriert die Inputorientierung des Datenschutzrechts. Daten lassen sich wie oben gesehen kategorisieren in Daten, die erhoben, abgeleitet und erschlossen werden. Die abgeleiteten und erschlossenen Daten ergeben sich erst infolge einer Analyse der erhobenen Daten und in Korrelation mit dem vorhandenen Datenbestand, seien dies anonymisierte oder personenbezogene Daten. Werden die Daten mithilfe von *Big Data*-Technologie erschlossen, lassen sich die Ergebnisse nicht vorhersehen. Das Datenschutzrecht setzt regelungssystematisch vor allem bei der ersten Kategorie an, gerade weil sich die zweite und dritte Datenkategorie faktisch kaum an eine Entscheidung des Einzelnen rückkoppeln lassen.[935] Gerade das Zurückhalten einzelner Daten kann jedoch bei der Erkenntnisgewinnung aus Korrelationen zu diskriminatorischen Wirkungen führen.[936]

III. Personenbezug

Zudem ist das individualistische Datenschutzrecht geknüpft an das personenbezogene Datum. Die Schutzgüter des Datenschutzrechts sind *individualrechtlicher* Natur und somit unterliegt nur die Erhebung und Verarbeitung *personenbezogener* Daten den datenschutzrechtlichen Grundsätzen

---

934 Vgl. schon *Ladeur*, Neue Medien brauchen neues Medienrecht, in: Christoph Bieber et al. (Hrsg.), Soziale Netze in der digitalen Welt. Das Internet zwischen egalitärer Teilhabe und ökonomischer Macht, Frankfurt am Main/New York 2009, S. 31; vgl. auch *Morozov*, APuZ 11-12/2015, 3 (3).

935 *Broemel/Trute*, Berliner Debatte Initial 27 (2016), 50 (52); *Ulbricht/Weber*, Adieu Einwilligung? Neue Herausforderungen für die informationelle Selbstbestimmung im Angesicht von Big-Data-Technologien, in: Michael Friedewald/Jörn Lamla/Alexander Roßnagel (Hrsg.), Informationelle Selbstbestimmung im digitalen Wandel, Wiesbaden 2017, S. 274.

936 *Dwork/Mulligan*, 66 Stan. L. Rev. (2013), 35 (37); *Broemel/Trute*, Berliner Debatte Initial, 50 (52); vgl. auch *Dreyer*, Predictive Analytics aus der Perspektive von Menschenwürde und Autonomie, in: Wolfgang Hoffmann-Riem (Hrsg.), Big Data – Regulative Herausforderungen, Baden-Baden 2018, S. 138.

und Wirkmechanismen.[937] Ausgespart ist damit jede Verarbeitung, die mit anonymen Daten auskommt, i.e. *Big (Anonymous) Data*. Die oben aufgezeigten Gefährdungspotenziale, die sich mit der Verarbeitung ausschließlich anonymer Daten ergeben, sind somit mit Ausnahme des Identifizierungsrisikos vom geltenden Datenschutzrecht bislang nicht adressiert. Allerdings sind es datenschutzrelevante Problemstellungen. So wurde oben festgestellt, dass in *Big (Anonymous) Data* zunächst ein latentes Identifizierungsrisiko liegt, das die vom Datenschutzrecht adressierten Gefährdungen für das Individuum und die Gesellschaft aktualisiert (C.IV.1.). Wird eine Person im Verlaufe der Datenverarbeitung identifiziert oder identifizierbar gemacht, greifen die Mechanismen des Datenschutzrechts (s. etwa Art. 2 Abs. 1 DSGVO). Allerdings ist die anonyme Klassifikation einer Person als zugehörig zu einer Gruppe oder einem Typ bereits hinreichend, um eine graduelle Steuerungsmöglichkeit zu eröffnen (C.IV.2.). Schließlich besorgen die Algorithmen der Internetintermediäre eine Neuorganisation der gesellschaftlichen Wissensproduktion und -organisation, die strukturell auf das Denken der Individuen und die demokratische Gesellschaft wirkt (C.IV.3.). Diesen Gefährdungen begegnet das geltende Datenschutzrecht nicht und geht damit an den zentralen Entwicklungen der datenverarbeitenden Internetökonomie vorbei.[938]

IV. Folgerungen

Das geltende, individualistisch geprägte Datenschutzrecht bricht also mit der Realität. Die Internetökonomie ist geprägt von einer enormen Machtasymmetrie zugunsten der Anbieter und zulasten der Nutzerinnen. Auf der anderen Seite bedeutet die individualistische Prägung des Datenschutzrechts, dass die Rechtsdurchsetzung von der Initiative des Betroffenen abhängig ist.[939]

Die Nutzungsumgebung Internet ist geprägt von Anreizen zur Entscheidungsbeeinflussung, Missverständnissen über den Sinn und Zweck des Datenschutzes und einer Veränderung der Interaktionsbedingungen, unter

---

937 Vgl. *Boehme-Neßler*, DuD 2016, 419 (419).

938 Vgl. auch *Hoffmann-Riem*, Rechtliche Rahmenbedingungen für und regulative Herausforderungen durch Big Data, in: ders. (Hrsg.), Big Data – Regulative Herausforderungen, Baden-Baden 2018, S. 30, 41, 46 *et passim*; *Broemel/Trute*, Berliner Debatte Initial 27 (2016), 50 (53); *Martini*, Blackbox Algorithmus, Berlin 2019, S. 159 f.; kritisch auch *Dwork/Mulligan*, 66 Stan. L. Rev. (2013), 35 (36).

939 Vgl. *Spiecker gen. Döhmann*, KritV 2014, 28 (41).

denen die Einzelne Bedeutung und Tragweite ihrer Entscheidung bezüglich der Datenpreisgabe und -verarbeitung nicht einschätzen kann. Das Rechtsinstitut der informierten und freiwilligen Einwilligung in die Datenerhebung und -verarbeitung verkommt unter diesen Bedingungen zur bloßen Fiktion.

Gleichzeitig ist die Regelungswirkung des Datenschutzrechts von vornherein (zu großen Teilen) beschränkt auf die Kontrolle des *Inputs* an *personenbezogenen* Daten, sodass erschlossene und abgeleitete sowie anonyme Daten von vornherein aus dem Regelungsbereich fallen, obwohl in ihrer Verarbeitung ein immenses Gefahrenpotenzial liegt, das zunehmend steigt.

E. Schlußfolgerung

> „[…] *und das ist im Kern die Bedeutung des Begriffs ‚Individualisierung', der heute für einen Prozeß steht, in dem die Zunahme von Abhängigkeit als Zunahme von Autonomie etikettiert wird* […]."
> *(Zygmunt Bauman)*[940]

Zuletzt soll der Versuch unternommen werden, die Analyseergebnisse für das Datenschutzrecht fruchtbar zu machen. Zunächst werden dafür die Ergebnisse kurz zusammengefasst, um dann daraus die Grundstrukturen einer Neukonzeption zu erarbeiten. Letztlich geht es darum, die Prämissen, unter denen Datenschutzrecht gedacht wird, zu überdenken.

I. Zusammenfassung der Ergebnisse

Im Ergebnis zeigt sich, dass sich die eingangs formulierte These bestätigen lässt. So wurde in Kapitel B zunächst gezeigt, dass Datenschutz in der Tat Demokratieschutz bedeutet. Die dort (B.I.) identifizierten, designierten Schutzgüter des Datenschutzrechts, namentlich die freie Entwicklung und Entfaltung der Persönlichkeit, die Privatheit und die informationelle Selbstbestimmung des Individuums (Art. 16 Abs. 1 AEUV, Art. 7, 8 GRC, Art. 2 Abs. 1 i.V.m. 1 Abs. 1 GG), stehen in einem Bedingungszusammenhang mit der Demokratie. Ihre Garantie ermöglicht die Entwicklung des Menschen hin zu einem autonomen Subjekt, dass in der Lage ist, eigene und von dominanten Auffassungen abweichende Meinungen zu entwickeln und in die demokratische Entscheidungsfindung einzubringen (B.II.). Überdies dient Datenschutz der Vermeidung von Einschüchterungseffekten, die die aktive Mitgestaltung des demokratischen Gemeinwesens durch die Einzelnen vermittels demokratischer Partizipationsrechte potenziell erschweren oder unmöglich machen, überdies einen zusätzlichen Konformitätsdruck auf das Individuum ausüben und schließlich ihrerseits auf die Persönlichkeitsentwicklung des Einzelnen einwirken (B.III.). Ein Rekurs auf eines der Primärziele des ersten HDSG erinnert da-

---

940 *Bauman/Lyon*, Daten, Drohnen, Disziplin, 3. Aufl., Frankfurt am Main 2014, S. 140 f.

ran, dass Datenschutz auch die Verhinderung von Wissensasymmetrien bedeutet (B.IV.). Datenschutz ist darum eine elementare Funktionsbedingung der Demokratie und die Demokratie ist ein implizites Schutzgut des Datenschutzrechts.

Im folgenden Kapitel C konnte gezeigt werden, dass die Geschäftsmodelle der datenbasierten Internetökonomie sowie die Potenziale der Datenverarbeitungstechnologie den Druck auf das demokratische Gemeinwesen erheblich erhöhen. Erstens wirkt sich die Personalisierung des Internetangebots auf die menschliche Persönlichkeit aus (C.II.). Die monoperspektivischen Einflüsse des personalisierten Angebots der Internetintermediäre reduzieren das Spektrum möglicher Persönlichkeitsentwicklungen. Insbesondere die Ausbildung von Autonomie wird auf diese Weise erheblich erschwert oder sogar unmöglich. Entsprechendes gilt für weitere für die Demokratie wichtige Eigenschaften, wie die Fähigkeit zu kritischem Denken, Kreativität und Kompromissfähigkeit. Überdies wird neben dem individuellen der öffentliche Meinungs- und Willensbildungsprozess korrumpiert. Zweitens erlaubt die die Personalisierung ermöglichende Technologie auch die Steuerung des Individuums entlang anderer Persönlichkeitsentwicklungslinien (C.III.). Auf diese Weise ist die Beeinflussung von Entscheidungen und Präferenzen bis hin zur politischen Willensbildung möglich. Die Nutzungsarchitektur und die Nutzungsoberfläche setzen zudem einen permanenten Anreiz zur Datenpreisgabe und formen die Normalitätsvorstellungen hinsichtlich der Datenverarbeitung im Internet und ihrer Notwendigkeit für die Nutzung von Internetdiensten. Drittens birgt die nunmehr alltägliche Verarbeitung unüberschaubarer Mengen anonymer Daten weitere spezielle Gefahren für die Demokratie (C.IV.). Für das Individuum besteht zunächst das Risiko der (Re)Identifizierung. Ist das Individuum einmal identifiziert, schließen sich die über das Individuum vermittelten Gefahren für die Demokratie an. Darüber hinaus erlaubt die Verarbeitung anonymer Daten die Klassifikation anonymer Nutzerinnen in Gruppen und eine Beeinflussung der Gruppen entlang ihren oder anderen Interessen. Zuletzt bedeutet *Big (Anonymous) Data* eine Umstrukturierung der gesellschaftlichen Wissensproduktion und -organisation, die sich auf die kognitiven Prozesse der Individuen und den kulturellen Denkprozess auswirkt. Unabhängig von jedweder Zielsetzung prägen die Internetintermediäre als Bindeglied zwischen den Individuen und dem Wissen der Gesellschaft *was* gedacht wird und die Art und Weise *wie* es gedacht wird. Die Verschiebung der Suche nach Kausalitäten hin zu Korrelationen verbindet dies im Übrigen mit einem diskriminatorischen Potential.

In Kapitel D wurden schließlich die Folgen des Auseinandergehens des grundsätzlich individualistischen und inputorientierten Regelungsansatzes des Datenschutzrechts einerseits und der zunehmend kollektivistischen Gefahren der Datenverarbeitung andererseits beleuchtet. Die Abhängigkeit der datenschutzrechtlichen Wirkmechanismen von der Entscheidung des Individuums verbunden mit der Designation rein individueller Schutzgüter führen zu Missverständnissen über die Wichtigkeit des Datenschutzes, die sich dann in Phänomenen wie dem „privacy paradox“ oder dem Trugschluss, „nichts zu verbergen zu haben“, äußern. Zugleich bestehen die Entscheidung des Individuums beeinflussende manifeste Außenursachen wie soziale Zwänge und eine zur Datenpreisgabe anregende Nutzungsumgebung, die die Wirksamkeit des Verbots mit Erlaubnisvorbehalt unterminieren. Außerdem scheitert die Informiertheit der Entscheidung des Individuums an der Unüberschaubarkeit der Interaktions- und Entscheidungsbedingungen im Internet. Überdies wirkt sich die individualistische Prägung des Datenschutzrechts auch dahingehend aus, dass das Datenschutzrecht notwendig inputorientiert ist und erschlossene und abgeleitete Daten nur teilweise in seine Kontrollmechanismen inkluieren kann. Irrelevant ist das Datenschutzrecht schließlich für die Verarbeitung nicht personenbezogener Daten, die aber mit der *Big Data*-Technologie stetig an Bedeutung gewinnt. Die aktuelle Regulation der Datenverarbeitung geht damit an einem Gros der tatsächlich bestehenden Gefahren vorbei.

II. Vorschlag

Eine Lösung dieses Problems könnte in der Erweiterung der individuellen Schutzrichtung des Datenschutzrechts um eine kollektive Dimension liegen. Gemeint ist damit nicht der im EU-Recht propagierte Dualismus von individuellem Recht auf den Schutz personenbezogener Daten und dem Schutz des freien Verkehrs personenbezogener Daten (vgl. Art. 1 Abs. 1 DSGVO). Neben die individuelle Schutzrichtung des Datenschutzrechts müsste vielmehr die Demokratie als weiteres und den individuellen Interessen gleichgestelltes Schutzgut des Datenschutzrechts treten. Für die weitere Explikation dieses Vorschlags müssen zunächst zwei Differenzierungen erfolgen.

1. Abgrenzung vom Paternalismus

Abzugrenzen ist dieser Vorschlag zunächst von paternalistischen Vorstößen. So ist etwa ein sog. „libertärer Paternalismus" vorgeschlagen worden, um die Autonomie des Einzelnen durch die Verhinderung informationeller Preisgabe zu schützen.[941] Kernidee paternalistischer Regelungen ist es, das Individuum **zu seinem eigenen Besten vor sich selbst** zu schützen.[942] Eine solche Regelung ist mit dem deutschen Grundgesetz und der Europäischen Grundrechtecharta, die vom freien und autonomen Subjekt als Staatszweck ausgehen, nicht vereinbar.[943] Die grundlegende Selbstbestimmung des Menschen, die der Würde des Menschen immanent ist, garantiert auch die freie Disposition der Einzelnen über ihre Individualrechtsgüter und Grundrechte und damit auch die prinzipielle Legalität der Selbstgefährdung.[944] Die Grenze bildet erst die Würde des Menschen selbst. Diese ist, verstanden als die Subjektstellung des Menschen, nicht disponibel.[945] Eine staatliche Regelung, die die Einzelne zum Datenschutz als Schutz ihrer selbst zwingt, wäre somit erst dann rechtfertigungsfähig, wenn die Fremdbestimmung einen solchen Grad erreicht hätte, dass die Subjektqualität des Menschen gänzlich aufgehoben würde und dadurch der sich aus der Würde des Menschen ergebende Achtungsanspruch in Rede stünde. Davon kann derzeit noch nicht ausgegangen werden. Nichtsdestotrotz nimmt der Druck auf die Autonomie des Einzelnen unverkennbar zu und die menschliche Persönlichkeit ist einer Steuerung in immer mehr Aspekten zugänglich (s.o.). Insbesondere ist die Entscheidung zur Datenpreisgabe keine freiwillige Entscheidung (s.o.), weswegen es, sogar unter dem geltenden individualistischen Paradigma, gerechtfertigt er-

---

941 Vgl. *Sandfuchs*, Privatheit wider Willen?, Tübingen 2015, S. 209 ff.; *Krönke*, Der Staat 55 (2016), 319.

942 Vgl. *Gerg*, Nudging, Tübingen 2019, S. 135; *Krönke*, Der Staat 55 (2016), 319 (323).

943 Vgl. Stern/*Enders*, Art. 1 Rn. 61 ff.; *Gerg*, Nudging, Tübingen 2019, S. 136 f. Dies wurde am Maßstab der Grundrechte auch bereits geprüft, s. *Sandfuchs*, Privatheit wider Willen, Tübingen 2015, insbes. S. 156 ff.

944 Stern/*Enders*, Art. 1 Rn. 62; *Sandfuchs*, Privatheit wider Willen?, Tübingen 2015, S. 167; vgl. außerdem *Horn*, in: HbStR, Bd. VII, 3. Aufl., § 149, Rn. 9: „prinzipiell unbegrenzten Freiheit des selbstzweckhaften Individuums".

945 Menschenwürde bedeutet Selbstbestimmung. Dass ein wirksamer Verzicht auf die Selbstbestimmung unmöglich ist, geben selbst diejenigen zu, die eine selbstbestimmte Beeinträchtigung der Würde grundsätzlich für möglich halten, s. etwa StudK-*Windhorst*, Art. 1 Rn. 64; Stern/*Enders*, Art. 1, Rn. 60; *Sandfuchs*, Privatheit wider Willen?, Tübingen 2015, S. 128 ff., insbes. S. 130, dann aber S. 131 ff.

scheint, Maßnahmen zur Unterstützung einer selbstbestimmten Entscheidung zu ergreifen.[946]

Der hiesige Vorschlag unterscheidet sich in seinem Zweck und in der adressierten Gefahr vom Paternalismus. Es wird vorgeschlagen, die Demokratie als weiteren Schutzzweck in den Blick zu nehmen. Während der Paternalismus also ausschließlich den Schutz des Einzelnen bezweckt, soll hier die Demokratie als Schutzgut neben die Autonomie gestellt werden. Damit besteht ein Rechtsgut der Allgemeinheit dessen Schutz nicht paternalistisch ist.

Zudem dient der hiesige Vorschlag nicht dem Schutz des Individuums *vor sich selbst*. So steht es außer Frage, dass die Autonomie des Individuums schutzbedürftig ist und eine staatliche Schutzpflicht ihr gegenüber, aber auch gegenüber den sonstigen hier identifizierten individuellen Rechtsgütern (Allgemeines Persönlichkeitsrecht, Art. 2 Abs. 1 i.V.m. 1 Abs. 1 GG, informationelle Selbstbestimmung, Art. 16 Abs. 1 AEUV, Art. 8 GRC) besteht.[947] Die deutschen und europäischen Grundrechte verbieten nun, den Einzelnen vor sich selbst zu schützen, also eine Datenpreisgabe zu unterbinden, die auf einer autonomen, also freien und informierten Entscheidung beruht. Andererseits verpflichten sie die hoheitlichen Organe dazu, die Voraussetzungen für die tatsächliche Möglichkeit der Grundrechtsausübung zu schaffen,[948] also die tatsächliche Möglichkeit einer freien und informierten Entscheidung zu garantieren. Wie oben gezeigt wurde, ist die Datenpreisgabe in der Internetökonomie gerade nicht Produkt einer freien und informierten, also autonomen Entscheidung (s. D.I.). Es bestehen vielmehr manifeste Außenursachen, die eine autonome Entscheidung des Individuums unterminieren. Eine solche Entscheidung des Individuums würde also durch den hiesigen Vorschlag auch nicht übergangen und der Einzelne dementsprechend nicht vor sich selbst geschützt werden. Die bloße gesetzliche Garantie der freien und informierten Entscheidung

---

946 Vgl. zu solchen Regelungen *Martini*, Blackbox Algorithmus, Berlin 2019, S. 163 ff.; *Sandfuchs*, Privatheit wider Willen?, Tübingen 2015, S. 131 ff.

947 Siehe nur Streinz/*Streinz/Michl*, GRC Art. 51, Rn. 30; Stern/*Horn*, Art. 2 Rn. 79; allg. Stern/*Stern*, Einl. Rn. 84; s. auch *Hoffmann-Riem*, Der Staat 42 (2003), 193 (219 f.); vgl. auch *Hoffmann-Riem*, Rechtliche Rahmenbedingungen für und regulative Herausforderungen durch Big Data, in: ders. (Hrsg.), Big Data – Regulative Herausforderungen, Baden-Baden 2018, S. 28; *Hoffmann-Riem*, JZ 2014, 53 (61).

948 Vgl. *Hoffmann-Riem*, Der Staat 42 (2003), 193 (205 f.); siehe auch *Böckenförde*, Recht, Staat, Freiheit, Frankfurt am Main 1991, S. 60: „Das Recht und die Rechtsordnung gewährleisten nur die Bedingung ihrer Möglichkeit."

(vgl. Art. 6, 7 DSGVO) sagt über die tatsächliche Möglichkeit der Entscheidung nichts aus.[949]

Schließlich adressiert der hiesige Vorschlag neben den Gefahren, die der Demokratie vermittelt durch die Korruption der Individualautonomie drohen, auch noch weitere Gefahren, die nur das Kollektiv betreffen und somit unvermittelt auf die Demokratie wirken.

2. Abgrenzung gegenüber unkonkreten Gemeinwohlinteressen

Mit diesem Vorschlag soll das Datenschutzrecht darüber hinaus nicht für irgendwie geartete, diffuse Gemeinwohlinteressen geöffnet werden, mit denen die Individualinteressen dann abzuwägen wären, oder, denen die Individualinteressen gar unterstellt werden sollten. „Der Staat ist um des Menschen Willen da, nicht der Mensch um des Staates Willen" (Art. 1 Abs. 1 HCHE).[950] Er ist das „Instrument der Bürgerfreiheit"[951] und sein Zweck, ja seine Existenzberechtigung liegt darin, die Autonomie der Individuen zu sichern.[952] Mit dem hiesigen Vorschlag soll die Demokratie als ein Gemeinwohlinteresse vielmehr als gleichrangiges Schutzgut neben die Individualinteressen gestellt werden, wobei das Datenschutzrecht diesen gleichwohl nichtsdestoweniger verpflichtet bleibt. Wie oben gesehen führt überdies der Weg zur Sicherung der Demokratie über die Autonomie des Einzelnen. Die Demokratie ist angewiesen auf die Autonomie der Individuen. Zwischen der Demokratie und der Würde und den Grundrechten des Einzelnen besteht ein reziproker Bedingungszusammenhang.[953] Diffuse Gemeinwohlinteressen bedeuten hingegen die Abschaffung der Demo-

---

949 Vor diesem Hintergrund lässt sich auch nicht nachvollziehen, warum vielfach ins Feld geführt wird, die Privatautonomie der Individuen, die diese in Form informationeller Preisgabe ausübten, gefährde deren Selbstbestimmung, vgl. etwa *Sandfuchs*, Privatheit wider Willen?, Tübingen 2015, S. 168. Die Entscheidung für die informationelle Preisgabe findet nicht frei und informiert statt und ist damit keine Ausübung der Privatautonomie mehr, sondern Ergebnis eines Zwangs.

950 Bericht über den Verfassungskonvent auf Herrenchiemsee vom 10. bis 23. August 1948, München 1948, S. 61.

951 *Isensee*, in: HbStR, Bd. II, 3. Aufl., § 15, Rn. 173.

952 Vgl. *Isensee*, in: HbStR, Bd. II, 3. Aufl., § 15, Rn. 173 f.

953 *Häberle*, in: HbStR, Bd. II., 3. Aufl., § 22, Rn. 61 ff.; *Abendroth*, Über den Zusammenhang von Grundrechtssystem und Demokratie, in: Joachim Perels (Hrsg.), Grundrechte als Fundament der Demokratie, Frankfurt am Main 1979, S. 249 ff.; vgl. auch *Gusy*, KritV 2015, 430 (452).

kratie.[954] Ein Datenschutzrecht, welches die Demokratie als Schutzgut in den Blick nimmt, muss somit die Autonomie der Einzelnen sichern, d.h. die Bedingungen herstellen, unter denen das Individuum sein Informationsregime kontrollieren kann. Durch die Demokratie als weiteres Schutzgut erfährt diese Schutzrichtung insofern nur eine Aufwertung. Nicht möglich ist vor dem Hintergrund des Schutzes der Demokratie allerdings, das Individuum sich selbst zu überlassen, unter Berufung auf eine vermeintliche (Privat-)Autonomie in Form eines Rechts auf informationelle Selbstbestimmung und dessen Fortschreibung im einfachen Recht, das eben nur das *Recht* beschreibt, aber nicht die *tatsächliche Möglichkeit* der Selbstbestimmung, die der Mensch unter den veränderten Interaktions- und Entscheidungsbedingungen im Internet natürlicherweise nicht zu leisten imstande ist.

Die In-den-Blick-Name der Demokratie als Schutzgut erlaubt darüber hinaus die Regulierung von Phänomenen, die nicht die Interessen Einzelner betreffen, sondern die Gesellschaft als Ganzes. Insgesamt ist der hier vorgeschlagene Schutz der Demokratie demnach als bloßes Plus aber nicht als Minus zum Individualrechtsschutz zu verstehen.

3. Grundriss einer Neukonzeption

Das Kernproblem des Datenschutzrechts ist nach alledem in dem scherenartigen Auseinandergehen vom individualistischen Regelungsansatz des Datenschutzrechts und den zunehmend das Kollektiv betreffenden tatsächlichen Gefahren der Datenverarbeitung zu verorten. So steht das geltende Datenschutzrecht vor einem Dilemma: Auf der einen Seite ist die kapitalistische Wirtschaftsordnung auf Innovation sowie Wachstum angewiesen und beides verspricht derzeit vor allem die Internetökonomie, deren Arbeitsweise immer datenintensiver wird, und sie steht damit nicht allein für sich, sondern für einen gesellschaftlichen Wandel, der sich in allen Bereichen bemerkbar macht. Unlängst wird darum ein Ende der Ära der Privatsphäre („*post privacy*") proklamiert.[955] Auf der anderen Seite ist Datenschutz unabdingbar zur Wahrung der Autonomie des Individuums. Eine

---

954 Vgl. *Grawert*, in: HbStR, Bd. I, 3. Aufl., § 6, Rn. 55.

955 Natürlich hauptsächlich von Seiten großer Internetunternehmer, bezeichnend dafür sind etwa die Worte *Mark Zuckerbergs* (2010): „The age of privacy is over!" (s. *Kirkpatrick*, New York Times v. 10.1.2010; URL: https://archive.nytimes.com/www.nytimes.com/external/readwriteweb/2010/01/10/10readwriteweb-facebook

radikale Lobby hat darum auch die andere Seite. Das geltende Datenschutzrecht droht in dieser Begegnung zerrieben zu werden, denn mit der Autonomie des Einzelnen „lebt [es] von Voraussetzungen, die e[s] selbst nicht garantieren kann“[956]: Ein von der Autonomie des Individuums ausgehendes und in seiner Wirksamkeit zugleich von ihr abhängiges Datenschutzrecht scheitert an den die Autonomie unterminierenden Rahmenbedingungen der Entscheidung im Kontext der Internetökonomie (soziale Zwänge, Veränderung der Interaktionsbedingungen, Missverständnisse über den Wert des Privaten, praktische Unmöglichkeit der informierten Entscheidung etc.) und geht an den über die Individualsphäre hinausgehenden Gefahren der Datenverarbeitung (Mikrotargeting, Kollektivbeeinflussung, Steuerung durch Nutzungsumgebung etc.) vorbei.

Eine Neukonzeption des Datenschutzrechts müsste darum zunächst einen Schutzzweck in den Blick nehmen, der über die Individualsphäre hinausgeht und die entsprechenden Gefahren der Datenverarbeitung adressiert: die Demokratie. Die Autonomie der Einzelnen büßt dadurch keinerlei Schutzwertigkeit ein, sondern würde im Gegenteil durch eine zusätzliche kollektive Dimension doppelt im Schutzbereich liegen.

Sodann müsste der zu erreichende Zustand näher konkretisiert werden. Das bedeutet in individueller Hinsicht eine Abkehr vom Schutz der informationellen Selbstbestimmung als einem *Recht*, hin zur informationellen Selbstbestimmung als einem *Zustand*. Angesprochen ist damit der „Freiheitsvoraussetzungsschutz“ als Aufgabe des Rechts.[957] Herbeizuführen sind demnach die Bedingungen, unter denen eine informationelle Selbstbestimmung als Definition des Grenzverlaufs des privaten Bereichs tatsächlich stattfinden kann. Dies ist wie oben gesehen nur in der zwischenmenschlichen Kommunikation der Fall und unter Ausschluss sozial-manifester Außenursachen. Das geltende Datenschutzrecht macht im Grund-

---

s-zuckerberg-says-the-age-of-privac-82963.html), siehe aber auch den Beitrag des *Google-CEOs Eric Schmidt* in der FAZ, abgedr. als *Schmidt*, Die Chancen des Wachstums, in: Schirrmacher (Hrsg.), Technologischer Totalitarismus. Eine Debatte, Frankfurt am Main 2015, S. 130; vgl. aus wissenschaftlicher Perspektive statt vieler *Hoffmann-Riem*, Innovation und Recht – Recht und Innovation. Recht im Ensemble seiner Kontexte, Tübingen 2016, S. 634 ff.; *Hoffmann-Riem*, JZ 2014, 53 (54).

956 Angelehnt an *Böckenförde*, Recht, Staat, Freiheit, Frankfurt am Main 1991, S. 112.

957 Vgl. *Hoffmann-Riem*, Der Staat 42 (2003), 193 (223): „Freiheitsvoraussetzungsschutz ist eine alte Aufgabe des Staates und seines Rechts, die stets auf neue Weise umzusetzen ist.“

satz zwei Arten der Datenverarbeitung von der Entscheidung des Einzelnen abhängig. *Einerseits* bezieht sich die Entscheidung auf die Preisgabe gegenüber anderen Menschen, beispielsweise in sozialen Netzwerken (sozialer Datenschutz). Die Folgen dieser sozialen Preisgabe abzuschätzen, ist jeder Mensch im Grunde in der Lage. Die Umgebung Internet verlangt hier eine gewisse Anpassung, die aber zu leisten ist. Allenfalls ist staatliche Information gefragt. *Andererseits* geht es jedoch darum, und hier liegt das eigentliche Problem, den Zugang der Algorithmen der Internetökonomie zu Daten und vor allem Metadaten zu kontrollieren (institutioneller Datenschutz).[958] Zumal es hier nicht mehr um zwischenmenschliche Interaktion geht, kann der einzelne Mensch die Folgen dieser Preisgabe nicht abschätzen. Hier muss die Lösung also abseits der informationellen Selbstbestimmung liegen.[959] Die Preisgabe gegenüber anderen Menschen und gegenüber algorithmischen Systemen erfolgt allerdings in einem Akt. Zudem kann die Lösung nicht darin liegen, sich der technologischen Entwicklung etwa in Form eines Totalverbots der Datenerhebung völlig zu verschließen. Auch der Ausschluß bestimmter Daten aus der Datenverarbeitung ist aufgrund der immer weiter gehenden Analysemöglichkeiten der Datenverarbeitungstechnologien und der schwindenden Bedeutung sogar der Unterscheidung von personenbezogenen und nicht personenbezogenen Daten nicht hilfreich. Die Lösung muss hier darum abseits der Inputregulation in der Regulierung des Umgangs mit den erhobenen Daten liegen.[960] Es geht letztlich also darum, welche Aussagen auf der Grundlage der erhobenen Daten getroffen werden dürfen und wie mit den Ergebnissen umzugehen ist. Das ist eine die gesamte Gesellschaft betreffende ethische Frage.[961]

---

958 Zur Unterscheidung von sozialem und institutionellem Datenschutz s. *Raynes-Goldie*, 15 First Monday (2010) (URL: https://doi.org/10.5210/fm.v15i1.2775).

959 Das deutet auch *Rössler*, Der Wert des Privaten, Frankfurt am Main 2001, S. 214 an, wenn sie sagt, „[die] Problematik der neueren Technologien [...] übersteigt im Übrigen natürlich die Idee und den Bereich der *individuellen* Informationskontrolle hin zu Formen der *demokratisch delegierten, staatlichen* Kontrolle, auf die sich Personen hinsichtlich des Schutzes ihrer informationellen Privatheit verlassen (können müssen)." Auch *Hornung*, Erosion traditioneller Prinzipien des Datenschutzrechts durch Big Data, in: Wolfgang Hoffmann-Riem (Hrsg.), Big Data – Regulative Herausforderungen, Baden-Baden 2018, S. 92 stellt fest, dass der „atomistische Ansatz" des DSR blind ist für die sozialen Machtfragen. Es brauche „kollektivierende Governance-Instrumente" (S. 95).

960 Vgl. auch *Broemel/Trute*, Berliner Debatte Initial 27 (2016), 50 (62).

961 In eine ähnliche Richtung denkt *Morozov*, APuZ 11-12/2015, 3 (7).

In kollektiver Hinsicht ist der zu erhaltende Zustand die Demokratie. Die Probleme liegen hier, wie aufgezeigt wurde, in der Wahrung der Autonomie des Einzelnen im Angesicht der Internetökonomie und in der Verarbeitung nicht-personenbezogener Daten. Auch hier stellt sich also, das Totalverbot ausgeblendet, das Kernproblem im Umgang mit den erhobenen Daten. Über die bereits identifizierte ethische Frage hinaus stellt sich für das Kollektiv allerdings die Herausforderung der Wissensorganisation.[962] In Frage steht, wie das Wissen der Welt zukünftig produziert wird, wer es verwaltet und wer auf welche Weise Zugang dazu hat. Damit steht nicht weniger in Rede als die Kontrolle darüber, wie Dinge in Zukunft gedacht werden. Hier manifestiert sich somit letztlich eine Machtfrage, die im Sinne der Demokratie nur mit Vielfalt beantwortet werden kann.[963]

III. Resümee

Die individualistische Prägung des Datenschutzrechts verschleiert den Blick auf das sich in der Internetökonomie in Wahrheit manifestierende strukturelle Problem einer immer datenintensiver werdenden Wirtschaft, die das Individuum und die Gesellschaft zunehmend steuert, zugleich aber Wirtschaftswachstum und Wohlstand verspricht.[964] Dieses Dilemma ist nicht in der einen oder anderen Extreme auflösbar, sondern erfordert einen Weg, der weder die wirtschaftliche Weiterentwicklung unmöglich macht, noch die demokratische Gesellschaftsform und die Autonomie der Einzelnen aufgibt.

Das Recht ist nicht statisch. Es ist ständig zur Anpassung an neue gesellschaftliche Entwicklungen genötigt.[965] „Den Schutz des Rechts benötigen in erster Linie Machtschwache."[966] So ist das moderne deutsche Arbeits-

---

962 Weitsichtig stellte *Simitis*, 135 U. Pa. L. Rev. (1987), 707 (725) bereits vor 30 Jahren fest, der Datenschutz stelle die Frage nach der Gesellschaftsorganisation.

963 Es wird bereits gefordert, die mächtigsten Internetkonzerne in unabhängige kleinere Unternehmen aufzuspalten, s. etwa *Hagen*, APuZ 40-41/2018, 29 (34). Das wäre ein erster Schritt in Richtung Vielfalt.

964 In eine ähnliche Richtung denkt *Morozov*, APuZ 11-12/2015, 3 (6).

965 Vgl. *Zimmermann*, Iurratio 2017, 53 (53); *Klement*, JZ 2017, 161 (161): *„Recht als Prozess ständiger Selbsterneuerung"*; *Vesting*, Das Internet und die Notwendigkeit der Transformation des Datenschutzes, in: Karl-Heinz Ladeur (Hrsg.), Innovationsoffene Regulierung des Internet. Neues Recht für Kommunikationsnetzwerke, Baden-Baden 2003, S. 156.

966 *Hoffmann-Riem*, Der Staat 42 (2003), 193 (196).

recht eine Folge der Industrialisierung.[967] Im ausgehenden 19. und beginnenden 20. Jh., als durch die Möglichkeit, Produkte automatisiert zu produzieren, immer weniger menschliche Arbeitskraft notwendig wurde, Massen von Lohnarbeitern täglich um wenige verbliebene Tagesbeschäftigungen konkurrierten und Massenarmut herrschte (*soziale Frage*), begann die Arbeiterschaft sich zu Kollektiven zur gemeinsamen Interessenvertretung (*Gewerkschaften*) zusammenzuschließen. Der Gesetzgeber war gezwungen zu reagieren und tat dies schließlich, indem er zunächst die Rechte des Arbeiters im Verhältnis zum Arbeitgeber stärkte (*Individualarbeitsrecht*) und dann das Verhältnis zwischen Gewerkschaften und Arbeitgeber gesetzlich regelte (*Kollektivarbeitsrecht*).[968] Wie die Arbeitsverhältnisse zu Beginn des 20. Jhs. ist heute die Internetökonomie von enormen Machtasymmetrien geprägt. Allerdings sind die gefährdeten Rechtsgüter nicht nur individueller Natur, sondern mit der Demokratie auch kollektiver Natur.

Schutzbedürftig können auch Strukturen sein.[969] Und schutzbedürftig ist in der Internetökonomie neben dem Individuum die Demokratie. Das Datenschutzrecht muss darum unter der Prämisse neu gedacht werden, dass es ein Recht zum Schutz der Demokratie darstellt.

---

967 *Richardi*, Einführung, in: Arbeitsgesetze, 85. Aufl., München 2014, S. XIV.
968 *Richardi*, Einführung, in: Arbeitsgesetze, 85. Aufl., München 2014, S. XV.
969 *Hoffmann-Riem*, Der Staat 42 (2003), 193 (196 f.).

Literaturverzeichnis

Alle Internetquellen wurden am 28.3.2021 zuletzt abgerufen.

Abendroth, Wolfgang, Über den Zusammenhang von Grundrechtssystem und Demokratie, in: Joachim Perels (Hrsg.), Grundrechte als Fundament der Demokratie, Frankfurt am Main 1979, S. 249.

Adorno, Theodor W., Erziehung zur Mündigkeit, Frankfurt am Main 1971.

Agamben, Giorgio, Homo sacer. Die souveräne Macht und das nackte Leben, Frankfurt am Main 2002.

Albers, Marion, Informationelle Selbstbestimmung, Baden-Baden 2005.

Albrecht, Peter-Alexis, Die vergessene Freiheit. Strafrechtsprinzipien in der europäischen Sicherheitsdebatte, 3. Aufl., Berlin 2011.

Alexy, Robert, Theorie der Grundrechte, 2. Aufl., Frankfurt am Main 1994.

Allen, Anita L., Unpopular Privacy. What must we hide?, Oxford 2011.

Bächle, Thomas Christian, Digitales Wissen, Daten und Überwachung zur Einführung, Hamburg 2016.

Baddeley, Michelle, Behavioural Economics. A very short Introduction, Oxford 2017.

Badura, Peter/Horst Dreier (Hrsg.), Festschrift 50 Jahre Bundesverfassungsgericht, Bd. II. Klärung und Fortbildung des Verfassungsrechts, Tübingen 2001.

– *Hufen, Friedhelm*, Schutz der Persönlichkeit und informationelle Selbstbestimmung, S. 105.

– *Vesting, Thomas*, Zur Entwicklung einer „Informationsordnung“, S. 219.

Barwise, Patrick/Watkins, Leo, The Evolution of Digital Dominance, in: Martin Moore/Damian Tambini (eds.), Digital Dominance. The Power of Google, Amazon, Facebook and Apple, Oxford 2018.

Bateson, Gregory, Ökologie des Geistes, Frankfurt am Main 1981.

Bauman, Zygmunt/Lyon, David, Das Ende der Anonymität. Was Drohnen und Facebook verbindet. Zygmunt Bauman im Gespräch mit David Lyon, Bätter für deutsche und internationale Politik 10/2013, 51.

Bauman, Zygmunt/Lyon, David, Daten, Drohnen, Disziplin. Ein Gespräch über flüchtige Überwachung, 3. Aufl., Frankfurt am Main 2019.

Benda, Ernst, § 6. Menschenwürde und Persönlichkeitsrecht, in: Ernst Benda/Werner Maihofer/Hans-Jochen Vogel (Hrsg.), Handbuch des Verfassungsrechts der Bundesrepublik Deutschland, Bd. 1, 2. Aufl., Berlin/New York 1994, S. 161 (zit. als: *Benda*, in: HbVR).

Bendel, Oliver, Big Data, in: Gabler Wirtschaftslexikon (Stand: 19.2.2018) (URL: https://wirtschaftslexikon.gabler.de/definition/big-data-54101/version-277155).

Bentham, Jeremy, The Panopticon Writings, London/New York 1995.

Birnhack, Michael/Elkin Coren, Niva, Does law matter online? Empirical evidence on privacy law compliance, 17 Mich. Telecomm. L. Rev. (2011), 337.

Birnhack, Michael, The EU Data Protection Directive: An Engine of a Global Regime, 6 Computer Law and Security Rev. (2008), 508.

Böckenförde, Ernst-Wolfgang, Recht, Staat, Freiheit, Frankfurt am Main 1991.

Boehme-Neßler, Volker/Manfred Rehbinder (Hrsg.), Big Data: Ende des Datenschutzes? Gedächtnisschrift für Martin Usteri, Bern 2017.

– *Boehme-Neßler, Volker/Rehbinder, Manfred*, Einleitung: *Big Data* ändert alles – auch das Recht, S. 7.

– *Rehbinder, Manfred*, Ist Privatsphäre wichtig? Die Sicht der Psychologie, S. 9.

– *Thouvenin, Florent*, Forschung im Spannungsfeld von *Big Data* und Datenschutzrecht: eine Problemskizze, S. 27.

– *Thür, Hanspeter*, Privatsphäre im Internetzeitalter: Möglichkeiten und Grenzen der Datenschützer, S. 73.

– *Boehme-Neßler, Volker*, Die Macht der Algorithmen – Anmerkungen zum Einfluss von *Big Data* auf die Demokratie, S. 111.

Boehme-Neßler, Volker, Big Data und Demokratie – Warum Demokratie ohne Datenschutz nicht funktioniert, DVBl. 2015, 1282.

Boehme-Neßler, Volker, CyberLaw, München 2001.

Boehme-Neßler, Volker, Das Ende der Anonymität, DuD 2016, 419.

Boehme-Neßler, Volker, Facebook-Demokratie? Überlegungen zur Demokratie im digitalen Zeitalter, Archiv für Urheber und Medienrecht (UFITA) 2015, 655.

Boehme-Neßler, Volker, Privacy: a matter of democracy. Why democracy needs privacy and data protection, 6 IDPL (2016), 222.

Boehme-Neßler, Volker, Zwei Welten? Big Data und Datenschutz, Archiv für Urheber und Medienrecht (UFITA) 2015, 19.

Bogard, William, Surveillance, ist simulation, and hypercontrol in virtual systems, in: Sean P. Hier/Joshua Greenberg (eds.), The Surveillance Studies Reader, Maidenhead 2007, p. 95.

Bowker, Geoffrey C., Memory Practices in the Sciences, Cambridge 2005.

Braun, Johanna, Leitbilder im Recht, Tübingen 2015.

Breyer, Patrick, Kfz-Massenabgleich nach dem Urteil des Bundesverfassungsgerichts, NVwZ 2008, 824.

Britz, Gabriele, Freie Entfaltung der Persönlichkeit (Art. 2 I 1 GG) – Verfassungsversprechen zwischen Naivität und Hybris?, NVwZ 2019, 672.

Britz, Gabriele, Freie Entfaltung durch Selbstdarstellung. Eine Rekonstruktion des allgemeinen Persönlichkeitsrechts aus Art. 2 I GG, Tübingen 2007.

Britz, Gabriele, Verfassungsrechtlicher Schutz der freien Persönlichkeitsentfaltung, in: Christian Bumke/Anne Röthel (Hrsg.), Autonomie im Recht, Tübingen 2017, S. 353.

Broemel, Roland/Trute, Hans-Heinrich, Alles nur Datenschutz? Zur rechtlichen Regulierung algorithmenbasierter Wissensgenerierung, Berliner Debatte Initial 27 (2016), 50.

Bull, Hans Peter, Informationelle Selbstbestimmung – Vision oder Illusion?, 2. Aufl., Tübingen 2011.

Bull, Hans Peter, Sinn und Unsinn des Datenschutzes. Persönlichkeitsrecht und Kommunikationsfreiheit in der digitalen Gesellschaft, Tübingen 2015.

Bull, Hans Peter, Ziele und Mittel des Datenschutzes. Forderungen zur Novellierung des Bundesdatenschutzgesetzes, Königstein 1981.

Butler, Gillian/McManus, Freda, Psychology. A very short Introduction, 2nd ed., Oxford 2014.

Caldarola, Maria Cristina/Schrey, Joachim, *Big Data* und Recht. Einführung für die Praxis, München 2019.

Calliess, Christian/Matthias Ruffert (Hrsg.), EUV/AEUV. Kommentar, 5. Aufl., München 2016 (zit. als: Calliess/Ruffert/*Bearb.*).

Cheneval, Francis, Demokratietheorien zur Einführung, Hamburg 2015.

Denninger, Erhard, Rechtsperson und Solidarität, Frankfurt am Main/Berlin 1967.

Diakopoulos, Nicholas/Deussen, Oliver, Brauchen wir eine Rechenschaftspflicht für algorithmische Entscheidungen?, Informatik-Spektrum 2017, 362.

Dieterich, Thomas, Canvas Fingerprinting - Rechtliche Anforderungen an neue Methoden der Nutzerprofilerstellung, ZD 2015, 199.

Dörr, Dieter, Die Meinungsmacht der Intermediäre: Warum die Länder verpflichtet sind, ein medienübergreifendes „Vielfaltsicherungsrecht" zu schaffen, VerfBlog, 2019/6/14, (DOI: https://doi.org/10.17176/20190615-045823-0).

Dörr, Dieter/Natt, Alexander, Suchmaschinen und Meinungsvielfalt, ZUM 2014, 829.

Drackert, Stefan, Die Risiken der Verarbeitung personenbezogener Daten. Eine Untersuchung zu den Grundlagen des Datenschutzrechts, Berlin 2014.

Drexl, Josef, Bedrohung der Meinungsvielfalt durch Algorithmen, ZUM 2017, 529.

Dürig, Günter, Die Menschenauffassung des Grundgesetzes, JR 1952, 259.

Dürig, Günter, Kommentierung der Art. 1 und 2 Grundgesetz, Sonderdruck aus Theodor Maunz/Günter Dürig (Hrsg.), Grundgesetz. Kommentar, München 2003.

Dwork, Cynthia/Mulligan, Deirdre K., It's not privacy, and it's not fair, 66 Stan. L. Rev. Online 2013, 35.

Ebers, Martin, Beeinflussung und Manipulation von Kunden durch Behavioral Microtargeting. Verhaltenssteuerung durch Algorithmen aus der Sicht des Zivilrechts, MMR 2018, 423.

Eco, Umberto, Zeichen. Einführung in einen Begriff und seine Geschichte, 17. Aufl., Frankfurt am Main 2016.

Fischer-Lescano, Andreas, Fall 1: Digitales Panoptikum, in: Bertram Lomfeld (Hrsg.), Die Fälle der Gesellschaft. Eine neue Praxis soziologischer Jurisprudenz, Tübingen 2017, S. 17.

Floridi, Luciano, Information, A very short introduction, Oxford 2010.

Foucault, Michel, Überwachen und Strafen. Die Geburt des Gefängnisses, 19. Aufl., Frankfurt am Main 2014.

Foucault, Michel, Wahnsinn und Gesellschaft, 21. Aufl., Frankfurt am Main 2015.

Franke, Nachwort zu Orwell, 1984, 40. Aufl., Berlin 2017, S. 377.

Freud, Sigmund, Massenpsychologie und Ich-Analyse. Die Zukunft einer Illusion, 7. Aufl., Frankfurt am Main 2005.

Friedewald, Michael/Jörn Lamla/Alexander Roßnagel (Hrsg.), Informationelle Selbstbestimmung im digitalen Wandel, Wiesbaden 2017.

- *Winter, Max*, Demokratietheoretische Implikationen des Rechts auf informationelle Selbstbestimmung, S. 37.
- *Moll, Ricarda*, Die Zukunft des Rechts auf informationelle Selbstbestimmung aus medienpsychologischer Sicht, S. 49.
- *Ulbricht, Max-R./Weber, Karsten*, Adieu Einwilligung? Neue Herausforderungen für die informationelle Selbstbestimmung im Angesicht von Big-Data-Technologien, S. 265.
- *Matzner, Tobias/Richter, Philipp*, Ausblick. Die Zukunft der informationellen Selbstbestimmung, S. 319.

Geminn, Christian/Roßnagel, Alexander, „Privatheit" und „Privatsphäre" aus der Perspektive des Rechts – ein Überblick, JZ 2015, 703.

Gerg, Stephan, Nudging. Verfassungsrechtliche Maßstäbe für das hoheitliche Einwirken auf die innere Autonomie des Bürgers, Tübingen 2019.

Gersdorf, Hubertus/Boris P. Paal (Hrsg.), Beck'scher Online-Kommentar Informations- und Medienrecht, 24. Edition 1.5.2019, München 2019 (zit. als: BeckOK InfoMedienR/*Bearb.*).

Geuss, Raymond, Privatheit. Eine Genealogie, Frankfurt am Main 2013.

Gnägi, Mirdin, Informationelle Macht und Informationismus, Ancilla Iuris 2018, 1.

Götting, Horst-Peter/Christian Schertz/Walter Seitz (Hrsg.), Handbuch des Persönlichkeitsrechts, München 2008 (zit. als: HbPR).

- *Garstka, Hansjürgen*, § 22. Das Selbstbestimmungsrecht und das Recht auf informationelle Selbstbestimmung, S. 392.

Götting, Horst-Peter/Christian Schertz/Walter Seitz (Hrsg.), Handbuch des Persönlichkeitsrechts. Presse- und Medienrecht, 2. Aufl., München 2019 (zit. als: HbPR, 2. Aufl.).

- *Vesting, Thomas*, § 6. Verfassungsgeschichtliche und verfassungsdogmatische Grundlagen, S. 111.
- *Lauber-Rönsberg, Anne*, § 22. Das Recht auf informationelle Selbstbestimmung – Datenschutz und die Medien, S. 427.

Goffman, Erving, Stigma. Über Techniken der Bewältigung beschädigter Identität, 24. Aufl., Frankfurt am Main 2018.

Gola, Peter (Hrsg.), DS-GVO. Datenschutz-Grundverordnung. VO (EU) 2016/679. Kommentar, 2. Aufl., München 2018 (zit. als: Gola/*Bearb.*, DS-GVO).

Golland, Alexander, Datenverarbeitung in sozialen Netzwerken, Frankfurt am Main 2018.

Grabenwarter, Christoph/Armin Hatje (Hrsg.), Enzyklopädie Europarecht, Bd. 2. Europäischer Grundrechtsschutz, Baden-Baden 2014 (zit. als: EnzEuR).

Grabenwarter, Christoph/Pabel, Katharina, Europäische Menschenrechtskonvention, 6. Aufl., München 2016 (zit. als: *Grabenwarter/Pabel*, EMRK).

Grimm, Dieter, Bürgerlichkeit im Recht, in: Jürgen Kocka (Hrsg.), Bürger und Bürgerlichkeit im 19. Jahrhundert, Göttingen 1987, S. 149.

Grimm, Dieter, Die Meinungsfreiheit in der Rechtsprechung des Bundesverfassungsgerichts, NJW 1995, 1697.

Grimm, Rüdiger, Spuren im Netz, DuD 2012, 88.

Gröpl, Christoph/Kay Windhorst/Christian von Coelln (Hrsg.), Grundgesetz. Studienkommentar, 3. Aufl., München 2017 (zit. als: StudK-*Bearb.*).

Groeben, Hans von der/Jürgen Schwarze/Armin Hatje, Europäisches Unionsrecht. Vertrag über die Europäische Union. Vertrag über die Arbeitsweise der Europäischen Union. Charta der Grundrechte der Europäischen Union, 7. Aufl., Baden-Baden 2015 (zit. als: Groeben/Schwarze/*Bearb.*).

Gusy, Christoph, Privatheit und Demokratie, KritV 2015, 430.

Härting, Nico, Internetrecht, 6. Aufl., Köln 2017.

Habermas, Jürgen, Faktizität und Geltung. Beiträge zur Diskurstheorie des Rechts und des demokratischen Rechtsstaats, Frankfurt am Main 1998.

Hagen, Wolfgang, Facebook & Google entflechten? Warum digitale Medien-Monopole eine Gefahr für Demokratien sind, APuZ 40-41/2018, 29.

Halman, Loek/Inge Sieben/Marga van Zundert, Atlas of European Values. Trend and Traditions at the turn oft he Century, Leiden 2012.

Harari, Yuval Noah, Eine kurze Geschichte der Menschheit, München 2018.

Hartl, Korbinian, Suchmaschinen, Algorithmen und Meinungsmacht. Eine verfassungs- und einfachrechtliche Betrachtung, Wiesbaden 2017.

Herdegen, Matthias, Europarecht, 20. Aufl., München 2018.

Hermstrüwer, Yoan, Informationelle Selbstgefährdung. Zur rechtsfunktionalen, spieltheoretischen und empirischen Rationalität der datenschutzrechtlichen Einwilligung und des Rechts auf informationelle Selbstbestimmung, Tübingen 2016.

Hesse, Konrad, Grundzüge des Verfassungsrechts der Bundesrepublik Deutschland, 16. Aufl., Heidelberg 1988.

Hildebrandt, Mireille, Smart Technologies and the End(s) of Law. Novel Entanglements of Law and Technology, Cheltenham/Northampton 2016.

Hoberg, Philipp, Die Individualisierung des Informationsangebots im E-Commerce. Möglichkeiten und Grenzen der Generierung strategischer Wettbewerbsvorteile, Wiesbaden 2018.

Hoeren, Thomas/Ulrich Sieber/Bernd Holznagel (Hrsg.), Handbuch Multimedia-Recht. Rechtsfragen des elektronischen Geschäftsverkehrs, 48. EL Februar 2019, München 2019 (zit. als: Hoeren/Sieber/Holznagel/*Bearb.*).

Hoffmann-Riem, Wolfgang/Eberhard Schmidt-Aßmann/Andreas Voßkuhle (Hrsg.), Grundlagen des Verwaltungsrechts, Bd. II. Informationsordnung, Verwaltungsverfahren, Handlungsformen, 2. Aufl., München 2012 (zit. als: *Bearb.*, in: GVwR).

– *Vesting, Thomas*, § 20. Die Bedeutung von Information und Kommunikation für die verwaltungsrechtliche Systembildung, S. 1.

– *Albers, Marion*, § 22. Umgang mit personenbezogenen Informationen und Daten, S. 107.

– *Sacksofsky, Ute*, § 40. Anreize, S. 1577.

Hoffmann-Riem, Wolfgang (Hrsg.), Big Data – Regulative Herausforderungen, Baden-Baden 2018.

– *Hoffmann-Riem, Wolfgang*, Rechtliche Rahmenbedingungen für und regulative Herausforderungen durch Big Data, S. 11.

– *Hornung, Gerrit*, Erosion traditioneller Prinzipien des Datenschutzrechts durch Big Data, S. 81.

– *Dreyer, Stephan*, Predictive Analytics aus der Perspektive von Menschenwürde und Autonomie, in: Wolfgang Hoffmann-Riem (Hrsg.), Big Data – Regulative Herausforderungen, Baden-Baden 2018, S. 135.

Hoffmann-Riem, Wolfgang, Freiheitsschutz in den globalen Kommunikationsinfrastrukturen, JZ 2014, 53.

Hoffmann-Riem, Wolfgang, Innovation und Recht – Recht und Innovation. Recht im Ensemble seiner Kontexte, Tübingen 2016.

Hoffmann-Riem, Wolfgang, Mediendemokratie als rechtliche Herausforderung, Der Staat 42 (2003), 193.

Hoffmann-Riem, Wolfgang, Neue Kollektivität im World Wide Web als Herausforderung für das Recht, JZ 2012, 1081.

Hoffmann-Riem, Wolfgang, Soziale Innovationen. Eine Herausforderung auch für die Rechtswissenschaft, Der Staat 2008, 588.

Hoffmann-Riem, Wolfgang, Verhaltenssteuerung durch Algorithmen – Eine Herausforderung für das Recht, AöR 142 (2017), 1.

Hohmann, Harald (Hrsg.), Freiheitssicherung durch Datenschutz, Frankfurt am Main 1987.

– *Heußner, Hermann*, Datenverarbeitung und Grundrechtsschutz, S. 110.

– *Denninger, Erhard*, Das Recht auf informationelle Selbstbestimmung, S. 127.

Hornung, Gerrit/Herfurth, Constantin, Datenschutz bei Big Data. Rechtliche und politische Implikationen, in: Christian König/Jette Schröder/Erich Wiegand (Hrsg.), Big Data – Chancen, Risiken, Entwicklungstendenzen, Wiesbaden 2018, S. 149.

Hotter, Maximilian, Privatsphäre. Der Wandel eines liberalen Rechts im Zeitalter des Internets, Frankfurt/New York 2011.

Hufen, Friedhelm, Staatsrecht II. Grundrechte, 7. Aufl., München 2018.

Humboldt, Wilhelm v., Ideen zu einem Versuch, die Grenzen der Wirksamkeit des Staats zu bestimmen (1851), Stuttgart 1967.

Isensee, Josef/Paul Kirchhof, Handbuch des Staatsrechts, Heidelberg (zit. als: HbStR).
Bd. VI. Freiheitsrechte, 1989.
– *Schmitt Glaeser, Walter*, § 129. Schutz der Privatsphäre, S. 41.
– *Lorenz, Dieter*, § 128. Recht auf Leben und körperliche Unversehrtheit, S. 3.
3. Aufl.
Bd. I. Historische Grundlagen, Heidelberg 2003.
– *Grawert, Rolf*, § 6. Die nationalsozialistische Herrschaft, S. 235.
Bd. II. Verfassungsstaat, Heidelberg 2004.
– *Isensee, Josef*, § 15. Staat und Verfassung, S. 3.
– *Häberle, Peter*, § 22. Die Menschenwürde als Grundlage der staatlichen Gemeinschaft, S. 317.
– *Böckenförde, Ernst-Wolfgang*, § 24. Demokratie als Verfassungsprinzip, S. 429.
Bd. III. Demokratie – Bundesorgane, Heidelberg 2005.
– *Kloepfer, Michael*, § 42. Öffentliche Meinung, Massenmedien, S. 389.
Bd. VII. Freiheitsrechte, 3. Aufl., Heidelberg 2009.
– *Kube, Hanno*, § 148. Persönlichkeitsrecht, S. 79.
– *Horn, Hans-Detlef*, § 149. Schutz der Privatsphäre, S. 147.

Jarass, Hans D., Charta der Grundrechte der Europäischen Union, München 2016 (zit. als: *Jarass*, GRC).

Kant, Immanuel, Grundlegung zur Metaphysik der Sitten (GMS), in: Wilhelm Weischedel (Hrsg.), Werkausgabe Bd. VII, Frankfurt am Main 1974.

Kastl, Graziana, Algorithmen – Fluch oder Segen?, GRUR 2015, 136.

Kaufmann, Jean-Claude, Wenn ICH ein anderer ist, Konstanz 2010.

Hannich, Rolf (Hrsg.), Karlsruher Kommentar zur Strafprozessordnung mit GVG, EGGVG und EMRK, 8. Aufl., München 2019 (zit. als: KK-STPO/*Bearb.*).

Klein, Hans H., Die Grundrechte im demokratischen Staat. Kritische Bemerkungen zur Auslegung der Grundrechte in der deutschen Staatslehre der Gegenwart, Stuttgart u.a. 1974.

Klement, Jan Henrik, Öffentliches Interesse an Privatheit, JZ 2017, 161.

Klippel, Diethelm, Historische Wurzeln und Funktionen von Immaterialgüter- und Persönlichkeitsrechten im 19. Jahrhundert, ZNR 1982, 132.

Koch, Frank A., Big Data und der Schutz der Daten. Über die Unvereinbarkeit des deutschen und europäischen Datenschutzrechts mit Big Data, ITRB 2015, 13 (15).

Köhler, Markus/Fetzer, Thomas, Recht des Internet, 8. Aufl., Heidelberg 2016.

Krafft, Tobias D./Zweig, Katharina A., Ein Faktencheck. Ließ ein Algorithmus Trump triumphieren?, Informatik-Spektrum 2017, 336.

Kreile, Johannes/Thalhofer, Thomas, Suchmaschinen und Pluralitätsanforderungen. Ist ohne gesetzliche Regelung der Suchmaschinen der Pluralismus und die Meinungsvielfalt in Gefahr?, ZUM 2014, 629.

Królikowski, Agata/Loebel, Jens-Martin, Fake News – Können Algorithmen Menschen manipulieren?, Informatik-Spektrum 2017, 367.

Krönke, Christoph, Datenpaternalismus. Staatliche Interventionen im Online-Datenverkehr zwischen Privaten, dargestellt am Beispiel der Datenschutz-Grundverordnung, Der Staat 55 (2016), 319.

Kühling, Jürgen/Martini, Mario, Die Datenschutz-Grundverordnung: Revolution oder Evolution im europäischen und deutschen Datenschutzrecht?, EuZW 2016, 448.

Kühnl, Christina, Persönlichkeitsschutz 2.0. Profilbildung und -nutzung durch soziale Netzwerke am Beispiel von Facebook im Rechtsvergleich zwischen Deutschland und den USA, Berlin/Boston 2016.

Kühnreich, Katika, Soziale Kontrolle 4.0? Chinas Social Credit System, Blätter für deutsche und internationale Politik, 7/2018, 63.

La Boëtie, Étienne de, Von der freiwilligen Knechtschaft des Menschen, in: Christoph Holzhöfer (Hrsg.), Ohne Herrschaft Leben. Drei Essays, Berlin 2013, S. 9.

Lacan, Jaque, Struktur. Andersheit. Subjektkonstitution, 2. Aufl., Berlin 2016.

Ladeur, Karl-Heinz, Datenschutz – vom Abwehrrecht zur planerischen Optimierung von Wissensnetzwerken. Zur „objektiv-rechtlichen Dimension“ des Datenschutzes, DuD 2000, 12.

Ladeur, Karl-Heinz, Die Gesellschaft der Netzwerke und ihre Wissensordnung, in: Florian Süssenguth (Hrsg.), Die Gesellschaft der Daten. Über die digitale Transformation der sozialen Ordnung, Bielefeld 2015, S. 225.

Ladeur, Karl-Heinz, Neue Medien brauchen neues Medienrecht, in: Christoph Bieber/Martin Eifert/Thomas Groß/Jörn Lamla (Hrsg.), Soziale Netze in der digitalen Welt. Das Internet zwischen egalitärer Teilhabe und ökonomischer Macht, Frankfurt am Main/New York 2009, S. 23.

Le Bon, Gustave, Psychologie der Massen, 15. Aufl., Stuttgart 1982 (Orig. *„Psychologie des Foules“*, 1895).

Lessig, Lawrence, Code und andere Gesetze des Cyberspace, Berlin 2001.

Lewinksi, Kai v., Die Matrix des Datenschutzes, Tübingen 2014.

Lewinski, Kai v., Geschichte des Datenschutzrechts von 1600 bis 1977, in: Felix Arndt/Nicole Betz/Anuscheh Faharat u.a. (Hrsg.), Freiheit – Sicherheit – Öffentlichkeit, Tagungsband zur 48. Assistententagung Öffentliches Recht (Heidelberg 2008), Baden-Baden 2009, S. 196.

Lewinski, Kai v., Zur Geschichte von Privatsphäre und Datenschutz – eine rechtshistorische Perspektive, in: Jan-Hinrik Schmidt/Thilo Weichert (Hrsg.), Datenschutz. Grundlagen, Entwicklungen und Kontroversen, Bonn 2012, S. 24.

Luhmann, Niklas, Die Realität der Massenmedien, 5. Aufl., Wiesbaden 2017.

Luhmann, Niklas, Grundrechte als Institution, Berlin 1965.

Mallmann, Otto, Zielfunktionen des Datenschutzes, Frankfurt am Main 1977.

Marsch, Nikolaus, Das europäische Datenschutzgrundrecht. Grundlagen, Dimensionen, Verflechtungen, Tübingen 2018.

Martini, Mario, Blackbox Algorithmus. Grundfragen einer Regulierung künstlicher Intelligenz, Berlin 2019.

Mau, Steffen, Das metrische Wir. Über die Quantifizierung des Sozialen, 2. Aufl., Berlin 2017.

Maunz, Theodor/Günter Dürig et al. (Hrsg.), Grundgesetz. Kommentar, 85. EL November 2018, München 2018 (zit. als: Maunz/Dürig/*Bearb.*).

Mayer-Schönberger, Viktor/Cukier, Kenneth, Big Data. Die Revolution, die unser Leben verändern wird, 2. Aufl., München 2013.

Mayer-Schönberger, Viktor, Delete. Die Tugend des Vergessens in digitalen Zeiten, 3. Aufl., Berlin 2015.

Mayer-Schönberger, Viktor, Was ist Big Data? Zur Beschleunigung des menschlichen Erkenntnisprozesses, APuZ 11-12/2015, 14.

Meyer, Jürgen (Hrsg.), Charta der Grundrechte der Europäischen Union, Baden-Baden 2014.

Meyer, Sebastian/Rempe, Christoph, Aktuelle Rechtsentwicklungen bei Suchmaschinen im Jahre 2017, K&R 4/2018, 217.

Meyer-Ladewig, Jens/Martin Nettesheim/Stefan von Raumer (Hrsg.), EMRK. Handkommentar, 4. Aufl., Baden-Baden 2017 (zit. als: HK-EMRK/*Bearb.*).

Miller, Arthur R., Der Einbruch in die Privatsphäre. Datenbanken und Dossiers, Neuwied u.a. 1973.

Simitis, Spiros, Argumente für ein Datenschutzgesetz. Zugleich eine Einleitung, S. IX.

Morozov, Evgeny, „Ich habe doch nichts zu verbergen!“, APuZ 11-12/2015, 3.

Mühlichen, Andreas, Privatheit im Zeitalter vernetzter Systeme, Opladen u.a. 2018.

Münkler, Laura (Hrsg.), Dimensionen des Wissens im Recht, Tübingen 2019.

– *Münkler, Laura*, Wissen – ein blinder Fleck des Rechts? Aspekte eines Spannungsverhältnisses, S. 3.

– *Tischbirek, Alexander*, Wissen als Diskriminierungsfrage. Kognitive Herausforderungen des Antidiskriminierungsrechts zwischen implizitem Wissen und selbstlernenden Algorithmen, S. 67.

Nassehi, Armin, Die Zurichtung des Privaten. Gibt es analoge Privatheit in einer digitalen Welt?, Kursbuch 177 (2014), 27.

Neuberger, Christoph, Kommunikationswissenschaftliche Analyse der Meinungsbildung, Meinungsmacht und Vielfalt im Internet, in: Frank Lobigs/Christoph Neuberger, Meinungsmacht im Internet und die Digitalstrategien von Medienunternehmen. Neue Machtverhältnisse trotz expandierender Internet-Geschäfte der traditionellen Massenmedien-Konzerne. Gutachten für die Kommission zur Ermittlung der Konzentration im Medienbereich (KEK), Leipzig 2018, S. 17.

Norberg, Patricia A./Horne, Daniel R./Horne, David A., The Privacy Paradox: Personal Information Disclosure Intentions versus Behaviors, 41 The Journal of Consumer Affairs (2007), 100.

Ogorek, Regina, Direkte Demokratie – Heilsbringer oder Büchse der Pandora?, ZRP 2019, 61.

Paal, Boris P./Daniel A. Pauly (Hrsg.), Beck'scher Kompakt-Kommentar. Datenschutz-Grundverordnung. Bundesdatenschutzgesetz, 2. Aufl., München 2018 (zit. als: Paal/Pauly/*Bearb.*).

Paal, Boris P., Suchmaschinen, Marktmacht und Meinungsbildung, Baden-Baden 2012.

Paal, Boris P./Hennemann, Moritz, Meinungsvielfalt im Internet, ZRP 2017, 76.

Papakyriakopoulos, Orestis/Shahrezaye, Morteza/Thieltges, Andree/Medina Serrano, Juan Carlos/Hegelich, Simon, Social Media und Microtargeting in Deutschland, Informatik-Spektrum 2017, 327.

Pariser, Eli, Filter Bubble. Wie wir im Internet entmündigt werden, München 2012.

Piasecki, Stefan, „Schubs mich nicht!" – Nudging als politisches Gestaltungsmittel (URL: https://www.bpb.de/lernen/digitale-bildung/werkstatt/258946/schubs-mich-nicht-nudging-als-politisches-gestaltungsmittel).

Piltz, Carlo, Die Datenschutz-Grundverordnung. Teil 1: Anwendungsbereich, Definitionen und Grundlagen der Datenverarbeitung, K&R 2016, 557.

Piltz, Carlo, Die Datenschutz-Grundverordnung. Teil 2: Rechte des Betroffenen und korrespondierende Pflichten des Verantwortlichen, K&R 2016, 629.

Podlech, Adalbert, Das Recht auf Privatheit, in: Joachim Perels (Hrsg.), Grundrechte als Fundament der Demokratie, Frankfurt am Main 1979, S. 53.

Podlech, Adalbert, Gesellschaftstheoretische Grundlagen des Datenschutzes, in: Rüdiger Dierstein/H. Fiedler/A. Schulz (Hrsg.), Datenschutz und Datensicherung, Köln 1976, S. 311.

Podlech, Adalbert, Individualdatenschutz-Systemdatenschutz, in: Klaus Brückner/Gerhard Dalichau (Hrsg.), Beiträge zum Sozialrecht. Festschrift für Hans Grüner, Percha am Starnberger See 1982, S. 451.

Polanyi, Michael, Implizites Wissen, Frankfurt 1985.

Rademacher, Timo, Wenn neue Technologien altes Recht durchsetzen: Dürfen wir es unmöglich machen, rechtswidrig zu handeln?, JZ (14) 2019, 702.

Radlanski, Philip, Das Konzept der Einwilligung in der datenschutzrechtlichen Realität, Tübingen 2016.

Rauthmann, John F., Persönlichkeitspsychologie. Paradigmen, Strömungen, Theorien, Berlin 2017.

Raynes-Goldie, Kate, Aliases, creeping and wall-cleaning: Understanding privacy in the age of Facebook, 15 First Monday (2010) (URL: https://doi.org/10.5210/fm.v15i1.2775).

Regan, Priscilla M., Legislating Privacy, Technology, Social Values and Public Policy, New York 1995, p. 321.

Reichert, Ramón, Facebooks Big Data. Die Medien- und Wissenstechniken kollektiver Verdatung, in: Ramón Reichert (Hrsg.), Big Data. Analysen zum digitalen Wandel von Wissen, Macht und Ökonomie, Bielefeld 2014, S. 437.

Richardi, Reinhard, Einführung, in: Arbeitsgesetze, 85. Aufl., München 2014, S. XIII.

Ridder, Helmut, Die soziale Ordnung des Grundgesetzes, Opladen 1975.

Rössler, Beate, Der Wert des Privaten, Frankfurt am Main 2001.

Rössler, Beate, Privatheit und Autonomie: zum individuellen und gesellschaftlichen Wert des Privaten, in: Sandra Seubert/Peter Niesen (Hrsg.), Die Grenzen des Privaten, Baden-Baden 2010, S. 41.

Roßnagel, Alexander, Freiheit durch Systemgestaltung. Strategien des Grundrechtsschutzes in der Informationsgesellschaft, in: Egbert Nickel/Alexander Roßnagel/Bernhard Schlink (Hrsg.), Die Freiheit und die Macht. Wissenschaft im Ernstfall. Festschrift für Adalbert Podlech, S. 227.

Rothmann, Robert/Buchner, Benedikt, Der typische Facebook-Nutzer zwischen Recht und Realität, DuD 2018, 342.

Rouvroy, Antoinette/Poullet, Yves, The Right to Informational Self-Determination and the Value of Self-Development: Reassessing the Importance of Privacy for Democracy, in: Serge Gutwirth/Yves Poullet/Paul De Hert/Sjaak Nouwt/Cécile de Terwangne (eds.), Reinventing Data Protection?, Dordrecht 2009, p. 45.

Rudolf, Walter, § 90. Recht auf informationelle Selbstbestimmung, in: Detlef Merten/Hans. J. Papier (Hrsg.), Handbuch der Grundrechte in Deutschland und Europa, Bd. IV. Grundrechte in Deutschland: Einzelgrundrechte I, Heidelberg 2011 (zit. als: HbGR).

Rüpke, Giselher/Kai v. Lewinski/Jens Eckhardt, Datenschutzrecht. Grundlagen und europarechtliche Neugestaltung, München 2018.

Sandfuchs, Barbara, Privatheit wider Willen? Verhinderung informationeller Preisgabe im Internet nach deutschem und US-amerikanischem Verfassungsrecht, Tübingen 2015.

Satzger, Helmut/Wilhelm Schluckebier/Gunter Widmaier (Hrsg.), StPO. Strafprozessordnung mit GVG und EMRK. Kommentar, 2. Aufl., Köln 2016 (zit. als: Satzger/Schluckebier/Widmaier/*Bearb.*, StPO).

Schirrmacher, Frank (Hrsg.), Technologischer Totalitarismus. Eine Debatte, Frankfurt am Main 2015.

Schmale, Wolfgang, (Daten-)Schutz von Privatheit im digitalen Zeitalter. Eine kulturgeschichtliche Einlassung, DuD 2019, 327.

Schmidt, Manfred G., Demokratietheorien. Eine Einführung, 5. Aufl., Bonn 2010.

Schmidt, Bernd/Babilon, Tobias, Anforderungen an den Einsatz von Cookies, Browser-Fingerprinting und ähnlichen Techniken im deutschen Recht, K&R 2016, 86.

Schmidt, Jan-Hinrik/Hölig, Sascha/Merten, Lisa/Hasebrink, Uwe, Nachrichtennutzung und Meinungsbildung in Zeiten sozialer Medien, Informatik-Spektrum 2017, 358.

Schmitz, Barbara, Kapitel 2. Grundlagen des Datenschutzrechts, in: Flemming Moos/Jens Schefzig/Marian Arning (Hrsg.), Die neue Datenschutzgrundverordnung, Berlin/Boston 2018, S. 13.

Schmolz, Helene, Privatheit im Internet: Von Möglichkeiten und Gefahren digitaler Informations- und Kommunikationstechnologien, in: Dennis Gräf/Stefan Halft/Verena Schmöller (Hrsg.), Privatheit. Formen und Funktionen, Passau 2011, S. 155.

Schneewind, Klaus A., Persönlichkeit, in: Gerd Wenninger (Hrsg.), Online-Lexikon der Psychologie (Spektrum) (URL: https://www.spektrum.de/lexikon/psychologie/persoenlichkeit/11379).

Schulz, Wolfgang/Kevin Dankert, Die Macht der Informationsintermediäre. Erscheinungsformen, Strukturen und Regelungsoptionen, Bonn 2016.

Schulz, Wolfgang/Dankert, Kevin, Informationsintermediäre – Anknüpfungspunkte für rechtliche Regulierung, Informatik-Spektrum 2017, 351.

Schwartmann, Rolf/Hermann, Maximilian/Mühlenbeck, Robin L., Eine Medienordnung für Intermediäre. Das Zwei-Säulen-Modell zur Sicherung der Vielfalt im Netz, MMR 2019, 498.

Simitis, Spiros (Hrsg.), Bundesdatenschutzgesetz, 8. Aufl., Baden-Baden 2014 (zit. als: Simitis/*Bearb.*, BDSG).

Simitis, Spiros, Datenschutz – eine notwendige Utopie, in: Rainer Maria Kiesow/Regina Ogorek/Spiros Simitis (Hrsg.), Summa. Dieter Simon zum 70. Geburtstag, Frankfurt am Main 2005, S. 511.

Simitis, Spiros/Gerrit Hornung/Indra Spiecker gen. Döhmann (Hrsg.), Datenschutzrecht. DSGVO mit BDSG, Baden-Baden 2019 (zit. als: Simitis/Hornung/Spiecker/*Bearb.*, Datenschutzrecht).

Simitis, Spiros, Privacy – An Endless Debate?, 98 Calif. L. Rev. (2010), 1989.

Simitis, Spiros, Reviewing Privacy in an Information Society, 135 U. Pa. L. Rev. (1987), 707.

Simitis, Spiros, Selbstbestimmung: Illusorisches Projekt oder reale Chance?, KJ 1988, 32.

Simmel, Georg, Soziologie. Untersuchungen über die Formen der Vergesellschaftung. Gesamtausgabe Bd. 2, Frankfurt am Main 1992 (1908).

Slobogin, Christopher, Public Privacy: Camera Surveillance of Public Places and The Right to Anonymity, 72 Mississippi L. J. (2002), 213.

Solove, Daniel, Understanding Privacy, Cambridge (Mass.) 2008.

Spiecker gen. Döhmann, Indra, Steuerung im Datenschutzrecht: Ein Recht auf Vergessen wider Vollzugsdefizite und Typisierung, KritV 2014, 28.

Spiecker gen. Döhmann, Indra, Kontexte der Demokratie: Parteien, Medien und Sozialstrukturen, VVDStRL 77 (2018), 9.

Spiekermann, Markus, Chancen und Herausforderungen in der Datenökonomie, APuZ 24-26/2019, 16.

Spindler, Gerald/Fabian Schuster (Hrsg.), Recht der Elektronischen Medien. Kommentar, 4. Aufl., München 2019 (zit. als: Spindler/Schuster/*Bearb.*).

Staben, Julian, Der Abschreckungseffekt auf die Grundrechtsausübung. Strukturen eines verfassungsrechtlichen Arguments, Tübingen 2016.

Stark, Birgit/Dieter Dörr/Stefan Aufenanger (Hrsg.), Die Googleisierung der Informationssuche. Suchmaschinen zwischen Nutzung und Regulierung, Berlin 2014.

– *Stark, Birgit*, „Don't be evil". Die Macht von Google und die Ohnmacht der Nutzer und Regulierer, S. 1.

– *Dörr, Dieter/Schuster, Simon*, Suchmaschinen im Spannungsfeld zwischen Nutzung und Regulierung, S. 262.

Steege, Hans, Algorithmenbasierte Diskriminierung durch Einsatz von Künstlicher Intelligenz. Rechtsvergleichende Überlegungen und relevante Einsatzgebiete, MMR 2019, 715.

Stern, Klaus/Florian Becker (Hrsg.), Grundrechte-Kommentar, 3. Aufl., Köln 2019 (zit. als: Stern/*Bearb.*).

Stolleis, Michael, Geschichte des öffentlichen Rechts in Deutschland, Dritter Band 1914-1945, München 1999.

Streinz, Rudolf (Hrsg.), EUV/AEUV. Vertrag über die Europäische Union. Vertrag über die Arbeitsweise der Europäischen Union. Charta der Grundrechte der Europäischen Union, 3. Aufl., München 2018 (zit. als: Streinz/*Bearb.*).

Suhr, Dieter, Entfaltung der Menschen durch die Menschen. Zur Grundrechtsdogmatik der Persönlichkeitsentfaltung, der Ausübungsgemeinschaften und des Eigentums, Berlin 1976.

Sunstein, Cass R., Why Societies need Dissent, Cambridge (Mass.) 2005.

Thaler, Richard H./Sunstein, Cass R., Nudge. Wie man kluge Entscheidungen anstößt, 13. Aufl., Berlin 2018.

Tillmann, Henning, Browser Fingerprinting: Tracking ohne Spuren zu hinterlassen, Diplomarbeit, HU-Berlin 2013 (URL: http://bfp.henning-tillmann.de/downloads/Henning%20Tillmann%20-%20Browser%20Fingerprinting.pdf).

Tinnefeld, Marie-Theres/Buchner, Benedikt/Petri, Thomas/Hof, Hans-Joachim, Einführung in das Datenschutzrecht. Datenschutz und Informationsfreiheit in europäischer Sicht, 6. Aufl., Berlin/Boston 2018.

Trute, Hans-Heinrich, Rechtliche Herausforderungen der Digitalisierung. Daten – Algortihmen – Wissen, in: Christian Bär/Thomas Grädler/Robert Mayr (Hrsg.), Digitalisierung im Spannungsfeld von Politik, Wirtschaft, Wissenschaft und Recht, Bd. 2, Berlin 2018, S. 313.

Veil, Winfried, Die Datenschutz-Grundverordnung: des Kaisers neue Kleider. Der gefährliche Irrweg des alten wie des neuen Datenschutzrechts, NVwZ 2018, 686.

Vesting, Thomas, Das Internet und die Notwendigkeit der Transformation des Datenschutzes, in: Karl-Heinz Ladeur (Hrsg.), Innovationsoffene Regulierung des Internet. Neues Recht für Kommunikationsnetzwerke, Baden-Baden 2003, S. 155.

Vesting, Thomas, Die Medien des Rechts: Sprache, Weilerswist 2011.

Vesting, Thomas, Herausforderungen des deutschen Rundfunk- und Medienrechts, 9.12.2016, Dossier Medienpolitik, Bundeszentrale für politische Bildung (URL: http://www.bpb.de/gesellschaft/medien-und-sport/medienpolitik/171892/rundfunk-und-medienrecht?p=all).

Vesting, Thomas, Kommentar, in: *Alexander Somek*, Wissen des Rechts, Tübingen 2018, S. 127.

Vesting, Thomas, Staatstheorie, München 2018.

Vesting, Thomas/Stefan Korioth (Hrsg.), Der Eigenwert des Verfassungsrechts. Was bleibt von der Verfassung nach der Globalisierung?, Tübingen 2011.

– *Rossen-Stadtfeld, Helge*, Medien, S. 95.

– *Spiecker gen. Döhmann, Indra*, Teil-Verfassungsordnung Datenschutz, S. 264.

Vesting, Thomas/Stefan Korioth/Ino Augsberg (Hrsg.), Grundrechte als Phänomene kollektiver Ordnung, Tübingen 2014.

– *Vesting, Thomas/Korioth, Stefan/Augsberg, Ino*, Einleitung, S. 1.

– *Ladeur, Karl-Heinz*, Die transsubjektive Dimension der Grundrechte, S. 17.

Vismann, Cornelia, Akten. Medientechnik und Recht, 2. Aufl., Frankfurt am Main 2001.

Voigt, Paul/Bussche, Axel von dem, EU-Datenschutz-Grundverordnung (DSGVO). Praktikerhandbuch, Berlin/Heidelberg 2018.

Volkmann, Uwe, Grundzüge einer Verfassungslehre der Bundesrepublik Deutschland, Tübingen 2013.

Vorländer, Hans, Demokratie. Geschichte, Formen, Theorien, 2. Aufl., München 2010.

Warnke, Martin, Theorien des Internet zur Einführung, Hamburg 2011.

Warren, Samuel D./Brandeis, Louis D., The right to privacy, 4 Harv. L. Rev. (1890), 193.

Wassermann, Rudolf (Hrsg.), Kommentar zum Grundgesetz für die Bundesrepublik Deutschland (Reihe Alternativkommentare), Bd. 1, Art. 1-20, Neuwied und Darmstadt 1984 (zit. als: AK-GG-*Bearb.*).

Weingart, Peter, „Wahres Wissen" und demokratisch verfasste Gesellschaft, APuZ 13/2017, 11.

Weichert, Thilo, Big Data – eine Herausforderung für den Datenschutz, in: Heinrich Geiselberger/Tobias Moorstedt (Red.), Big Data. Das neue Versprechen der Allwissenheit, Berlin 2013, S. 131.

Werkmeister, Christoph/Brandt, Elena, Datenschutzrechtliche Herausforderungen für Big Data, CR 2016, 233.

Westin, Alan, Privacy and Freedom, London 1970.

Wischmeyer, Thomas, Regulierung intelligenter Systeme, AöR 143 (2018), 1.

Zeidler, Simon Alexander/Brüggemann, Sebastian, Die Zukunft personalisierter Werbung im Internet, CR 2014, 248.

Zimmermann, Sören, Das Recht auf Vergessen(werden) – Zum Stand der Europäisierung des Datenschutzrechts, Iurratio 2017, 53.

Zimmermann, Sören, The Legal Framework of Data Protection in Israel: A European Perspective, 5 EDPL (2019), 246.

Zuboff, Shoshana, Big other: surveillance capitalism ant the prospects of an information civilization, 30 Journal of Information Technology (2015), 75.

Zuboff, Shoshana, Überwachungskapitalismus, Frankfurt am Main/New York 2018.

Zweig, Katharina A./Deussen, Oliver/Krafft, Tobias D., Algorithmen und Meinungsbildung. Eine grundlegende Einführung, Informatik-Spektrum 2017, 318.

Meldungen und Zeitungsartikel

Becker, Markus, Scharfer Blick. Augenplakate schrecken Egoisten ab, Spiegel Online v. 28.6.2006 (URL: https://www.spiegel.de/wissenschaft/mensch/scharfer-blick-augen-plakate-schrecken-egoisten-ab-a-423887.html).

Bensinger, Greg, Amazon wants to ship your package before you buy it, The Wallstreet Journal v. 17.1.2014 (URL: https://blogs.wsj.com/digits/2014/01/17/amazon-wants-to-ship-your-package-before-you-buy-it/).

Braun, Herbert, Firefox sperrt Cookies in Sandbox ein, Heise v. 4.6.2019 (URL: https://www.heise.de/newsticker/meldung/Firefox-sperrt-Cookies-in-Sandbox-ein-4438579.html?utm_source=pocket-newtab).

Braun, Herbert, Web-Browser-Fingerprinting: Erkennbar auch ohne Cookie, Heise v. 16.1.2017 (URL: https://www.heise.de/newsticker/meldung/Web-Browser-Fingerprinting-Erkennbar-auch-ohne-Cookie-3597078.html).

Cwiertnia, Laura, Meine unheimliche Mitbewohnerin, DIE ZEIT Nr. 14/2018 v. 28.3.2018 (URL: https://www.zeit.de/2018/14/amazon-alexa-sprachassistentin-persoenliche-daten-test).

Henrichs, Benjamin, Gustave Le Bon. Psychologie der Massen, ZEIT Nr. 42/1983 v. 14.10.1983 (URL: https://www.zeit.de/1983/42/psychologie-der-massen/komplettansicht).

Horchert, Judith, Neues Patent. Amazon will schon vor der Bestellung liefern, Spiegel Online v. 18.1.2014 (URL: http://www.spiegel.de/netzwelt/web/neues-patent-amazon-will-schon-vor-der-bestellung-liefern-a-944252.html).

Kiel, Viola, ZEIT Online v. 12.6.2019, Instagram löst Facebook als wichtigste Nachrichtenplattform ab (URL: https://www.zeit.de/digital/internet/2019-06/soziale-medien-nachrichten-instagram-facebook-twitter-jugendliche).

Kirkpatrick, Marshall, New York Times v. 10.1.2010, Facebook's Zuckerberg says the age of privacy is over; URL: https://archive.nytimes.com/www.nytimes.com/external/readwriteweb/2010/01/10/10readwriteweb-facebooks-zuckerberg-says-the-age-of-privac-82963.html).

Lobe, Adrian, Facebook kann Portale in die Bedeutungslosigkeit hinunterpegeln, Süddeutsche Zeitung v. 14.11.2018 (URL: https://www.sueddeutsche.de/medien/facebook-algorithmus-digitalisierung-mark-zuckerberg-1.4207561).

Luber, Stefan/Litzel, Nico, Definition. Was ist Deep Learning?, Big Data Insider v. 26.4.2017 (URL: https://www.bigdata-insider.de/was-ist-deep-learning-a-603129/).

Meyer, Robinson, Everything We Know About Facebook's Secret Mood Manipulation Experiment. It was probably legal. But was it ethical?, The Atlantic 28.6.2014 (URL: https://www.theatlantic.com/technology/archive/2014/06/everything-we-know-about-facebooks-secret-mood-manipulation-experiment/373648/).

Mumme, Thorsten, Abhörerin von Sprachassistent, „Viele Kinder bezeichnen Siri als ihre beste Freundin", Der Tagesspiegel v. 8.8.2019 (URL: https://www.tagesspiegel.de/wirtschaft/abhoererin-von-sprachassistent-viele-kinder-bezeichnen-siri-als-ihre-beste-freundin/24878764.html?utm_source=pocket-newtab).

Schanze, Robert, Browser-Fingerprint – Was ist das? Wie verhindern?, GIGA v. 5.6.2018 (URL: https://www.giga.de/extra/ratgeber/specials/browser-fingerprint-was-ist-das-wie-verhindern-einfach-erklaert/).

Scheuer, Stephan, Zensur. China weitet Internetsperren aus, Spiegel Online v. 18.11.2014 (URL: https://www.spiegel.de/netzwelt/web/china-weitet-internetsperren-aus-a-1003581.html).

Unabhängiges Landeszentrum für Datenschutz Schleswig-Holstein, 3.5.2017 (URL: https://www.datenschutzzentrum.de/artikel/1127-Ich-weiss,-wie-Du-Dich-letzten-Sommer-gefuehlt-hast-Gruselig-Gefuehlsanalyse-in-sozialen-Medien.html).

Wolfangel, Eva, Die Macht der Algorithmen, Aufbrüche. Das Bildungsmagazin (Joachim Herz Stiftung), 1/2018, S. 8.

Lindner, Roland/Petersdorff, Winand von, Kampf den Giganten, Frankfurter Allgemeine Woche v. 29.3.2019, S. 18.

(Sonstige) Internetquellen

„Big Data“ im Duden Online-Wörterbuch (URL: https://www.duden.de/rechtschreibung/Big_Data).

„Daten“ im Duden Online-Wörterbuch (URL: https://www.duden.de/rechtschreibung/Daten).

„Datum“ im Duden Online-Wörterbuch (URL: https://www.duden.de/rechtschreibung/Datum).

„Demokratie“ im Duden Online-Wörterbuch (URL: https://www.duden.de/rechtschreibung/Demokratie).

„Fakt“ im Duden Online-Wörterbuch (URL: https://www.duden.de/rechtschreibung/Fakt).

„Googeln“ im Duden Online-Wörterbuch (URL: https://www.duden.de/rechtschreibung/googeln).

„Individuum“ im Duden Online-Wörterbuch (URL: https://www.duden.de/rechtschreibung/Individuum).

„Information“ im Duden Online-Wörterbuch (URL: https://www.duden.de/rechtschreibung/Information).

„Persönlichkeit“ im Duden Online-Wörterbuch (URL: https://www.duden.de/rechtschreibung/Persoenlichkeit).

„Web-Bug“ auf ITWissen.info (URL: https://www.itwissen.info/Web-Bug-web-bug.html).

Atlas of European Values, Tilburg University (URL: https://www.atlasofeuropean-values.eu/maptool.html).

Amazon, Antwortbrief an US-Senator Christopher A. Coons (URL: https://www.coons.senate.gov/download/amazon-response).

Amazon.de, Datenschutzerklärung (URL: https://www.amazon.de/gp/help/customer/display.html?nodeId=201909010).

Bundeszentrale für gesundheitliche Aufklärung, Die Entscheidungslösung in Deutschland und gesetzliche Regelungen in anderen europäischen Ländern (URL: https://www.organspende-info.de/gesetzliche-grundlagen/entscheidungsl oesung.html).

Facebook, Datenrichtlinie (URL: https://www.facebook.com/about/privacy/update).

Facebook, Nutzungsbedingungen (Stand: 8.2019) (URL: https://de-de.facebook.com /legal/terms).

Gartner, Marktanteile der führenden Betriebssysteme am Absatz von Smartphones weltweit vom 1. Quartal 2009 bis zum 1. Quartal 2019 Statista (URL: https://de.s tatista.com/statistik/daten/studie/73662/umfrage/marktanteil-der-smartphone-be triebssysteme-nach-quartalen/).

Google Chrome Privacy Notice v. 12.3.2019 (URL: https://www.google.de/intl/en/chr ome/privacy/).

Google Developers (URL: https://developers.google.com/analytics).

Google, Funktionsweise der Suchalgorithmen (URL: https://www.google.com/intl/ de/search/howsearchworks/algorithms/).

Google, Präsentation (URL: https://about.google/intl/de/).

Google, Verarbeitung von Informationen in der Google-Suche (URL: https://www.g oogle.com/search/howsearchworks/crawling-indexing/).

Grafik von *Benthams* Panopticon des Architekten *Willey Reveley* (URL: https://com mons.wikimedia.org/wiki/Category:Panopticons#/media/File:Panopticon.jpg).

Seagate, Prognose zum Volumen der jährlich generierten digitalen Datenmenge weltweit in den Jahren 2018 und 2025 (in Zettabyte) Statista (URL: https://de.st atista.com/statistik/daten/studie/267974/umfrage/prognose-zum-weltweit-generi erten-datenvolumen/).

StatCounter, Marktanteile der meistgenutzten Browserversionen weltweit im Juni 2019 Statista (URL: https://de.statista.com/statistik/daten/studie/158095/umfrage /meistgenutzte-browser-im-internet-weltweit/).

Statista-Dossier zu Amazon (URL: https://de.statista.com/statistik/studie/id/7191/do kument/amazon-statista-dossier/).

VATM, Anzahl der verschickten SMS- und WhatsApp-Nachrichten in Deutschland von 1999 bis 2014 und Prognose für 2015 (in Millionen pro Tag) Statista (URL: https://de.statista.com/statistik/daten/studie/3624/umfrage/entwicklung-der-anza hl-gesendeter-sms--mms-nachrichten-seit-1999/).

Vortragsankündigung *Neil Richards* „Privacy Colonialism: The EU as US Privacy Regulator“, Tel Aviv University, Dezember 2018 (URL: https://law.tau.ac.il/ Technology_Law_Workshop_312_3906).

WhatsApp, Privacy Policy. Information we collect (URL: https://www.whatsapp.co m/legal?eea=0#privacy-policy-information-we-collect).

Literatur

Orwell, George, 1984, London 1949, 40. Aufl., Berlin 2017.

Huxley, Aldous, Brave New World, London 1932.

Dick, Philip K., The minority report, in: ders., The Collected Stories of Philip K. Dick. Vol. 4. The minority report, New York 1991, p. 71.

Rushdie, Salman, Zwei Jahre, acht Monate und achtundzwanzig Nächte, München 2015.

Zum Zwecke inklusiver Formulierung werden in dieser Arbeit das generische Femininum und das generische Maskulinum im Wechsel verwandt.

FSC
www.fsc.org
MIX
Papier | Fördert gute Waldnutzung
FSC® C083411

Kolibri 360 GmbH
Ferdinand-Jühlke-Straße 7
99095 Erfurt, Deutschland
produktsicherheit@kolibri360.de